U0635939

中國佛教典籍選刊

宗鏡録校注

六

〔五代〕延 壽 集
富世平 校注

中華書局

機感未符，杳從冥往。

「復有護法等菩薩〔三〕，賞翫頌文，各爲義釋，雖分峰崑岫，竦幹瓊枝，而獨擅光輝，穎標芬馥者，其唯護法一人乎？菩薩果成先劫，位克今賢，撫物潛資，隨機利見。春秋二十有九，知息化之有期，猒無常以禪習，誓不離於菩提樹，以終三載。禪禮之暇，注裁斯釋，文邁旨遠，智贍名高，執破畢於一言，紛解窮於半頌。文殊水火，則會符膠漆；義等江湖，乃竦成清濁。平郊弭弭，聳層峰而接漢；堆阜峨峨，夷穹窿以坦蕩。俯鑽邃而無底，仰尋高而靡際。疎文淺義，派演不窮；浩句宏宗，陶甄有極。功逾千聖，道合百王。

「時有玄鑒居士〔四〕，識鳳鵷之斂羽，委麟龍之潛跡，每罄所資，恒爲供養。深誠固志，物竭積年。菩薩誘接多端，答遺兹釋而誡之曰：『我滅之後，凡有來觀，即取金一兩，脱逢神穎，當可傳通。』終期既漸，奄絶玄遵，菩薩名振此州，論釋聲超彼土。有靈之類，誰不懷歡〔五〕？朝聞夕殞，豈悋金璧！若市趍賢，如丘疊貨，五天鶴望，未輒流行。

「大師叡發天資，識假循謁，無神迹而不瞻禮，何聖教而不披諷？聞斯妙理，殷俯諦求。居士記先聖之遺言，必今賢之是囑，乃奉兹草本并五藴論釋。大師賞翫，猶覩聖容，每置掌中，不殊真說。自西霏玉牒，東馳素象〔六〕，雖復廣演微筌，賞之以爲秘決。及乎神栖別館，景阻炎輝，清耳目以徵思，蕩心靈而繹妙，乃曰：『今者方怡我心耳！』宣尼云：我有美玉，藴匵藏之，誰爲善價，我今沽〔七〕諸。

「基夙運單舛，九歲丁艱，自爾志託煙霞，加每庶幾緇服，浮俗塵賞，幼絶情分，至年十七，遂預緇林，别奉明詔，得爲門侍。自參預三千，即欣規七十，必諧善願，福果函丈，不以散才之質，遂得隨伍譯僚，即事操觚，餐受此論。初功之際，十釋别翻，昉、尚、光、基四人同受，潤飾執筆，檢文纂義。既爲令範，務各有司。

「數朝之後，基求退迹，大師固問，基慇懃請曰：『自夕夢金容，晨趍白馬，英髦間出，靈智肩隨，聞五分〔八〕以心祈，攬八藏〔九〕而遐望，雖得法門之糟粕，然失玄源之淳粹。今東土榮賁，並目擊玄宗，幸復擢秀萬方，穎超千古，不立功於參糅，可謂失時者也。況群聖制作，各馳譽於五天，雖文具傳於貝葉，而義不備於一本，情見各異，禀者無依。況時漸人澆，命促慧舛，討支離而頗究，攬殊指而難悟。請錯綜群言，以爲一本，楷定真謬，權衡盛則。』久而遂許，故得此論行焉。

「大師理遣三賢〔一〇〕，獨授庸拙。此論也，括衆經之秘，包群聖之旨，何滯不融？無幽不燭！仰之不極，俯之不測，遠之無智，近之有識。其有隱括五明，搜揚八藏，幽關每擁，玄路未通。囑猶毫氂丘盈，投之以炎爍；霜冰凋積，沃之以畏景。信巨夜之銀輝，昏旦之金鏡矣。雖復本出五天，然彼無茲糅釋，直爾十師之别作，鳩集猶難，況更摭此幽文，誠爲未有！斯乃此論之因起也」〔一二〕。

校注

〔一〕「樂」，或當作「亦」。「世親菩薩樂」，成唯識論掌中樞要卷上作「時有筏蘇畔徒菩薩，唐言世親，無著菩薩同母弟也，位居明得，道隣極喜，亦」。

〔二〕「流泣」，原作「謗法」，據成唯識論掌中樞要改。

〔三〕明昱成唯識論俗詮卷一：「等者，等於親勝、火辯、德慧、安慧、難陀、浄月、勝友、陳那、智月九大論師也。唯識開蒙云：佛圓寂後，九百年中，天親造頌，親勝、火辯同時造釋。千一百年後，餘八論師相次造釋。各成十卷，故卷有百。奘師翻譯，糅成十卷。」

〔四〕心賦注卷三：「因明鈔云：玄鑒居士，是護法菩薩門徒。護法造得唯識稾本一百卷，臨入滅時，將付玄鑒居士，云：『支那菩薩到，爲將分付。此土如有人借看，但覓取金一百兩，可借與看一遍。』三藏於居士處得此稾本歸，翻爲十卷，即成唯識論是也。」

〔五〕「歡」，成唯識論掌中樞要卷上作「欽」。

〔六〕「象」，成唯識論掌中樞要卷上作「馬」。

〔七〕「沽」，磧砂藏、嘉興藏本作「估」。沽，賣。論語子罕：「子貢曰：『有美玉於斯，韞櫝而藏諸？求善賈而沽諸？』子曰：『沽之哉，沽之哉！我待賈者也。』」

〔八〕五分：指無著承彌勒菩薩之旨而撰著的五部大論：一、瑜伽師地論，百卷，玄奘譯。二、分别瑜伽論，未翻。三、大乘莊嚴經論，十三卷，波羅頗蜜多羅譯。四、辯中邊論頌，一卷，玄奘譯。五、金剛般若論，二卷，達磨笈多譯。遁倫集撰瑜伽論記卷一之上：「慈氏菩薩隨無著機，恒於夜分從知足天降於禪堂，爲説五論之頌：一、瑜伽論，二、分別觀所名分別瑜伽論，三、大莊嚴論，四、辨中邊論，五、金剛般若。」

〔九〕八藏：一、胎化藏，二、中陰藏，三、摩訶衍方等藏，四、戒律藏，五、十住菩薩藏，六、雜藏，七、金剛藏，八、佛藏。菩薩處胎經卷七出經品：「最初出經，胎化藏爲第一，中陰藏第二，摩訶衍方等藏第三，戒律藏第四，十住菩薩藏第五，雜藏第六，金剛藏第七，佛藏第八，是爲釋迦文佛經法具足矣。」

〔一〇〕三賢：謂大乘十住、十行、十回向諸位菩薩。

〔一一〕見窺基撰成唯識論掌中樞要卷上。

問：此八種識，行相如何？

答：經論成立，自有明文。此八種識，具三能變：一、異熟能變，即第八識；二、思量能變，即第七識；三、了別能變，即前六識。

唯識論云：「識所變相，雖無量種，而能變識，類別唯三：一、謂異熟，即第八識，多異熟性故；二、謂思量，即第七識，恒審思量故；三、謂了境，即前六識，了境麁相故。」〔一〕

校注

〔一〕見玄奘譯成唯識論卷二。

論頌曰：「初阿賴耶識，異熟、一切種。不可知執受，處、了常與觸。作意、受、想、思，相〔一〕應唯捨受。是無覆無記，觸等亦如是。恒轉如瀑流，阿羅漢位捨。

「初能變識，大乘〔二〕教名阿賴耶，此識有能藏、所藏、執藏義故，謂與雜染互爲緣故，有情執爲自内我故。」〔三〕

校注

〔一〕「相」，原作「想」，據清藏本及成唯識論改。

〔二〕「大乘」，成唯識論作「大小乘」。

〔三〕見玄奘譯成唯識論卷二。

古釋云〔一〕：一、能藏者，即能含藏義。猶如庫藏〔二〕，能含藏寶貝得藏名，此能含藏雜染種，故名爲藏。亦即持義。二、所藏者，即是所依義。猶如庫藏，是寶等所依故，此識是雜染法所依處故〔三〕。三、執藏者，堅守不捨義。猶如金銀等藏，爲人堅守，執爲自内我，故名爲藏。此識爲染末那，堅執爲我，故名爲藏。

校注

〔一〕按，「古釋云」者，出處俟考。

〔二〕唐栖復集法華經玄贊要集卷一八：「阿賴耶識，名能含藏。藏猶如庫藏，無漏種子，依附第八，如穀麥等。」

〔三〕唐靈泰撰成唯識論疏抄卷四：「能藏、所藏者，第八現行識能藏親雜染種子，第八爲能藏，雜染種爲所藏。由如倉實，倉實爲能藏，穀麥種是所藏。或本識爲所藏，餘雜染爲能藏，由如人而麻地中藏，則人是能藏，麻地是所藏處。此法亦爾，則雜染種現行是能藏，由如人也。本識是所藏處，由如麻地處也。故言第八是所藏，雜染是能藏。」

起信鈔釋云：「第八能藏、所藏義者，且所藏義，謂此識體藏也，是根身、種子、器世間所藏處也〔一〕，以根身等是此識相分故。如藏中物像，如身在室内〔二〕，欲覓賴耶識，只在色心中。欲覓摩尼珠，只在青黄内。次能藏義，謂根身等法，皆藏在識身之中，如像在珠内，欲覓一切法，總在賴耶中。欲覓一切像，總在摩尼内。與前義互爲能、所。」〔三〕

校注

〔一〕「謂此識體藏也，是根身、種子、器世間所藏處也」，起信論疏筆削記作「謂此識體藏在根身、種子、器世間中」。

〔二〕「如藏中物像，如身在室内」，起信論疏筆削記作「如珠在像中，不同身在室中」。

〔三〕按，此説見起信論疏筆削記卷八，故此起信鈔者，當即傳奥大乘起信論隨疏記，參見本書卷六注。

瑜伽論云：以八種義，證本識有：一、依止執受相，二、最初生起相，三、有明了性相，四、有種子性相，五、業用差別相，六、身受差別相，七、處無心定相，八、命終時分相〔一〕。

校注

〔一〕詳見玄奘譯瑜伽師地論卷五一。大明三藏法數卷二四：「八義證有本識，謂第八識是出生一切善惡諸法之根本，故名本識。今論以此八義，證第八識之相也。一、依止執受，謂此識能爲染淨諸法之所依止，執持不失，是名依止執受。二、最初生起，謂此識最初於母腹託胎之時，如磁石吸鐵，是名最初生起。磁石喻識，鐵喻父精母血。三、有明了性，謂此識於一切善、惡、無記三性諸法皆悉明了分別，無有暗昧，是名有明了性。無記性者，謂不善不惡之性也。四、有種子性，謂此識能任持世間出世間諸法種子，令不散失，是名有種子性。五、業用差別，謂此識隨染緣而造惡業，隨淨緣而造善業，差別不同，是名業用差別。六、身受差別，身以積聚爲義，謂此能含藏一切諸法，故名爲身。由能領受第七末那識染淨之緣所熏，而於善惡諸法不相混濫，是名身受差別。梵語末那，華言意。七、處無心定，謂入無想定，或滅盡定，雖受想心滅，出入息斷，而此識不滅，是名處無心定。無心定者，即無想天定也。滅盡定者，謂受想心滅身證此定，即阿羅漢所證之定也。八、命終時識，謂命將終時，冷觸漸起，唯有此識能執持身，此識若捨，四大分散，是名命終時識。」

又，古德依論解釋證有第八識者，論云此第八識，非是世間現量〔二〕所見之境，唯憑聖言量〔二〕及以真正道理而知有之，引七本經〔三〕證之：

阿毗達磨經有二頌，初頌云：「無始時來界，一切法等依，由此有諸趣，及涅槃證得。」〔四〕「無始時來界」者，言界者，是因義，爲第八識從無始至今，能持一切漏、無漏色、心等諸法種子，又能與漏、無漏種子力，令生現行，即第八與一切種子爲依持、生起二因。「一切法等依」者，依是緣義，爲第八識能變爲身、器作有情依，與一切漏、無漏現行法而爲所依，以能執受五色根身，與前七識現爲俱有依〔五〕故，即第八識能與一切現行色、心等法爲增上緣依也。「由此有諸趣，及涅槃證得」者，此第八識，不唯獨與有漏流轉法爲依持用，兼能與一切無漏順還滅法〔六〕爲依持用。

第二頌云「由攝藏諸法，一切種子識，故名阿賴耶，勝者我開演」〔七〕者，即第八識自證分能持種故，名種子識。

校注

〔一〕現量：是毫無分別思惟、籌度推求等作用，僅以直覺去量知色等外境諸法之自相，即直覺知識。因明入正理論：「現量謂無分別。若有正智，於色等義，離名、種等所有分別，現現別轉，故名現量。」注大乘入楞伽經卷四：「量者，是楷定義，譬夫升斗量物也。現量者，現即顯現，謂分明證境，不帶名言，無籌度心，親得法體，離妄分別，而非錯謬。」世間現量，包括色根現量（五色根所行境界）和意受現量（諸意根所行境界）,即色根、意受總攝爲一。

〔二〕聖言量:即篤信本派聖者之教説真實無誤而作爲正確知識之來源、標準。注大乘入楞伽經卷四:「聖言量者,謂以如來聖教爲準繩故,故古德曰吾佛滅後,以經論爲繩墨,知識爲指南,以防閑魔外是也。」

〔三〕按,「七本經」者,包括後文引阿毗達磨經二頌、解深密經頌、楞伽經頌及小乘增一阿含經、上座部、化地部、一切有部之説。

〔四〕見玄奘譯成唯識論卷三、攝大乘論本卷上等。阿毗達磨經,諸經録中未見著録,無漢譯本。

〔五〕俱有依:同時有依之義。玄奘譯成唯識論卷四:「五識俱有所依定有四種,謂五色根、六、七、八識。隨闕一種,必不轉故,同境、分別、染浄、根本所依别故。聖教唯説依五根者,以不共故,又必同境,近、相順故。第六意識俱有所依唯有二種,謂七、八識,隨闕一種,必不轉故。雖五識俱,取境明了,而不定有故非所依。聖教唯説依第七者,染浄依故,同轉識攝,近、相順故。第七意識俱有所依,但有一種,謂第八識。藏識若無,定不轉故。如伽他説:『阿賴耶爲依,故有末那轉,依止心及意,餘轉識得生。』阿賴耶識俱有所依亦但一種,謂第七識,彼識若無定不轉故。論説藏識恒與末那俱時轉故,又説藏識恒依染汙,此即末那。」

〔六〕窺基撰成唯識論述記卷四:「身中無漏種,名順還滅法。（中略）還即道諦,滅即滅諦。即種順現行,道能證滅也。或與現行道爲依持,令證得涅槃,前順於後,體順於用,還順於滅。」

〔七〕見玄奘譯成唯識論卷三、攝大乘論本卷上等。

解深密經頌云：「阿陁那識甚深細，一切種子如瀑流，我於凡愚不開演，恐彼分別執爲我。」〔一〕「阿陁那」者，此云「執持」，爲此識能執持諸法種子及能執受色根及根依處，亦能執取結生相續故，説此識名阿陁那。「一切種子如瀑流」者，謂第八識中一切種子，若遇緣鼓擊，便生轉識現行。或種子有生、住、異、滅不停，如似瀑流。

校注

〔一〕見解深密經卷一心意識相品。

楞伽經頌云：「譬如巨海浪，斯由猛風起，洪波鼓溟壑，無有斷絶時。藏識海常住，境界風所動，種種諸識浪，騰躍而轉生。」〔一〕

校注

〔一〕見楞伽阿跋多羅寶經卷一。

又小乘增一阿含經云有根本識，是諸識所依。此根本識，即是第八識，以第八識能發起前六轉識故〔一〕。

校注

〔一〕玄奘譯成唯識論卷七：「根本識者，阿陀那識，染淨諸識生根本故。依止者，謂前六轉識，以根本識爲共親依。」明王肯堂成唯識論證義卷三：「大衆部是小乘經中部名，阿笈摩是大衆部中經名。此經言根本識即是第八識。言根本者，依此識而生眼識等，如依樹根而有莖、有條、有葉故。非意識能爲眼識等所依止，以不恒故，不能爲根，生莖等故。」又，玄應一切經音義卷二三：「阿笈摩，渠業反，亦言『阿伽摩』，此云『教法』，或言『傳』，謂展轉傳來以法相教授也。舊言『阿含』，訛略也。」

二、上座部〔一〕説有有分識，便是第八識。此有分識體，常不間斷，徧三界有。「有」謂三有，「分」者因義，即三有之因，皆由此識。

校注

〔一〕上座部：小乘十八部之一，釋迦牟尼逝後一百年分出，其教義與大衆部直接對立。

三、化地部〔一〕中，説有窮生死藴〔二〕，緣此第八徧三界九地〔三〕恒常有故，但有生死處，即常徧爲依，直至大乘金剛心末煩惱盡時方捨，故名窮生死藴。若諸轉識，即無此功能，以第六識體多間斷故，入五位無心〔四〕時，六識皆間斷不行，此時應不名有情，以無識任持故，即應爛壞。

校注

〔一〕化地部：小乘十八部之一，釋迦牟尼逝後三百年時從説一切有部分出。玄應一切經音義卷二三：「化地部，第三百年中從一切有部出也。梵言『磨醯奢娑迦』，亦名『彌喜捨娑柯』，此云『化地』，亦云『教地』，或言『正地』，人名也。但此羅漢在俗爲王國師，匡化土境，故名化地。今入佛法，佛法如地，又匡化之，故以名也。舊名『彌沙塞』，訛也。」

〔二〕明王肯堂成唯識論證義卷三：「蘊有三種：一者、一念頃蘊，謂一刹那有生滅法；二者、一期生蘊，謂乃至死恒隨轉法；三者、窮生死蘊，謂乃至得金剛喻定恒隨轉法。」

〔三〕三界九地：謂欲界五趣雜居一地（五趣者，即欲界六趣中天、人、餓鬼、畜生、地獄也。六趣中阿修羅通於諸趣，故但言五。雜居者，五趣雖果報苦、樂不同，總居於欲界故）、色界四禪四地（一、離生喜樂地，即色界初禪天，此天已離欲界欲惡之法，得覺觀禪定，身心凝静而生喜樂，住於此定，一切苦惱皆不能逼；二、定生喜樂地，即色界二禪天，此天已離初禪覺觀動散，攝心在定，淡然凝静而生勝定喜樂；三、離喜妙樂地，即色界三禪天，此天已離二禪天喜之踊動，因攝心諦觀，泯然入定而得勝妙之樂；四、捨念清浄地，即色界四禪天，此天捨二禪之喜及三禪之樂，心無憎愛，一念平等，清浄無雜）、無色界四空四地（一、空無邊處地，即無色界第一天，此天厭色界色質爲礙，不得自在，故加功用行，滅一切色相而入虚空處定；二、識無邊處地，即無色界第二天，此天厭空處無邊，轉心緣識，與識相應，心定不動，三世之識，悉現定中；三、無所有處地，即無色界第三天，此天厭空處、識處無邊，流轉無際，捨此二處而入無所有處定；四、非非想處地，即無色界第四天，此天厭無所有處如癡故，捨之而入非非想處定），共爲九地。

〔四〕五位無心：睡眠無心（謂衆生睡眠之時，六識昏昧，不能見聞覺知）、悶絶無心（謂諸衆生驚倒悶絶，六識昏昧，見聞覺知一時頓息）、無想定無心（謂修無想定時，身心俱滅，念慮灰凝，諸想不起。無想定者，即色界無想天所修之定）、無想報無心（謂因中厭生滅心，習無想定故，感報生無想天，經五百劫心想不行）、滅盡定無心（謂入此定時，一切受領思想之心一時滅盡，都無見聞覺知，出入之息亦盡）。無心者，謂無分別識心也。

四、一切有部〔一〕説此識名阿賴耶，有愛、樂、欣、喜四種阿賴耶。愛是總句，總緣三世爲境。餘三是別句，別緣三世：樂是現在，欣是過去，喜是未來。即此第八識，是諸有情常執爲自内我，是真愛著處，故名阿賴耶〔二〕。

校　注

〔一〕一切有部：即説一切有部，佛滅後三百年初從上座部分出。窺基異部宗輪論述記：「説一切有者，一切有二：一、有爲，二、無爲。有爲三世，無爲離世，其體皆有，名一切有。因言所以，此部説義，皆出所以，廣分別之，從所立爲名，稱説一切有部也。」

〔二〕玄奘譯成唯識論卷三：「餘部經中，亦密意説阿賴耶識有別自性，謂大衆部阿笈摩中密意説此名根本識，是眼識等所依止故，譬如樹根是莖等本，非眼等識有如是義。上坐部經、分别論者，俱密説此名有分識，『有』謂三有，『分』是因義，唯此恒遍爲三有因。化地部説此名窮生死蘊，離第八識無别蘊法窮生死際無間斷時，謂無色界諸色間斷，無想天等餘心等滅，不相應行離色、心等無别自體，已極成故，唯此識名窮生死蘊。説一切有部增壹經中，亦密意説此名阿賴耶，謂愛阿賴耶、樂阿賴耶、欣阿賴耶、喜阿賴耶，謂阿賴耶識是貪總别三世境故，立此四名。」

真正理有十：

一者、持種心。唯識論云：「謂契經説，雜染、清淨諸法種子之所集起，故名爲心。若無此識，彼持種心不應有故。謂諸轉識在滅定等有間斷故，根、境、作意、善等類别易脱〔一〕起故〔二〕，如電光等不堅住故，非可熏習〔三〕，不能持種，非染、淨種所集起故。」〔四〕

校　注

〔一〕「脱」，原無，據成唯識論補。

〔二〕窺基成唯識論述記卷四：「『善等類别易脱起故』者，瑜伽等種子中有四位：一、三性善等位互相望起；二、三界位，謂下、中、妙界心互相望起；三、有漏、無漏位互相望起；四、世、出世位互相望起。今以善爲首，等取彼位，故言『善等類别易脱起故』。」

〔三〕「習」，原作「皆」，據成唯識論改。

〔四〕見玄奘譯成唯識論卷三。

二、異熟心。唯識論云「如契經説，有異熟心善、惡業感。若無此識，彼異熟心不應有故」〔一〕者，即第八識，謂前世中以善、不善業爲因，招感得今生第八異熟心是果。論云：「定應許有真異熟心〔二〕，酬牽引業，徧而無斷，變爲身、器，作有情依。身、器離心，理非有故。」

校　注

〔一〕見玄奘譯成唯識論卷三。下一處引文同。

〔二〕「心」，原作「識」，據成唯識論改。

三、界趣生體。唯識論云：「契經説，有情流轉五趣、四生〔一〕。若無此識，彼趣、生體不應有故。」〔二〕須信有第八識爲三界九地五趣、四生之體，若無此識，即一切有情不應得有。

校　注

〔一〕五趣：又稱五道，即地獄、餓鬼、畜生、人、天，是有情衆生輪迴轉生的五種去處。「趣」者，所往之義。

四生：即卵生、胎生、濕生、化生，是有情衆生産生的四種方式。

〔三〕見玄奘譯成唯識論卷三。

四、有執受。唯識論云：「又契經説，有色根身是有執受。若無此識，彼能執受不應有故。」〔一〕其有色界中有情，有五色根及内五塵，是第八親相分，唯第八識能執受。若是餘識，即無此能。

校注

〔一〕見玄奘譯成唯識論卷三。

五、壽、煖、識三，證有第八識。唯識論云：「又契經説，壽、煖、識三〔一〕，更互依持，得相續住，若無此識能持壽、煖，令久住識不應有故。」〔二〕

校注

〔一〕窺基成唯識論述記卷二：「但是一識，義别説三。謂阿賴耶識相分色法身根所得名煖；此識之種名壽，以能持識故；現行識是識，故言三法。義别説之，非謂别有體性。」明王肯堂成唯識論證義卷三：「『壽、煖、識三』者，據小乘釋，壽者謂出入息，即風大也。煖者即火大，謂業持火大、地大等色而不壞爛也。識者，即刹那覺知心也。據大乘釋，謂阿賴耶識相分色法身根所得，名煖；此識之種名壽，以能持識故；現行識是識。」

〔二〕見玄奘譯成唯識論卷三。

六、生死時有心，證有第八識。唯識論云：「又契經説，諸有情類受生、命終，必〔一〕住散位，非〔二〕無心、定，若無此識，生死時心不應有故。」「又將死時，由善惡業上下身分，冷觸漸起，若無此識，彼事不成。」〔三〕

校注

〔一〕「必」，原作「心」，據成唯識論改。

〔二〕「非」，原作「作」，據成唯識論改。「必住散位，非無心、定」者，謂心必住散位，非住無心，亦非住定位。

〔三〕見玄奘譯成唯識論卷三。

第七、引緣起依，證有第八識。唯識論云：「又契經説，識緣名色，名色緣識。如是二法，展轉相依，譬如束蘆，俱時而轉〔一〕。若無此識，彼識自體不應有故。」〔二〕小乘云：「我將六識爲名色依，何要第八？」論破云：「眼等轉識，攝在名中，此識若無，説誰爲識？」〔三〕論主云：「眼等六識，已攝在名中。」爲識蘊故，須得第八爲名外識支，與名色爲依。又，如此界人生時，中有〔四〕初念心執取，結生時，由未有前六識爲名中識蘊，名色唯具三蘊。此三蘊名色，一念間依何而住？故知信有第八識，是名外識支，與名色爲依〔五〕。

校注

〔一〕束蘆：亦稱交蘆，捆扎在一起相互依靠的蘆葦，喻指相互依存者。雜阿含經卷一二：「譬如三蘆立於空地，展轉相依，而得豎立，若去其一，二亦不立，若去其二，一亦不立，展轉相依而得豎立。識緣名色，亦復如是，展轉相依而得生長。」

〔二〕見玄奘譯成唯識論卷三。

〔三〕見玄奘譯成唯識論卷三。下一處引文同。

〔四〕中有：亦稱中陰，謂已死之後未生之前，識未託胎之時。隋慧遠大乘義章卷八四有義六門分別：「命報終謝，名爲死有。生後死前，名爲本有。對死及中，故説爲本。兩身之間，所受陰形，名爲中有。」

〔五〕玄奘譯成唯識論卷三：「又契經説識緣名色，名色緣識，如是二法，展轉相依，譬如蘆束，俱時而轉。若無此識，彼識自體不應有故。謂彼經中自作是釋，名謂非色四蘊，色謂羯邏藍等。此二與識相依而住，如二蘆束，更互爲緣，恒俱時轉，不相捨離。眼等轉識，攝在名中，此識若無，説誰爲識？亦不可説名中識蘊謂五識身，識謂第六，羯邏藍時無五識故。又諸轉識有間轉故，無力恒時執持名色。寧説恒與名色爲緣？故彼識言顯第八識。」明昱成唯識論俗詮卷三：「『識緣名色』者，識即第八識，名即受、想、行、識四蘊，色即色蘊。『二法』者，識是一法，名、色共是一法。『蘆束』者，喻彼二法，俱時轉義。『謂彼』下，論主引彼經中釋詞。梵語『羯邏藍』，此云『凝滑』，初胎之相，故名色蘊。『眼等』下，簡別轉識，非名色所依。恐彼救云：名中識蘊，是眼等五識。識支，是第六識。論主抑云：『亦不可説名中識蘊，謂五識身。』名色外識支，謂第六識。羯邏藍時，無有五識，以無五根，無能發故。應知名中識蘊，唯是意識。『又諸』下，結顯轉識無恒，唯有第八，當彼經中所説識義。」

八、引識食，證有第八識。唯識論云：「又契經説，一切有情皆依食住。若無此識，彼識食體不應有故。」〔一〕所以佛告外道言：所爲一切有情，皆依食住。此是正覺正説，餘不能知。汝外道自餓己身，終無有益。食是資益義，任持義。

校注

〔一〕見玄奘譯成唯識論卷四。

九、引滅定有心，證有第八識。唯識論云：「又契經説，住滅定者，身、語、心、行無不皆滅，而壽不滅，亦不離煖，根無變壞，識不離身。若無此識住滅定者，不離身識〔一〕不應有故。」〔二〕論主云：入滅定聖人，身、語、心、行無不皆滅，即出入息是身加行，受想是心加行，尋伺是語加行。此三加行，與第六識相應，在滅定中皆悉滅故。「而壽不滅」者，即第八識種上，有連持一報色心不斷功能名壽。言「亦不離識[三]」者，煖、觸是第八識相分，即此二法皆不離第八識。既在滅定中，六識身、語、心加行皆悉不行，而有壽、煖在者，明知即是第八識與壽、煖爲依。

校　注

〔一〕「不離身識」，原作「識不離身」，據成唯識論改。

〔二〕見玄奘譯成唯識論卷四。

〔三〕「識」，當爲「煖」之誤。

十、引染浄心，證有第八。唯識論云：「又契經説，心雜染故，有情雜染。心清浄故，有情清浄。若無此識，彼染、浄心不應有故。謂染浄法以心爲本，因心而生，依心而住。心受[一]彼熏，持彼種故。」[二]「以心爲本」者，即一切染浄、有爲無爲法，皆以第八識爲根本。「依心而住」者，即前七現行皆依第八識而住。言「受彼熏」者，即第八識受彼前七識熏。言「持彼種」者，即第八能持前七三性染浄種子。

校注

〔一〕「心」，原無，據成唯識論補。
〔二〕見玄奘譯成唯識論卷四。

所以密嚴經云：「是身如起屍，亦如熱時燄，隨行因緣轉，非妄亦非實，爲受之所牽，性空無有我。意等識所識〔一〕，與心而共生，五識復更依，意識而因起，如是一切時，大地而俱轉。賴耶爲於愛，所熏而增長，既自增長已，復增於餘識，展轉不斷絶，猶如於井輪。以有諸識故，衆趣而生起，於是諸趣中，識復得增長，識與世間法，更互以爲因。譬如河水流，前後而不斷，亦如芽與種，相續而轉生，各各相差別，分別而顯現。識行亦如是，既三和合已，而復更和合，差別相而生，如是而流轉，常無有斷絶。内外一切法，皆因此而起，愚不了唯心，汝等勤觀察。」〔二〕

校注

〔一〕「識所識」，大正藏本大乘密嚴經作「諸轉識」。據大正藏本校勘記，宋、元、明本大乘密嚴經作「識轉識」，作「諸轉識」於意更勝。轉識，唯識宗所謂眼、耳、鼻、舌、身、意、末那等前七識。轉，改轉、轉起之義。第八識（阿賴耶識）是本識，前七識以阿賴耶識爲所依，緣色、聲等諸境而轉起，故謂之轉識。

〔二〕見不空譯大乘密嚴經卷下阿賴耶即密嚴品。

華嚴經云：「善男子，諸業虛妄，積集名心，末那思量，意識分別，眼等五識，了境不同。愚癡凡夫，不能知覺，怖老、病、死，求入涅槃。生死、涅槃，二俱不識，於一切境，妄起分別。又由未來諸根、五塵境界斷滅，凡愚之人以爲涅槃，諸佛菩薩自證悟時，轉阿賴耶得本覺智。善男子，一切凡愚，迷佛方便，執有三乘，不了三界由心所起，不知三世一切佛法自心現量，見外五塵，執爲實有，猶如牛羊，不能知覺，生死輪中，無由出離。

「善男子，佛説諸法無生、無滅，亦無三世。何以故？如自心現五塵境界本無有故，有無諸法本不生故，聖者自悟境界如是。善男子，愚癡凡夫妄起分別，無中執有，有中執無，取阿賴耶種種行相，墮於生、滅二種見中，不了自心而起分別。善男子，當知自心即是一切佛菩薩法，由知自心即佛法故，則能淨一切刹，入一切劫。」〔一〕

是以藏識頓變根身、器世間故，爲甚深之義，現量、比量俱不能量，又過量無量故。如

校注

〔一〕見般若譯大方廣佛華嚴經卷六。

經偈云：「法界非有量，亦復非無量。牟尼悉超越，有量及無量。」〔二〕故知識性淺智難明，究竟窮通，唯佛能了。是以宗鏡廣引斯文，爲微密難知故一。

校注

〔二〕見般若譯大方廣佛華嚴經卷二。

問：唯識正義，爲破我、法二執，顯二空理，證一真心，云何世間及諸聖教説有我法？

答：但是假説，唯依識變。如唯識頌云：「由假説我法，有種種相轉，彼依識所變，此能變唯三，謂異熟、思量，及了别境識。

「世間聖教説有我、法，但由假立，非實有性。我謂主宰，法謂軌持〔一〕。乃至〔二〕云何應知實無外境，唯有内識似外境生？實我、實法不可得故。如何實我不可得耶？諸所執我，略有三種：一者、執我體常周徧，量同虚空，隨處造業，受苦樂故；二者、執我其體雖常而量不定，隨身大小有卷舒故；三者、執我體常至細如一極微〔三〕，潛轉身中作事業故。初且非理，所以者何？執我常徧，量同虚空，應不隨身受苦樂等。又常徧故，應無動轉，如何隨身能造諸業？乃至中亦非理。所以者何？執我體常住，不應隨身而有舒卷。既有舒卷，如橐籥風，應非常住。乃至後亦非理。所以者何？我量至小，如何速巡身？如旋火輪，以轉動故〔四〕，則所執我非一非常，諸有往來，非常一故。

「又，所執我復有三種：一者、即蘊，二者、離蘊，三者、與蘊非即非離。初、即蘊我，理且不然，我應如蘊，非常一故。又，内諸色定非實我，如外諸色有質礙故，心、心所法，亦非實我，不恒相續，待衆緣故。餘行、餘色，亦非實我，如虛空等，非覺性故。中、離蘊我，理亦不然，應如虛空，無作、受故。後、具非我，理亦不然，許依蘊立，非即離蘊，應如瓶等，非實我故。

「又，既不可説有爲、無爲，亦應不可説是我、非我，故彼所執實我不成。乃至如是所説一切我執，自心外蘊，或有或無；自心内蘊，一切皆有。是故我執皆緣無常五取蘊〔五〕相，妄執爲我。然諸蘊相從緣生故，是如幻有。妄所執我，横計度故，決定非有，故契經説，苾芻當知，世間沙門、婆羅門等所有我見，一切皆緣五取蘊起。」〔六〕

校注

〔一〕窺基撰成唯識論述記卷一：「『我如主宰』者，如國之主，有自在故，及如輔宰能割斷故，有自在力及割斷力，義同我故。或主是我體，宰是我所；或主如我體，宰如我用。『法謂軌持』，軌謂軌範，可生物解；持謂任持，不捨自相。」

〔二〕乃至：表示引文中間有删略。下三「乃至」同。

〔三〕窺基大乘法苑義林章卷五極微章：「體用中最極小者，所謂阿拏，説此名極微。」

〔四〕「我量至小，如何速巡身？如旋火輪，以轉動故」，成唯識論作「我量至小，如一極微，如何能令大身遍動？若謂雖小而速巡身，如旋火輪似遍動者」。

〔五〕五取蘊：即有漏之五蘊（色、受、想、行、識）。阿毗達磨俱舍論卷一：「有漏名取蘊。（中略）煩惱名取。蘊從取生，故名取蘊，如草糠火。或蘊屬取，故名取蘊，如帝王臣。或蘊生取，故名取蘊，如花果樹。」成唯識論述記卷一：「薩婆多中，一切煩惱皆名爲取，蘊從取生，或能生取，故名取蘊。今者大乘如對法説，欲貪名取，唯貪爲體，染希五蘊，蘊能生取，蘊從取生，蘊立取名。」

〔六〕見玄奘譯成唯識論卷一。

問：若離心外無實我及實法者，則假法亦無，以假法依真而建立故。

答：夫假法者，但是虚假，似有而轉，必不依真。如唯識論云：「有作是難，若無離識實我、法者，假亦應無，謂假必依真事、似事、共法而立〔一〕。」乃至答云：「又假必依真事立者，亦不應理。真謂自相，假智及詮俱非境故，謂假智、詮不得自相，唯於諸法共相而轉。亦非離此有別方便，施設自相爲假所依。然假智、詮必依聲起，聲不及處，此便不轉，能詮、所詮，俱非自相〔二〕，故知假説不依真事。由此但依似事而轉，似謂增益非實有相，聲依增益似相而轉，故不可説假必依真。」〔三〕

校　注

〔一〕窺基成唯識論述記卷二："若有我法，名爲真事。識所變者，名爲似事。所變上有不捨色等法之自相，名爲共法。"

〔二〕窺基成唯識論述記卷二："説爲能詮之名，所詮之法，俱非自相。聲是耳所得，無所詮表故，今此能詮，是名、句等意識所緣，緣之起解，故知能、所二詮，俱非自相，共相無別體，是假法故。"

〔三〕見玄奘譯成唯識論卷二。

問：此第八識，有幾能變，令諸識生長顯現？

答：有二能變：一、因能變，二、果能變。唯識論云："能變有二種：一、因能變〔一〕，謂第八識中等流、異熟二因習氣，等流習氣由七識中善、惡、無記熏令生長〔二〕，異熟習氣由六識中有漏善、惡熏令生長〔三〕。二、果能變，謂前二種習氣力故，有八識生現種種相〔四〕。等流習氣因緣故，八識體相差別而生，名等流果，果似因故。異熟習氣爲增上緣，感第八識酬引業力，恒相續故，立異熟名；感前六識酬滿業者，從異熟起，名異熟生〔五〕。不名異熟，有間斷故。即前異熟及異熟生名異熟果，果異因故。此中且説我愛執藏持雜染種能變果識，名爲異熟。"〔六〕

校注

〔一〕窺基成唯識論述記卷二：「此言因者，即所由故，謂種子也。辨體生現，爲現行生之所由也。此名唯望現果爲名。據理而言，應名果變，種及現行所引生故。今望果説現行因故。變者，是轉變義。在三能變初異熟中，顯所依止能持之識，所有等流、異熟二種習氣是也。言習氣者，是現氣分熏習所成，故名習氣。自性親因名等流種，異性招感名異熟種。一切種子，二種攝盡。士用、增上，於此二中，假施設立，故不説之。謂因即能變，名因能變。謂此二因能轉變，生後自類種、同類現行及異熟果故。」

〔二〕窺基成唯識論述記卷二：「不以等流所變之果顯其自性，但舉等流能變之因以顯自體，義顯所生通諸有漏三性之法，各自種子所引八識，各各自果名言種子是也。等謂相似，流謂流類，即此種子與果性同。相似名等，果是彼類，名之爲流。即從等所流，從因爲名，故名等流。即等之流，依士釋也。即名言熏習種子。是等流之習氣，名等流習氣。等流非因名，故等流習氣非持業釋。以第八識不能熏故，唯説七生。七唯無記，六通三性。」

〔三〕窺基成唯識論述記卷二：「前等流因是因緣種，其所生果即通八識種。此異熟因增上緣種，即是有分熏習種子，不以所生異熟之果顯其因性，但舉此因能變之因以彰自體。義顯所生除第七識，可通餘識及五蘊等無記之法，此體唯通善、惡二性，果唯無記。前因因、果皆通三性。第七識唯無記，非異熟因，勢力羸劣不感果也。此非異熟，有覆性故。第八不能熏，此中皆不説。明因能變即是種子轉變生果，果通種子及與現行，自類種子亦相生故。」

〔四〕窺基成唯識論述記卷二：「即前二因所生現果。謂有緣法能變現者，名果能變。非因所生皆名爲果，不爾，種子應名果變，自相生故。此果能變即自證分能變，現生見、相分果。此言變者，與前不同，是有緣變，變現爲義。識中種子，果之所變，識所緣故。由前等流能變力故，八識三性因緣果生。由前異熟能變力故，除第七識，餘之七識無記果生，舉因顯果。無記之法體性羸劣，要等流、異熟二因所生，名果能變。」

〔五〕異熟生：指由異熟所生。唯識宗以第八識總報之果體爲異熟，或稱真異熟。由此所生之前六識別報之果，即稱異熟生。

〔六〕見玄奘譯成唯識論卷二。

問：第八識廣容周徧，爲萬法根原，經論同推，故稱第一。微細體性，如何指陳？

答：此體不可説，微妙最難知，周徧法界而無住心，任持一切而不現相。如空中飛鳥，雖往來翥翥而跡不可尋；似眼裏童人，任照矚森羅而眼終不見。若月含一色，徧分萬像之形；等日耀千光，普照四天之下。類摩尼無思而雨寶，廣濟群生；猶磁石無覺而轉移，周迴六趣。

密嚴經偈云：「藏識持於世，猶如線穿珠，亦如車有輪，隨於業風轉。陶師運輪杖，器成隨所用，藏識與諸界，共力無不成。内外諸世間，彌綸悉周徧，譬如衆星象，布列在虚空。風力之所持，運行常不息，如空中鳥跡，求之不可見。然鳥不離空，頡頏而進退，藏識亦如是，不離自他身。如海起波濤，如空含萬像，藏識亦如是，藴藏諸習氣。譬如水中月，及以諸蓮華，與水不相離，不爲水所著。藏識亦復然，習氣莫能染，如目有童子，眼終不自見。藏識住於身，攝藏諸種子，徧持壽煖識，如雲覆世間，業用曾不停，衆生莫能見。」〔一〕

又云：「諸仁者，一切衆色，皆阿賴耶與色習相應，變似其相，非別有體，同於愚夫妄所分別。諸仁者，一切衆生，若坐、若卧、若行、若立、惽醉、睡眠乃至狂走，莫不皆是賴耶識。乃至〔二〕如磁石力，令鐵轉移，雖無有心，似有心者。阿賴耶識亦復如是，爲生死法之所攝持，往來諸趣，非我似我。如水中有物，雖無思覺，而隨於水，流動不住。阿賴耶識亦復如是，雖無分別，依身運行。乃至若有於此能正觀察，知諸世間皆是自心，是分別見即皆轉滅。」〔三〕

又頌云：「能持世間因〔四〕，所謂阿賴耶，第八丈夫識，運動於一切，如輪轉衆瓶，如油徧在麻，鹽中有鹹味，亦如無常性，普徧於諸色。」〔五〕

校　注

〔一〕見地婆訶羅譯大乘密嚴經卷中妙身生品。

〔二〕乃至：表示引文中間有删略。下一「乃至」同。

〔三〕見地婆訶羅譯大乘密嚴經卷下阿賴耶微密品。

〔四〕按，據經意，此句應屬前。地婆訶羅譯大乘密嚴經卷中妙身生品：「毗陀所説因，互違無定義，亦復非無有，能持世間因。」

〔五〕見地婆訶羅譯大乘密嚴經卷中妙身生品。

問：此識周徧，凡、聖境通，爲當離此別有真性？爲復即是？

答：非一非異，得此識名；不合而合，成其藏義。此阿賴耶識，即是真心不守自性，隨染浄緣，不合而合，能含藏一切真俗境界，故名藏識，如明鏡不與影像合而含影像。此約有和合義邊説。若不和合義者，即體常不變，故号真如。因合、不合，分其二義，本一真心，湛然不動。若有不信阿賴耶識即是如來藏、別求真如理者，如離像覓鏡，即是惡慧，以未了不變隨緣、隨緣不變之義，而生二執。

問：第八識變義如何？

答：「變謂識體轉似二分。」〔一〕釋云：論明諸識體即自證分，轉似相、見二分而生。此説識體是依他性，轉似相、見二外非無，亦依他起。依此二分執實二取，聖説爲無，非〔二〕依他中無此二分。論説唯二依他性故，此除〔三〕真智緣於真如，無相分故，餘皆有相。不爾，如何名他心智〔四〕？後得智〔五〕等不外取故。許有相、見二體性故，説相、見種或同或異。

若同種者，即一識體，轉似二分相用而生，如一蝸牛，變生二角。此説影像相、見，離體更無別性，是識用故。若言相、見各別種者，見是自體，義用分之，故離識更無別種。即一識體，轉似見分別用而生。識爲所依，轉相分種似相而起，以作用別，性各不同故，相別種生，於理爲勝，故言「識體轉似二分」。此依他起非有似有，實非二分，似計所執二分見、相，故立似名。相別有種，何名識變？不離識故，由〔六〕識變時相方生故。此顯能變相、見二分，用體別有，何故又説識似二分生？論説相、見俱依自證起故，若無自證，二定不生，如無頭時角定非有，及無鏡時面影不起，皆於識上現相貌故，故説二分依識體生〔七〕。

校注

〔一〕出玄奘譯成唯識論卷一。二分：見分、相分。識體爲自證分，識所緣境稱爲相分，識的能緣作用稱爲見分。參後「釋云」。「轉似二分」者，宗密撰圓覺經大疏釋義鈔卷一之上：「見分、相分也。然有漏識自體生時，智似所緣、能緣相現，似所緣相名爲相分，似能緣相名爲見分。此有二釋：一云識體是有，二分是無，無而似有，故云似也。二云二分亦有，是依他起。所言似者，似遍計實有之二分也。」

〔二〕「非」，原作「非無」，據成唯識論述記改。清藏本作「非謂」。

〔三〕「除」，原作「緣」，據成唯識論述記改。

〔四〕他心智：「十智」之一，能了知他人心想之智。龍樹造、鳩摩羅什譯大智度論卷二三：「他心智者，知欲界、色界繫現在他心心數法，及無漏心心數法少分。」

〔五〕後得智：證根本智後所起之化他智。又稱分別智（分別一切差別相之智）、俗智、如量智等。

〔六〕「由」，原作「内」，據成唯識論述記改。

〔七〕「釋云」後，詳見窺基撰成唯識論述記卷一。

又，非唯相、見二分依識體生，乃至凡聖之身、净穢之土，皆從識現。如彌勒菩薩云：「日月燈明如來教我修習唯心識定，入三摩地。歷劫已來，以此三昧事恒沙佛，求世名心，歇滅無有。至燃燈佛出現於世，我乃得成無上妙圓識心三昧，乃至盡空如來國土净穢有無，皆是我心變化所現。世尊，我了如是唯心識故，識性流出無量如來，今得授記次補佛處。佛問圓通，我以諦觀十方唯識，識心圓明，入圓成實，遠離依他及徧計執，得無生忍，斯爲第一。」〔一〕是以十方法界、净穢國土，皆是我心中變出，總是我屋宅，真妄隨心，巧拙由智。對大菩薩闡彼净方，逗劣衆生現斯穢土。十方如來，皆是我心中流出者，古釋云：如海上漚，各各不同時，由差別心觀，即有彼此，但水體是一。即知一佛出現時，即一切佛土〔二〕現，離自、他相故。但衆生有處，十方如來爲種種身而助化之，非但如來含於一義，一切衆生亦是我流出。

校注

〔一〕見大佛頂如來密因修證了義諸菩薩萬行首楞嚴經卷五。

〔三〕「土」，嘉興藏本作「出」。

問：轉變、變現，其義同别？

答：古釋云有唯轉變非變現者〔一〕，轉變之言，通於種、現，現能熏種，種能生種，種生現行，皆名轉變。變現之言，唯現心等，能起見、相，名之爲變，不通於種、相分色等。

校注

〔一〕窺基撰成唯識論掌中樞要卷上：「有唯轉變名變，非變現名變，謂一切種子。有唯變現名變，非轉變名變，謂因第八及六識中業果現行，並佛功德一切諸心、心所。」

問：第八本識與所生果，爲復是一？是異？

答：非一非異。論云：「本識中親生自果功能差别，此與本識及所生果不一不異。體用因果，理應爾故。」〔二〕釋云：「本識是體，種子是用。種子是因，所生是果。此之二法，理應如是，不一不異。本識望種，於〔三〕出體中攝相歸性〔三〕，故皆無記；種從現行，望於本識，相用别論，故通三性。若即是一，不可説爲有因果法、有體用〔四〕法；若一向異，應穀麥等能生豆等，以許因、果一向異故。不爾，法滅應方有用，以許體、用一向異故。用、體相

似，氣勢必同。因、果相似，功能、狀貌可相隨順，非一向異。」〔五〕

校注

〔一〕見玄奘譯成唯識論卷二。

〔二〕「於」，成唯識論述記作「四」。參後注。

〔三〕出體：提出諸法之體性。四出體，是法相宗判立諸法體性的四種軌範——攝相歸性體、攝境從識體、攝假隨實體和性用別論體。窺基撰大乘法苑義林章卷一總料簡章：「凡論出體，總有四重。一、攝相歸性體，即一切法皆性真如。故大波若經理趣分說：一切有情，皆如來藏。勝鬘經說：夫生死者，是如來藏。無垢稱言：一切衆生皆如也，一切法亦如也，衆賢聖亦如也，至於彌勒亦如也。諸經論說，如是非一。一切有爲、諸無爲等有別體法，是如之相，譬如海水隨風等緣擊成波相，此波之體，豈異水乎？一切諸法，隨四緣會，成其體相，然不離如。有漏種子，性皆本識，亦復如是，故皆無記。二、攝境從識體，即一切法皆是唯識。花嚴等說三界唯心，心所從王名唯識等。如是等文，誠證非一。三、攝假隨實體，即諸假法隨何所依實法爲體。如說瓶等，四塵爲體，諸不相應色心分位，即以所依分位爲體。對法論說不相應行色心等中是假立，故是說不害等即無瞋等，此類非一。四、性用別論體，色心假實各別處故。」

〔四〕「用」，原作「有」，據清藏本及成唯識論述記改。

〔五〕見窺基撰成唯識論述記卷二。

問：阿賴耶識與幾心所相應？

答：識論云：「常與觸、作意、受、想、思相應。阿賴耶識無始時來，乃至未轉，於一切位恒與此五心所相應，以是徧行心所攝故。」〔一〕

校注

〔一〕見玄奘譯成唯識論卷三。

一、觸者。論云：「謂三和分別變異，令心、心所觸境爲性，受、想、思等所依爲業。」〔二〕釋云：以此五種體是遍行心所攝故，決定相應。雖復不增，亦不可減，定俱生滅，名徧行故。觸謂三和者，即根、境、識，體異名三，不相乖返，更相交涉，名爲隨順。根可爲依，境可爲取，識二〔三〕所生，可依於根而取於境。此三之上，皆有順生一切心所功能作用，名爲變異。分別之用，是觸功能，謂觸之上，有似前三順生心所變異功能，説名分別。分別即是領似異名，如子似父，名分別父〔三〕。

「問：何故三和唯根獨勝？

「答：一、由主故，有殊勝能，名之爲主；二、由近故，能近生心及心所故；三、由徧故，不唯生〔四〕心所，亦能生心故；四、由續故，常相續有，境、識不爾故。境體雖能生心、心所，以非主故，又非近故，偏闕二義，不名爲勝。心雖是主，近生心所，不能生心，不自在故，非偏也，偏闕一義，故非勝。境、識皆不續，識有境生故，俱闕續義，非得勝名，唯根獨勝。」〔五〕

問：觸自性是實是假？

答：此觸數定是實有，四食性故〔六〕。

校注

〔一〕見玄奘譯成唯識論卷三。

〔二〕「二」，原作「三」，據成唯識論述記改。二，指根、境。

〔三〕「釋云」至此，詳見窺基撰成唯識論述記卷三。

〔四〕「生」，原無，據清藏本及成唯識論述記補。

〔五〕見窺基撰成唯識論述記卷三。

〔六〕四食：四種食，即段食、觸食、意思食和識食。此四能持有情身命，令不壞斷，故名食。詳見本書卷五〇引玄奘譯成唯識論卷四。又，窺基撰成唯識論述記卷三：「如餘三食，段食香、味、觸既許是實，故以爲喻。」

二、作意者。論云：「作意謂能警心爲性，於所緣境引〔一〕心爲業。」〔二〕釋云：作意警心，有二功力：一者、令心未起而起，二者、令心起已趣境，故言「警覺應起心種，引令趣境」〔三〕。

校注

〔一〕「引」，原作「别」，據嘉興藏本及成唯識論改。此後成唯識論有云：「雖此亦能引起心所，心是主故，但説引心。」

〔二〕見玄奘譯成唯識論卷三。下一處引文同。

〔三〕「釋云」至此，詳見窺基撰成唯識論述記卷三。

三、受者。論云：「受謂領納順、違、俱非境相爲性，起愛爲業。」〔一〕

校注

〔一〕見玄奘譯成唯識論卷三。

四、想者。論云：「想謂於境取像爲性，施設種種名言爲業，謂要安立境分劑相，方能隨起種種名言。」〔一〕釋云：此中安立，取像異名。謂此是青、非青等，作分劑而取其相，名爲安立。由此取像，便起名言此是青等，性類衆多，故名種種〔二〕。

校注

〔一〕見玄奘譯成唯識論卷三。

〔二〕「釋云」至此，詳見窺基撰成唯識論述記卷三。

五、思者。論云：「思謂令心造作爲性，於善品等役心爲業，謂能取境正因等相，驅役自心令造善等。

「此五既〔一〕是徧行所攝，故與藏識決定相應。此觸等五，與異熟識行相雖異，而時、依同，所緣、事等，故名相應。此識行相極不明了，不能分別逆、順境相，微細一類，唯與捨受相應〔二〕。又此相應受唯是異熟，隨先引業轉，不待現緣，任善、惡業勢力轉故，唯是捨受。苦、樂二受是異熟生，非真異熟，待現緣故，非此相應。又由此識常無轉變，有情恒執爲自內我，若與苦、樂二受相應，便有轉變，寧執爲我？故此但與捨受相應。」〔三〕

釋曰：「此觸等五，與異熟識行相雖異，而時、依同，所緣、事等，故名相應」者，由四等故，説名相應，謂事等、處等、時等、所依等。今約見分爲行相，影像相分爲所緣。自體名事，等者相似義。體各唯一，境、相相似，故所緣、事皆名爲等。以觸等五相，託本識相生，所緣既相似，故名爲等。唯識爲宗，不約本質名爲所緣，亦非影像名爲行相。時謂刹那，定同一世。依謂依〔四〕根,俱有無間〔五〕。

「唯與捨受相應」者,此有五義:一、極不明了,是捨受相。若苦、樂受,必明了故。受總有五:一、憂,二、喜,三、苦,四、樂,五、捨。此中憂、喜入苦、樂中,依三受〔六〕門分别,不言憂、喜。二、不能分别順、違境相,取中容境,是捨受相。若是餘受,取違、順境故。三、由微細,若是餘受,行相必麁。四、由一類,若是餘受,必是易脱。此行相定,故成一類。五、相續而轉,若是餘受,必有間斷,此恒相續,故唯捨受。若能分别違、順境相,非真異熟。異熟者,取境定故。若麁動者,如餘心,非異熟主,顯行相難知,異餘識也。由此五義必其有故,便能受熏持種相續。又解,此識極不明了,曾無慧、念,慧、念行相極明了故。不能分别違、順境相,顯唯、捨受非苦、樂俱,及簡不與善、染等並。相續而轉,顯無有欲。今有希望,方有欲起。此相續故,無有欲也。由此五義,第二義正顯唯捨受所由,所餘四義因簡别境等故,唯與捨受俱〔七〕。

校　注

〔一〕「既」,原作「段」,據成唯識論改。

〔二〕「微細一類,唯與捨受相應」,成唯識論作「微細一類,相續而轉,是故唯與捨受相應」。

〔三〕見玄奘譯成唯識論卷三。

〔四〕「依」，原無，據成唯識論述記補。參後注。

〔五〕「俱有無間」，原作「俱無有間」，據成唯識論述記改。唐道邑成唯識論義藴卷三：「『依謂依根，俱有無間』者，問：同依俱有，可説依同，心王、心所，前念各别，如何無間，亦説爲同？答：若開導依，定非心所，於所引生無主義故。今爲依者，必是心王，故可名同。説爲意根，非心所故。」日高範撰略述法相義依釋卷上：「王、所同所依，成相應義也。就其所依，有俱有、無間二依，俱有依能依、所依同時，無間依能依、所依前後，雖有同時、前後異，心王、心所同所依也。」

〔六〕三受：苦受、樂受、不苦不樂受（捨受）。玄奘譯阿毗達磨法藴足論卷一〇藴品：「復有三受，説名受藴，謂樂受、苦受、不苦不樂受。云何樂受？謂順樂觸所生身樂、心樂，平等受受所攝，是名樂受。復次，脩初第二、第三静慮，順樂受觸所起心樂，平等受受所攝，是名樂受。云何苦受？謂順苦觸所生身苦、心苦，不平等受受所攝，是名苦受。云何不苦不樂受？謂順不苦不樂觸所生身捨、心捨，非平等非不平等受受所攝，是名不苦不樂受。復次，脩未至定静慮中間第四静慮及無色定，順不苦不樂觸所生心捨，非平等非不平等受受所攝，是名不苦不樂受。」

〔七〕「釋曰」至此，詳見窺基撰成唯識論述記卷三。

問：此識既與捨受相應，如何亦是惡業異熟？

答：論云：「捨受不違善、惡〔一〕品故，如無記法善、惡俱招。」〔二〕釋云：「無記既寂静，何爲惡業果？捨雖寂静，不違二故，得爲惡果，不同禪定寂静。此無所能爲，故通惡業感〔三〕。餘七轉識設起苦、樂，此識皆俱，以捨不違苦、樂品故。若或苦、樂不俱，於人天中，應不受苦果，以相違故；三惡趣中，應不受樂果，亦相違故。此中苦、樂，皆是別招，故捨不違。」〔四〕

校注

〔一〕「善惡」，清藏本、成唯識論作「苦樂」。

〔二〕見玄奘譯成唯識論卷三。

〔三〕「感」，原作「惑」，據清藏本及成唯識論述記改。

〔四〕見窺基撰成唯識論述記卷三。

問：本識云何不與別境〔一〕等五心所相應？

答：論云：「互相違故。爲〔二〕欲希望所樂事轉，此識任業無所希望；勝解印持決定事轉，此識懵昧無所印持；念唯明記曾習事轉，此識昧劣不能明記；定能令心專注一境，此識任運刹那別緣；慧唯簡擇得等事轉，此識微昧不能簡擇。故此不與別境相應。此識唯是異熟性故，善、染汙等亦不相應。惡作等四無記性者〔三〕，有間斷故，定非異熟。」〔四〕

校注

〔一〕別境：與徧行相對，是對各別之境而起的心所，包括欲、勝解、念、定、慧。

〔二〕「爲」，成唯識論作「謂」。

〔三〕惡作：謂對做過的惡事後悔。大乘廣五藴論：「云何惡作？謂心變悔爲性。謂惡所作，故名惡作。此惡作體非即變悔，由先惡所作，後起追悔故，此即以果從因爲目，故名惡作。」「等四」者，惡作外，還有眠、尋、伺。眠謂睡眠，尋謂尋求，伺謂伺察。成唯識論卷七：「悔、眠、尋、伺於善、染等皆不定故，非如觸等定徧心故，非如欲等定徧地故，立不定名。悔謂惡作，惡所作業，追悔爲性，障止爲業。此即於果假立因名，先惡所作業，後方追悔故。悔先不作亦惡所攝，如追悔言：我先不作如是事業，是我惡作。」

〔四〕見玄奘譯成唯識論卷三。

釋云：「定能令心專注一境，此識任運刹那別緣」者，定雖影像相分，刹那新起，至加行時，所觀本質前後相續，恒〔一〕專注境〔二〕。此識任運不作加行，專注本質，恒緣現在影像所緣，但新新起。且定行相，一一刹那深取專注，趣向所緣。此識浮疎，行相不爾，故非定位〔三〕。言任運者，是隨業轉。惡作等定非異熟者，非真異熟，不遮異熟生亦有惡作等，非一切時常相續故，非此相應〔四〕。

校注

〔一〕「恒」，諸校本作「但」。按，成唯識論述記作「恒」。
〔二〕「境」，成唯識論述記作「緣」。
〔三〕「位」，成唯識論述記作「俱」。
〔四〕「釋云」至此，詳見窺基撰成唯識論述記卷三。

故知第八真識常如捨相，以任運之緣，合恒常之道，不爲垢法之所染，寧爲浄法之所治？非生死之所羈，豈涅槃之能寂？是以稱爲識主，故号心王。邇後因一念無明，起七識波浪，遂生心所，失本心王。皆因强覺覺明，分能立所，起明了之解，心、境歷然；運分别之情，自、他宛爾。因兹有情心内，逐憎愛而結怨親；無情境中，隨想念而標形礙。遂使外則桑田變海、海變桑田，内則親作怨由、怨爲親種，互爲高下，反覆相酬，從兹業果恒新，苦緣不斷。

是以首楞嚴經云：「佛告富樓那：明妄非他，覺明爲咎。所妄既立，明理不踰。以是因緣，聽不出聲，見不超色。乃至〔一〕唯殺、盜、婬三爲根本。以是因緣，業果相續。富樓那，如是三種顛倒相續，皆是覺明明了知性，因了發相，從妄見生山河、大地諸有爲相，次第

遷流，因此虚妄，終而復始。」〔二〕

是故若欲還原反本，旋妄冥真，但一念不生，前後際斷，分别心滅，輪迴業亡，根盡枝枯，因空果喪。無始之情塵識垢，應念全消；本來之佛眼常身，隨真頓現。

校注

〔一〕乃至：表示引文中間有删略。

〔二〕見大佛頂如來密因修證了義諸菩薩萬行首楞嚴經卷四。

音義

躍，以灼反，跳躍也。　槖，他各反。　籥，以灼反，燕麥也。　騫，去乾反。

翥，章恕反，飛也。　頡，胡結反。　頏，胡朗反。　礠，疾之反，可以引鐵也。

蝸，古蛙反，蝸牛，小螺也。　撮，子括反，挽牽也。　控，苦貢反，引也，告也。

邃，雖遂反，深也，遠也。　崑，古渾反，崑崙山。　竦，息拱反，敬也，執也，上也，跳也。　幹，古案反，莖幹。　邁，莫話反，行也，遠也，往也。　弭，綿婢反。　峨，五何反，嵯峨也。　窿，力中反，穹窿。　鑽，借官反，又借玩反，刺也。　堆，都回反，聚土也。　鵷，於袁反，鳳屬。　麟，力珍反，麟鳳也。　熲，古迥反，光也。

悋，良刃反，鄙也。　殞，于愍反，殁也。　叡，以芮反，聖也。　匵，徒谷反，匵也。　舛，昌兖反。説文曰：「對卧也。從夕中相背。」　操，七刀反，持也。　觚，古胡反，酒爵也。　範，防淡反，法也，常也。　髦，莫袍反，俊也。　糟，作曹反，糟粕也。　粕，疋各反，糟粕。　綜，子宋反，織縷也。　淳，常倫反，清也，朴也。　粹，雖遂反，純也。　賚，洛代反，与也，貺也。　糅，女救反，雜也。　擢，直角反，拔也，抽也，出也。　澆，古堯反，沃也，薄也。　毳，楚税反，細毛也。　爍，書藥反，灼爍也。　沃，烏酷反，灌也。

丁未歲分司大藏都監開板

宗鏡録卷第四十八

慧日永明寺主智覺禪師延壽集

夫三性〔一〕法門，該通萬法，於第八識何性所攝？約有幾位？

答：論云：「諸有漏種與異熟識體無別故，無記性攝。因果俱有善等性〔二〕故，亦名善等。諸無漏種非異熟識性所攝，故因果俱是善性攝，故唯名爲善。」〔三〕

釋云：此有漏種與本第八識體無别故，性類是同，唯是無記。若能、所生法，皆通善等三性，謂此種子本能熏習現行之因及後所生現行之果，皆通三性，故言因果俱善等性，即是功能差別門説，非依體門，性唯無記。此約有漏種説。若無漏種，非異熟性所攝故，故非無記。體性不順本識體故，體既不同，不可相即。又性類別，能治、所治漏、無漏殊，不可相即〔四〕。

校注

〔一〕三性：善性、惡性、無記性。

〔二〕善等性：謂善性、惡性、無記性三性。「等性」者，略惡性、無記性。

〔三〕見玄奘譯成唯識論卷二。

〔四〕「釋云」至此，詳見窺基撰成唯識論述記卷二。

問：無漏既不從識名無記性，此爲何性？

答：因果俱是善性攝故，唯名爲善。法尔一切無漏之法，順理違生，無惡無記。又，攝論云：「然第八識總有二位：一、有漏位，無記性攝，唯與觸等五法相應，但緣前説執受處境；二、無漏位，唯善性攝，與二十一心所相應，謂〔一〕遍行、别境各五及善十一。與一切心恒相應故，常樂證知所觀境故，於所觀境恒印持故，於曾受境恒明記故，世尊無有不定心故，於一切法常決擇故，極淨信等常相應故，無染汙故，無散動故。此亦唯〔二〕與捨受相應，任運恒時平等轉故。以一切法爲所緣境，鏡智遍緣一切法故。」〔三〕

校注

〔一〕「謂」，原作「爲」，據清藏本及成唯識論改。

〔二〕「亦唯」，原作「唯亦」，據清藏本及成唯識論改。

〔三〕見玄奘譯成唯識論卷三。「攝論云」者，誤。

問：本識於一切時中，爲有間斷？爲無間斷？定緣於內？定緣於外？

答：此識從初至末，無有刹那間斷，内外俱緣。瑜伽論云：「阿賴耶識於一切時無有間斷器世間相，譬如燈燄生時，内執膏炷，外發光明。如是阿賴耶識，緣内執受，緣外器相，生起道理，應知亦尔。」又，「緣境無廢，時無變易，從初執受刹那乃至命終，一味了别而轉」〔一〕。

校　注

〔一〕見玄奘譯瑜伽師地論卷五一。

問：阿賴耶識與諸轉識，爲復作因？爲復作果？

答：互爲因果。經偈云：「諸法於識藏，識於法亦尔，更互爲果性，亦常爲因性。」〔一〕「攝大乘論説：阿賴耶識與雜染法互爲因緣，如炷與〔二〕燄展轉生燒，又如束蘆互相依住。」〔三〕

釋云：諸法於識藏，能攝藏也，謂〔四〕與諸識作二緣性：一、爲彼種子，二、爲彼所依。識於法亦尔，所攝藏也，謂諸轉識與阿賴耶亦爲二緣：一、於現法長養彼種，二、於後法轉攝植彼種，互相生故。如燈炷、束蘆者，舉增上緣，喻因緣義。如燈炷與燄展轉生燒〔五〕，由〔六〕炷生燄，如種生現；由〔七〕燄燒炷，如現熏種。又如束蘆相依，爲俱有因。類顯二法爲喻，喻因緣義〔八〕。

校注

〔一〕見玄奘譯成唯識論卷二。

〔二〕「與」，原作「生」，據清藏本及成唯識論改。

〔三〕見成唯識論卷二。又，「攝大乘論説」者，真諦譯攝大乘論卷上相品第二：「若於第一緣生中，諸法與識更互爲因緣。於第二緣生中，諸法是何緣？是增上緣。復次，幾緣能生六識？有三緣，謂增上緣、所緣緣、次第緣。如此三緣生，一、窮生死緣生，二、愛憎道緣生，三、受用緣生，具足四緣。」

〔四〕「謂」，原作「爲」，據成唯識論述記改。下一「謂」同。

〔五〕「燒」，原作「燄」，據清藏本及成唯識論述記改。

〔六〕「由」，原作「内」，據成唯識論述記改。

〔七〕「由」，原作「内」，據成唯識論述記改。清藏本作「外」。

〔八〕「釋云」至此，詳見窺基撰成唯識論述記卷二。

問：種子識與阿賴耶識，爲一爲異？

答：非一非異。攝論云：「是不浄品法種子，在阿賴耶識中，爲有別體故異，爲無別體故不異，二俱有失，須明不一不異。此阿賴耶識與種子，如此共生，雖有能依、所依，不由別體故異。乃至〔一〕能依〔二〕是假，無體；所依〔三〕是實，有體。假實和合，異相難可分别，以無二體故。此識先未有功能，熏習生後，方有功能，故異於前。前識但是果報，不得名一切種子。後識能爲他生因，説名一切種子。前識但生自相續，後識能生自他相續，故勝於前。譬如麥種生於自芽，有功能故，説麥是芽種子。麥若陳久，或爲火所損，則失功能，麥相不異，以功能壞故，不名種子。此識亦尔，若有生一切法功能，由與功能相應，説名一切種子。此功能若謝無餘，但説名果報識，非一切種子，是故非不異。」〔四〕

校注

〔一〕乃至：表示引文中間有删略。

〔二〕「依」，原無，據世親釋、真諦譯攝大乘論釋補。

〔三〕「所依」，原作「所是依」，據攝大乘論釋改。

〔四〕見世親釋、真諦譯攝大乘論釋卷二不一異章。

問：種子有幾多？

答：攝論云：「種子有二：一、外種子，但是假名，以一切法唯有識故；二、内種子，則是真實，以一切法以識爲本。此二種子，念念生滅，刹那刹那，先生後滅，無有間故，此法得成種子。何以故？常住法不成種子，一切時無差別故。復次，云何外種子？如穀、麥等，無熏習，得成種子，由内、外得成。是故内有熏者，外若成種子，不由自能，必由内熏習感外，故成種子。何以故？一切外法，離内則不成，是故於外不成熏習。一、由内有熏習，得成種子〔一〕。」又，「第八識從種子生故，稱果報識；能攝持種子故，亦名種子識」〔二〕。又，「本識是集諦，故名種子；是苦諦，故名果報」。

校注

〔一〕按，此處引文不當，前有「一」，後當有「二」等。據世親釋、真諦譯攝大乘論釋卷二緣生章，此後有：「二、若内無種子，未作應得，已作應失，無如此義。三、外種子由内得成，故内異外，必有熏習。」

〔二〕見世親釋、真諦譯攝大乘論釋卷三生不浄章。下一處引文同。

又，「二果俱有，謂〔一〕與所生現行果法俱現和合，方成種子」〔二〕。釋云：「謂此種子要望所生現行果法，俱時現有。現者，一、顯現，二、現在，三、現有，三義名現。由此無性人〔三〕第七識不名種子，果不顯現故，即顯現言，簡彼第七〔四〕。現在簡前後，現有簡假法。體是實有，方成種子故。顯現唯在果，現有唯在因，現在通因果，和合簡相離。」〔五〕

校注

〔一〕「謂」，原無，據清藏本及成唯識論補。

〔二〕見玄奘譯成唯識論卷二。

〔三〕無性人：謂無佛性之人。遁倫集撰瑜伽論記卷八菩薩地：「法爾無性人，實雖發心，究竟退，不能得彼無上菩提。」

〔四〕智周成唯識論演祕卷三本：「謂無性人現行第七熏成種時，雖果俱有，以種子果體性沈隱，所以現七不名種子。」

〔五〕見窺基撰成唯識論述記卷三。

問：種子爲是本有？爲新熏生？

答：唯識論云：「一切種子，皆本性有，不從熏生。由熏習力，但可增長。如契經説：『一切有情無始時來有種種界，如惡叉聚，法尒而有。』〔一〕界即種子差別名故。又經偈云：『無始時來界，一切法等依。』〔二〕界是因義。瑜伽亦説：『諸種子體無始時來性雖本有，而由染、浄新所熏發，諸有情類無始時來若般涅槃法者，一切種子皆悉具足。不般涅槃法者，便闕三種菩提種子。』〔三〕如是等文，誠證非一。」〔四〕

「契經〔五〕説心性浄者，説心空理所顯真如，真如是心真實性故。或説心體非煩惱故，名性本浄，非有漏心性是無漏故名本浄。由此應信，諸有情無始時來有無漏種，不由熏習，法尔成就，後勝進位熏令增長，無漏法起以此爲因，無漏起時復熏成種。有漏法種，類此應知。」〔六〕

校注

〔一〕按，韓廷傑成唯識論校釋：「此指有漏無漏通經。無漢譯本。」惡叉者，一種樹的果實。玄應一切經音義卷二三：「惡叉聚，惡叉，樹名，其子形如無食子，彼國多聚以賣之，如此間杏人，故以喻也。」

〔二〕按，韓廷傑成唯識論校釋云此經「指阿毗達磨經。無漢譯本」。

〔三〕見玄奘譯瑜伽師地論卷二一。三種菩提，一、聲聞菩提，二、獨覺菩提，三、阿耨多羅三藐三菩提。

〔四〕見玄奘譯成唯識論卷二。按，韓廷傑校釋云：「關於種子的來源問題，共三解。這是第一解，是月藏(Candragupta，亦稱護月)的主張。」又，第二解，成唯識論卷二：「有義種子皆熏故生，所熏能熏俱無始有，故諸種子無始成就。」是勝軍、難陀等人的主張。第三解見後文引。

〔五〕按，韓廷傑成唯識論校釋：「此指勝鬘經。」

〔六〕見玄奘譯成唯識論卷二。

釋云：「心性者，真如也。真如無爲，非心之因，亦非種子，能有果法，如虚空等故，非有漏心性是無漏名本性浄也。」〔一〕

校　注

〔一〕見窺基撰成唯識論述記卷二。

又，若取正義，本有、新熏合生現行，非有前後。一、本有者，「謂無始時異熟識内，法尔而生蘊、處、界等功能差別。世尊依此説諸有情無始時來有種種界，如惡叉聚，法尔而有」〔一〕。一切種子與第八識一時而有，從此能生前七現行，現行頭上又熏種子。二、新熏者，「謂無始時來，數數現行熏習而有」，名新熏故。「世尊依此説有情心染、净諸法所熏習故，無量種子之所積習故。」護法意云，有漏、無漏種子，皆有新熏、本有，合生現行，亦不雜亂〔二〕。若新熏遇緣，即從新熏生；若本有遇緣，即從本有生。若偏執唯從新熏，或偏執但是本有，二俱違教。若二義俱取，善符教理。

校　注

〔一〕見玄奘譯成唯識論卷二。下一處引文同。

〔二〕按，這是種子來源的第三解，是護法的主張。詳見成唯識論卷二。

古德〔一〕問：此總未聞熏時，此本有從何而生？

答：謂從無始時來，此身與種子俱時而有，如外草木等種。

又，古德解熏種義，諸法雖有新、舊二種，當生現時，或從新生，或從舊生，名爲二種，非謂二種於一念中同生一現。若尔，即有多種共生一芽之過。以此准〔二〕知色等相分種，並同於此。

校注

〔一〕按，此古德者，不詳。

〔二〕「准」，磧砂藏、嘉興藏本作「唯」。

又問：八識之中，既具本有、新熏之義，何識是能熏因？所熏果？

答：依經論正義，即是前七現行識爲能熏因緣之因，熏生新熏種子，第八識是前七現行識所熏生因緣之果。

又問：本識等雖無力能熏自種，而能親生自種，故現行、本識等得自生種爲因緣者，既不熏自種，如何能生自種？又，熏與生何别？

答：熏者，資熏、擊發之義；生者，生起，從因生出之義。謂本識等雖無力資熏、擊發自種之義，而有親生自種之義，如有種性者，法尔本有無漏種子，雖有生果之能，若不得資、加二位〔一〕有漏諸善資熏擊發，即不能生現，須假有漏諸善資熏，方能生現。

又如本識中善、染等種，能引〔二〕次後自類種子，雖有生義，無自熏義。如穀、麥等種，雖有生芽之能，若不得水、土等資熏擊發，亦不能生其現行。本識雖有生種之能，然自力劣，須假六、七與熏方生。由是義故，本識等雖非能熏，而能生種，故與親種得爲因緣，五根塵等諸根分亦應然。

此解：「今依因位，現行望自親所熏種能爲二緣，即是因緣、增上緣。唯除第八及六識中極劣無記，非能熏故。」〔三〕今按此文，現於親種得爲因緣中，既除第八及六識中極劣無記，非能熏故，望自親種無因緣義。若言本識及六識中極劣無記能生自種得爲因緣者，便犯異熟有能熏過，違聖教失。

校　注

〔一〕資、加二位：資糧位、加行位。資糧位是修行者爲趣無上菩提，於十地前（即十住、十行、十回向位）修集諸善的階段。四加行位（煖、頂、忍、世第一）菩薩由得資糧，加功用行而入見道（即歡喜地菩薩位，十地第一地），住真如性，是名加行位。詳見本書卷八七。

〔二〕「引」，原作「別」，據諸校本改。

〔三〕見窺基撰成唯識論述記卷八。

又問：如前六識所變五塵相分不能自熏新種，須假能變心緣方能熏自種故，五塵相分得爲能熏，其極劣無記亦假能變心緣，何故不同五塵相分，得爲能熏？

答：今按，有爲法分爲三品：一者、上品，如七轉識及相應等一分，能緣慮故力最强，悉有力自熏；二者、中品，如五塵相分等，雖有熏力而力稍微，假心與力，彼方自熏；三者、下品，即極劣無記，而〔一〕極羸病無力之人，不能自起，縱人與力扶持，亦不能起。本識等類，亦復如是，本無熏力，謂心與力亦不能熏，由是義故，極劣無記一向無力，故非能熏。與五塵相分不同，彼自有力，但力稍劣，不能獨熏，假心相助，自有半力，故是能熏。由是義故，今正解者，第八識聚及此所變異熟五根相分，并異熟扶〔二〕根等及異熟前六識等，並無新種，以其極劣，非能熏故，從本有舊種所生。其長養五根及此扶根，及等流五塵等相分、前六識所變者，皆可各有新、本二種。

校注

〔一〕「而」，疑當作「如」。

〔二〕「扶」，嘉興藏本作「浮」。後同。扶根，即扶塵根，是肉眼可以看見的眼、耳、鼻、舌、身等的外形。「扶」，或作「浮」。眼可見之五根外形，是扶助正根的五塵，故謂之扶塵根。此塵根爲浮虚之法，故謂之浮。

問：净法種子從聞熏生，於本識中，與不净種子熏發之義，有何同別？

答：染、净種子皆具熏義，則增減有殊。若净法熏，損本識；若染法熏，增本識。如攝論云：轉依名法身，由聞熏，四法得成：一、信樂大乘，是大净種子；二、般若波羅蜜，是大我種子；三、虚空器三昧，是大樂種子；四、大悲，是大常種子。此聞熏習及四法〔一〕爲四德〔二〕種子，四德圓時，本識都盡。四德本來是有，不從種子生，從因作名，故稱種子。此聞熏習，非爲增益本識故生，爲欲減〔三〕損本識力勢故生，能對治本識與本識性相違故，不爲本識性所攝〔四〕。若不净種子，則熏習生，增益本識，與净種有異。

校注

〔一〕敦煌本攝大乘論抄（大正藏第八五册收）：「信等四法名：一、信樂大乘。信是求，樂是樂欲，大乘是境，從心境爲名。二、般若。三、虚空器三昧。虚空器是境，三昧是定，從境體爲名。四、大悲。二、四從功能爲名。」

〔二〕世親釋、真諦譯攝大乘論釋卷三出世間净章：「常、樂、我、净是法身四德。」

〔三〕「減」，原作「滅」，據清藏本及攝大乘論釋改。

〔四〕「如攝論云」至此，詳見世親釋、真諦譯攝大乘論釋卷三出世間净章。

問：熏習以何爲義？

答：熏者，發也，或猶致也；習者，生也、近也、數也。即發致果於本識内，令種子生，近生長故[一]。熏有二種：一、習熏，謂熏心體成染、浄等事；二、資熏，謂現行心境及諸[二]惑相資等。

校注

〔一〕「熏者」至此，見窺基撰成唯識論述記卷三。

〔二〕「諸」，原作「伽」，諸校本作「謂」，據大乘起信論義記改。法藏撰大乘起信論義記卷下本：「汎論熏習，有二種：一、習熏，謂熏心體成染、浄等；二、資熏，謂現行心境及諸惑相資等。」

楞伽[一]經云：「大慧，不思議熏及不思議變，是現識因。取種種塵及無始妄想熏，是分別事識因。」[二]

校注

〔一〕「伽」，原無，據諸校本補。

〔二〕見楞伽阿跋多羅寶經卷一。

是以無明能熏真如，成其染法；本覺能熏無明，起其淨用。此皆不可熏處而能熏，名不思議熏；不可變異而變異，云不思議變。勝鬘經云：不染而染，難可了知；染而不染，難可了知〔一〕。顯識論云：「分別識者若起，安立熏習力於第八識〔二〕中。熏習力故，譬如燒香熏習衣，香體滅而香氣猶在衣中，名爲熏衣。此香不可言有，香體滅故；不可言無，香氣在故。如六識起善惡，留在熏力於本識中，能得未來報，名爲種子。」〔三〕

校　注

〔一〕勝鬘師子吼一乘大方便方廣經自性清淨章：「自性清淨心而有染污，難可了知。有二法難可了知，謂自性清淨心難可了知，彼心爲煩惱所染亦難了知。」

〔二〕「第八識」，顯識論作「阿梨耶識」。

〔三〕見真諦譯顯識論。

問：能熏、所熏，各具幾義能成熏習？

答：各具四義，令種子生長，故名熏習。

唯識論云：先所熏四義者，一、堅住性，二、無記性，三、可熏性，四、和合性〔一〕。古釋云：即此四義，各有所簡。論云：「一、堅住性，若法始終一類相續，能持習氣，乃是所熏。

此遮轉識及聲、風等，性不堅住，故非所熏。」[二]釋云：夫爲所熏識者，且須一類堅住，相續不斷，能持習氣，乃是所熏。今前六轉識，若五位無心時，皆間斷故，既非堅住，非是所熏。此亦遮經部[三]師，將色、心更互持種。論主云：且如於無色界入滅定時，色、心俱間斷，此時將何法能持種？又如五根、五塵，皆不通三界，亦非堅住，如何堪爲所熏性？又，第七識在有漏位雖不間斷，在十地位中亦有解脱間斷，謂得無漏時，不能持有漏種，以有漏、無漏體相違故。以第八識雖是有漏，以在因中體無解脱，唯無覆性，即不妨亦能持無漏種，得名所熏。應立量云：前七轉識是有法，非所熏，宗。因云：不堅住故。同喻：如電、光、聲、風等。

校注

[一] 詳見玄奘譯成唯識論卷二。

[二] 見玄奘譯成唯識論卷二。

[三] 經部：即經量部，小乘十八部之一。佛滅後四百年之初，由説一切有部分出。窺基記異部宗輪論述記曰：「此師唯依經爲正量，不依律及對法。凡所援據，以經爲證，即經部師。從所立以名經量部。亦名説轉部者，此師説有種子，唯一種子現在相續，轉至後世，故言説轉。至下當知舊云説度部，然結集時，尊者慶喜專弘經藏，今既以經爲量，故以慶喜爲師，從所立爲部名。」

問：若言有堅住性即是所熏者，只如佛果第八，亦是堅住性，應名所熏？

答：將第二義簡。論云：「二、無記性，若法平等，無所違逆，能容習氣，乃是所熏。此遮善、染勢力强盛，無所容納，故非所熏。」〔一〕

釋云：夫爲所熏者，須唯是一類無記，即不違善、惡性，方受彼熏。今佛果第八既是善性，即不容不善及無記性，非是所熏。以佛果圓滿故，如似沉麝，不受臭穢物熏。若不善性者，即是煩惱，又不容信等心所熏，互不相容納故。其所熏性，如寬心捨行之人，能容納得一切善、惡事。若惡心性人即不中。第八識似寬心捨行之人，能容一切習氣，有此義故，方名所熏。若如來第八無漏浄識，唯在因中曾所熏習，帶此舊種，非新受熏，以唯善故，違於不善等。又云：善染如沉麝、韮〔二〕蒜等，故不受熏；無記如素帛，故能受熏〔三〕。如善不容於惡，猶白不受於黑；若惡不容於善，如臭不納於香。唯本識之含藏，同太虚之廣納矣。

校注

〔一〕見玄奘譯成唯識論卷二。

〔二〕「韮」，原作「非」，據卷後音義及大方廣佛華嚴經隨疏演義鈔改。

〔三〕「又云」至此，見澄觀述大方廣佛華嚴經隨疏演義鈔卷三二。

問：若言有堅住性及無記性二義便名所熏者，且如第八〔一〕五心所，同心王具此二義，應是所熏？又如無爲亦有堅住性義，爲所熏何失？

答：將第三義簡。論云：「三、可熏性，若法自在，性非堅密，能受習氣，乃是所熏。此遮心所及無爲法，無爲〔二〕堅密，故非所熏。」〔三〕

言「自在」者，正簡難陁許第八五心所〔四〕變〔五〕受熏。論主云：心所不自在故，依他生起，非所熏性。言「性非堅密」者，即簡馬鳴菩薩真如受熏。論主云：無爲體堅密如金石等，而不受熏。夫可熏者，且須體性虚疎，能容種子方得。馬鳴救云：我言真如受熏者，以真如是性，第八是相，性相不相離，若熏著相時，兼熏著性。或攝相歸性故，真如受熏何失？如將金石作指鐶等。護法破云：熏相不熏性，如火燒世界，不燒虚空。今唯是第八心王體性虚疎，方可受熏。如衣服虚疎，方能受香等熏。

校注

〔一〕「八」，原無，據清藏本補。

〔二〕「無爲」，成唯識論作「依他」。

〔三〕見玄奘譯成唯識論卷二。澄觀述大方廣佛華嚴經隨疏演義鈔卷三二：「第八心王得自在故，自在故可是所熏。第八同時五種心所體非自在，故非所熏。無爲之法體，又堅密如金石等，故非所熏。」

〔四〕五心所：謂觸、作意、受、想、思。詳見本書卷四七。
〔五〕「變」，清藏本無，疑爲衍文。

問：若言有堅住性、無記性及可熏性三義即是所熏者，應可此人第八識受他人前七識熏，以此人第八是可熏性故？

答：將第四義簡。論云：「四、與能熏等和合性，若與能熏同時同處，不即不離，乃是所熏。此遮他身刹那前後，無和合義，故非所熏。唯異熟識具此四義，可是所熏，非心所等。」〔一〕釋云：今將此人第八望他人前七，無同時、同處、和合義故，非是所熏。亦遮經部師，將前念識體熏後念識相，不同時，亦非所熏。

次能熏四義者，一、有生滅，二、有勝用，三、有增減，四、與所熏和合〔二〕。此四義，亦各有所簡。

校注

〔一〕見玄奘譯成唯識論卷二。
〔二〕詳見玄奘譯成唯識論卷二。

且外人問：無爲法得名能熏不？

答：將第一義簡。論云：「一、有生滅，若法非常，能有作用生長習氣，乃是能熏。此遮無爲前後不變，無生長用，故非能熏。」〔一〕釋云：今前七識有生滅，有生長作用，乃是能熏。

校注

〔一〕見玄奘譯成唯識論卷二。

問：若尒者，且如業感異熟生心、心所及色法、不相應行〔一〕等，皆有生滅，亦有作用，應是能熏？

答：將第二義簡。論云：「二、有勝用，若有生滅，勢力增盛，能引習氣，乃是能熏。此遮異熟心、心所等，勢力羸劣，故非能熏。」〔二〕釋云：其業感〔三〕異熟生心、心所等劣弱，無强盛作用能熏，色法雖有强盛，又無緣慮勝用，不相應行二用俱闕，此非能熏。又，勢用有二：一、能緣用，即簡諸色爲相分熏，非能緣熏；二、强盛用，爲不任運起，即異熟心等有緣慮用，無强盛用，爲相分熏，非能緣熏。内色等有强盛用，無能緣用。異熟心等有能緣用，無强盛用。不相應法二俱無，皆非能熏。即緣勢用，可致熏習，如强健人，能致功效故〔四〕。

校　注

〔一〕不相應行：與心法、心所法、色法不相應。詳見本書卷五八。

〔二〕見玄奘譯成唯識論卷二。

〔三〕「感」，原作「惑」，據嘉興藏本改。

〔四〕「又，勢用有二」至此，詳見窺基撰成唯識論述記卷三。

問：若有生滅及有勝用即名能熏者，且如佛果前七識，亦具此二義，應是能熏？

答：將第三義簡。論云：「三、有增減，若有勝用可增可減，攝植習氣，乃是能熏。此遮佛果圓滿善法，無增無減，故非能熏。彼若能熏，便非圓滿，前後佛果應有勝劣。」〔一〕

校　注

〔一〕見玄奘譯成唯識論卷二。

問：若言具有生滅、有勝用、有增減三義即名能熏〔二〕者，且如他人前七識亦有上三義，應與此人第八熏得種不？

答：將第四義簡。論云：「四、與所熏和合而轉，若與所熏同時同處，不即不離，乃是能熏。此遮他身刹那前後，無和合義，故非能熏。唯七轉識及彼心所，有勝勢用而增減者，具此四義，可是能熏。如是，能熏與所熏識俱生俱滅，熏習義成。令〔二〕所熏中，種子生長，如熏苣勝〔三〕，故名熏習。」〔四〕

釋云：攝論云：苣勝本來是炭，多時埋在地中，便變爲苣勝。如苣勝與華，俱生俱滅，由〔五〕熏習故生香氣〔六〕。又，種子是習氣之異名，習氣必由熏習而有，舉喻如麻香氣，華熏故生，即胡麻中所有香氣，必假華熏方得香也。西方若欲作塗身香油，先以華香取於苣勝子，聚爲一處，淹令極爛，後取苣勝壓油，油遂香氣芬馥〔七〕。比來胡麻中無香氣，因華熏故生。熏習義者，要俱生滅，熏習義成，非如種生芽，異時故，不同生滅，故以爲喻。

校　注

〔一〕「熏」，原作「緣」，據嘉興藏本改。

〔二〕「令」，原作「今」，據成唯識論改。

〔三〕「勝」，嘉興藏本及成唯識論作「藤」。後同。可洪新集藏經音義隨函録卷一一：「苣勝，上音巨，下亦作『藤』『藤』二形，同尸證反，胡麻也。」新羅太賢集成唯識論學記卷上末：「如胡麻中所有香氣，華熏故生。謂西方法，先以香華和於苣勝，聚之一處，合使極爛，後以壓油，塗身香色。」

〔四〕見玄奘譯成唯識論卷二。

〔五〕「由」，原作「内」，據攝大乘論釋改。參後注。

〔六〕無性造、玄奘譯攝大乘論釋卷二：「外種子或有熏習，或無熏習，如從其炭、牛糞、毛等，隨其次第，生彼苣勝、青蓮華根及以蒲等，非苣勝等與彼炭等俱生俱滅，互相熏習，而從彼生。如是外種，或無熏習，如苣勝等與華鬘等，俱生俱滅，由熏習故生香氣等。」「如苣勝中有花熏習，苣勝與花俱生俱滅，是諸苣勝帶能生彼香因而生。」

〔七〕「種子是習氣之異名」至此，參見窺基撰成唯識論述記卷二。

問：若言須與所熏和合一處方名能熏者，且如先〔一〕亡父母及先亡子孫等，後人爲作功德，此亦是熏他識以獲福故，如何不許？

答：此有二解：一云此但爲增上，令亡者自發心，非熏他識；二云七分之中，許獲一分。

校　注

〔一〕「先」，原作「生」，據諸校本改。

難：只此所獲一分功德，便是此人造福，他人受果，應乖唯識義。

答：有五力，唯識不判：一、定力，二、通力，三、借識力，四、大願力，五、法威德力〔一〕。

校注

〔一〕按，此即唯識不判之五種力用，又稱五力難判。大明三藏法數卷一八：「定等五種之力，唯識論中不能判攝也。然三界唯心，萬法唯識，而不能判此五力者，由斯五種乃聖人不思議境界，不與心識相應，此所以爲難判。」「定力者，即如來大寂定力也，謂此定力無染無浄、非空非有，生死不能拘，結業不能縛，不起此定而能普應十方，不與識法相應，是故唯識難判也。」「通力者，即如來神通之力也，謂此通力變化無窮，隨感而應，不謀而知，徹照萬法，非思議之可及，豈識法之相應？是故唯識難判也。」「借識力者，謂如二禪以上無有尋伺語言，若欲説法應用，則借初禪眼耳身三識以成己用，由此假他之用，非因本起，不屬唯識，是故唯識難判也。借初禪三識者，由初禪不著香、味二塵，已無鼻、舌二識，惟有眼、耳、身三識。二禪已上，不著五塵故，五識俱無，若欲應用，則借初禪三識也。」「願力者，即如來大願之力也，而此願力，非因愛見，不假思惟，乃是聖人曠劫度生功用而成，非思議之可及，豈識法之相應？是故唯識難判也。」「法威德力者，即如來應化威德之力也，謂此威德之力乃是聖人不思議境界，如演一音，則普應群機；施一法，則衆魔皆伏。利生無盡，功德難量，不與識法相應，是故唯識難判也。」

問：七能熏中熏第八，四分之中，約熏何分？

答：前五轉識，能熏阿賴相分種子。第六意識，能熏第八相、見分種子。第七末那，唯熏第八見分種子。

問：前七識四分，何分能熏？

答：見、相二分能熏種，以此二分有作用故。

問：相分是色，何能熏種？

答：但是見分與力，令相分熏種，如梟附塊而成卵㲉〔一〕。又，見分是自證分與力。

校注

〔一〕大佛頂如來密因修證了義諸菩薩萬行首楞嚴經卷七：「如土梟等，附塊爲兒。」仁岳述楞嚴經熏聞記卷四：「土梟者，見爾雅注。說文云：梟，不孝鳥也。毛詩草木疏云：流離鳥也。自關而西，謂梟爲流離，其子適大，還食其母。」

問：前五識與第八熏相分種者，其第八相分有三境，今熏何相分種？

答：但熏内身及外器實五塵相分種，餘即不熏，以不能緣故。

問：五識於一切時，爲皆熏三種？爲有不爾？

答：皆熏三種。縱異界相緣時，五識須託自第八相而熏本質種。又如二禪已上，借初禪三識緣上地三境時，亦各熏三種：其相、質種，二禪已上收；見分種，即屬初禪繫。以越界地地法無，故言借。若得諸根互用，緣自他五塵境，皆熏三種子。以是性境收，本質同是第八相分故。若第六緣第八見分時，熏得見、質二種，皆是心種，即與第八熏得見分種，又自熏得第六見分種，中間相分即不熏。若第六緣第八相分時，或熏三種子，爲自熏得能緣見分種。若現量時，亦自熏得相分五塵種，又與第八熏得五根塵本質種，多分只熏見、質二種。

問：第六緣第八三境相分時，皆與熏得三境種不？

答：只熏根身、器界、種，緣種子境，即不熏種，恐犯無窮過故。其第六緣五根及種子境時，皆是獨影境。有説是性境者，即須相分是實，便有兩重五根現行，犯有情界增過，故知不可。

問：第六能緣第八四分〔一〕，何言唯熏見、相分種？

答：以内二分與見分同是心種故，於見分中攝。

問：第六緣一百法時，皆熏本質種不？

校注

〔一〕四分：相分、見分、自證分和證自證分。見、相二分爲外二分，自證、證自證二分爲内二分。

答：若緣無爲并不相應行及心所中一分假者，皆不熏本質種，實者即熏。以緣假法時，但是獨影境故，亦不熏相分種，其能緣見分種即熏。若第七識緣第八見分熏種者，但熏見、質二種，定不熏相分種。其中間相分，但從兩頭合起，仍通二〔一〕性：一半從本質上起者，是無覆性；一半從能緣見分上生者，是有覆性。

校注

〔一〕「二」，諸校本作「三」。按，本書卷五二作「二」。

問：如前第三所熏中，護法難馬鳴真如受熏義。夫熏習之義，熏相不熏性，如火燒世界，不燒虚空。此真如受熏之義，如何會通？

答：夫能、所之熏，約有二宗：一、法相宗，二、法性宗。前護法是依法相宗所難，今馬鳴是依法性宗。今法性宗，亦七識等而爲能熏，八爲所熏。其第八中，以如來藏隨緣成立，含有生滅、不生滅義故。今言熏者，是不熏之熏、不變之變，即熏生滅門中真如隨緣之相。若真如門中，即不熏。此熏、變義，俱不可思議，以不染而染故。

如起信論云：「復次，以四種法熏習義故，染、浄法起，無有斷絶：一、浄，謂真如；二、染，謂無明；三、妄心，謂業識；四、妄境，謂六塵。熏習義者，如世衣服，非臭非香，隨以物熏，則有彼氣。真如浄法，性非是染，無明熏故，則有染相。無明染法，實無浄業，真如熏故，説有浄用。

「云何熏習染法不斷？所謂依真如故，而起無明，爲諸染因。然此無明，即熏真如。既熏習已，生妄念心。此妄念心，復熏無明，以熏習故，不覺真法。以不覺故，妄境相現。以妄念心熏習力故，生於種種差別執著，造種種業，受身、心等衆苦果報。

「妄境熏義，有二種別：一、增長分別熏；二、增長執取熏。妄心熏義，亦二種別：一、增長根本業識熏，令阿羅漢、辟支佛、一切菩薩受生滅苦；二、增長分別事識熏，令諸凡夫受業繫苦。無明熏義，亦二種別：一、根本熏，成就業識義；二、見愛熏，成就分別事識義。

「云何熏習浄法不斷？謂以真如熏於無明，以熏習因緣力故，令妄念心猒生死苦，求涅槃樂。以此妄心猒求因緣，復熏真如，以熏習故，則自信己身有真如法本性清浄，知一切境界唯心妄動，畢竟無有。以能如是如實知故，修遠離法，起於種種諸隨順行，無所分別，無所取著，經於無量阿僧祇劫慣習力故，無明則滅。無明滅故，心相不起。心不起故，境界相滅。如是一切染因染緣及以染界心相都滅，名得涅槃，成就種種自在業用。

「妄心熏義，有二種別：一、分別事識熏，令一切凡夫、二乘猒生死苦，隨己堪能趣無上道；二、意熏，令諸菩薩發心勇猛，速疾趣入無住涅槃。

「真如熏義，亦二種别：一、體熏，二、用熏。體熏者，所謂真如從無始來，具足一切無量無漏，亦具難思勝境界用，常無間斷，熏衆生心。以此力故，令諸衆生猒生死苦，求涅槃樂，自信己身有真實法，發心修行。

「用熏者，即是衆生外緣之力。有無量義，略説二種：一、差别緣，二、平等緣。差别緣者，謂諸衆生從初發心乃至成佛，蒙佛、菩薩等諸善知識隨所應化而爲現身等；平等緣者，謂一切諸佛及諸菩薩以平等智慧、平等志願，普欲拔濟一切衆生，任運相續，常無斷絶。以此智慧熏衆生故，令其憶念諸佛、菩薩，或見或聞而作利益，入浄三昧，隨所斷障，得無礙眼。於念念中，一切世界平等顯現，見無量諸佛及諸菩薩。」〔一〕

校　注

〔一〕見實叉難陀譯大乘起信論卷上。

華嚴記云：「是則真如亦爲能熏，亦能受熏。故楞伽經云：不思議熏，不思議變，是現識因〔二〕。謂不可熏而熏，故名不思議熏。真如不變而隨緣成法，名不思議變，亦即不染而染也。藏法師〔三〕云：妄心通業識及事識，今據其本，言業識耳。言熏習故有染相者，真如本無相，隨熏現相。又顯妄法無體，故但云相。此釋經中如來藏爲惡習所熏等〔三〕，上即生滅門中真如。言有浄用者，此是生滅門中本覺真如，故有熏義。真如門中，則無此義。由此本覺内熏不覺，令成猒求，反流順真，故云用也。此釋經中由如來藏故，能猒生死苦，樂求涅槃也〔四〕。涅槃經云：闡提之人，佛性力故，還生善根〔五〕。彼言佛性力者，即此本覺内熏之力耳。良以一識含此二義，更互相熏，徧生染、浄也。此中佛者是覺，性者是本，故名本覺。」〔六〕

校注

〔一〕楞伽阿跋多羅寶經卷一：「不思議熏及不思議變，是現識因。」明宗泐、如玘楞伽阿跋多羅寶經注解卷一：「熏者，熏炙也；變者，轉變也。言『不思議熏』者，全真成妄也；言『不思議變』者，全理成事也。真、妄不二，事、理體一，不熏而熏，不變而變，不可心思口議，如是熏變，成現識因。」

〔二〕藏法師：釋法藏。此處所引，詳見其大乘起信論義記卷下。

〔三〕大乘入楞伽經卷五刹那品：「如來藏是善、不善因，能徧興造一切趣生。譬如伎兒變現諸趣，離我、我所，以不覺故，三緣和合而有果生。外道不知，執爲作者，無始虚僞惡習所熏，名爲藏識，生於七識無明住地，譬如大海而有波浪，其體相續，恒注不斷，本性清浄，離無常過，離於我論。」

〔四〕勝鬘師子吼一乘大方便方廣經自性清浄章：「若無如來藏者，不得厭苦、樂求涅槃。何以故？於此六識及心法智，此七法刹那不住，不種衆苦，不得厭苦、樂求涅槃。世尊，如來藏者，無前際，不起不滅法，種諸苦，得厭苦、樂求涅槃。」

〔五〕大般涅槃經卷二七：「一切衆生過去之世有斷煩惱，是故現在得見佛性。以是義故，我常宣説一切衆生悉有佛性，乃至一闡提等亦有佛性。一闡提等無有善法，佛性亦善，以未來有故，一闡提等悉有佛性。何以故？一闡提等定當得成阿耨多羅三藐三菩提故。」

〔六〕見澄觀述大方廣佛華嚴經隨疏演義鈔卷三一。又，「藏法師云」至此，詳見法藏撰大乘起信論義記卷下本。按，此處法藏所云，即釋真諦譯大乘起信論中「云何爲四？一者、净法，名爲真如；二者、一切染因，名爲無明；三者、妄心，名爲業識；四者、妄境界，所謂六塵。熏習義者，如世間衣服，實無於香，若人以香而熏習故，則有香氣。此亦如是，真如净法，實無於染，但以無明而熏習故，則有染相。無明染法，實無净業，但以真如而熏習故，則有净用」句義。

問：佛種從緣起者，即是熏習義。約法、報、化三身中，是何佛種從緣起？

答：是報身佛，由熏成故，以智爲種。法身是無爲斷惑所顯，不從種子生。以法、報具足，能起化現，即化身是法、報之用。唯報佛性〔一〕，即是一切衆生聞熏種子。且如世間甘露葉上，霧露潤濕，滴入土中，一滴成一連珠，又更濕潤，生長芽莖。報佛性亦爾，我等第六識見分及耳識見分，如同甘露葉。如來大乘教法，如似霧露。耳識第六識熏得大乘種子，似潤濕。落在第八識中，如入土中，生得連珠。後數資熏，至成自受用報身佛，更遇濕潤，生起芽莖。故知佛種全自熏成，初學之人，争不仗於聞法之力？且衆生雖有正因性，須假緣因發起。

校注

〔一〕報佛性：謂本無法體，唯於第八真識中有其方便可生之義。隋慧遠大乘義章卷九二種種性義三門分別：「佛性有二：一、法佛性，二、報佛性。法佛性者，是性種因；報佛性者，是習種因。二性何別？法佛性者，本有法體，與彼果時體無增減，唯有隱顯、淨穢爲異。報佛性者，本無法體，但有方便可生之義。」大般涅槃經義記卷八：「如來藏體是法佛性，於此體上，有可出生報佛之義，名報佛性。」

如大智度論云：「如經中説，二因緣發起正見：一者、外聞正法，二者、內有正念。又如草木，內有種子，外有雨澤，然後得生。若無菩薩，衆生雖有業因緣，無由發起。」〔一〕然欲弘揚佛法，剖析圓宗，應須性、相雙明，總、别俱辯。故法華經偈云：「如是大果報，種種性相義，我及十方佛，乃能知是事。」〔二〕

校注

〔一〕見龍樹造、鳩摩羅什譯大智度論卷三四。

〔二〕見妙法蓮華經卷一方便品。

今宗鏡本意，要理、事分明，方顯一心體、用具足。若有體而無用，如有身而無手足；若有用而無體，如有手足而無身。若無身、手，人相不具；若無體、用，法身不圓。

釋摩訶衍論云：「自性清浄無漏性德，從無始來一向明白，亦無垢累，亦無染汙，而以無明而熏習故，即有垢累。無明藏海，從無始來一向闇黑，亦無智明，亦無白品〔一〕，而以本覺而熏習故，即有浄用。如是染、浄，但是假立，染非實染，浄非實浄，皆是幻化，無實自性。」〔二〕

校注

〔一〕白品：即白法，也就是清浄之善法。

〔二〕見筏提摩多譯釋摩訶衍論卷五。

故知染、浄無體，隨熏所成，若離熏習之緣，決定無法可得。若無第八識所熏之體，萬法不成。以前衆多義門成就唯識，即知無有一法不從心化生，隨善惡以熏成，因修習而爲種。似裏香之紙，染芬馥以騰馨；如繫魚之繩，近鯹羶而作氣〔一〕。況異熟本識堅住真心，聞善法熏，則浄種子增長；因惡法發，則染種子圓成。是以内則爲因，雖然本有，外爲緣助，須仗新熏，遂能起果酬因，爲凡作聖。故經云：「佛種從緣起。」〔二〕故知無法不熏成。

是以多聞熏習之功，須親道友；積學鍊磨之力，全在當人。不可虚度時光，不勤妙行。如木中火性，是火正因，未遇人工，不成火用；如身中佛性，是佛正因，不偶浄緣，難成妙用。

校注

〔一〕法句譬喻經卷一雙要品：「地有故紙，佛告比丘取之，受教即取。佛問比丘：『以爲何紙？』諸比丘白佛：『此裹香紙，今雖捐棄，處香如故。』佛復前行，地有斷索，佛告比丘取之，受教即取。佛復問曰：『此何等索？』諸比丘白佛：『其索腥臭，此繫魚之索。』佛語比丘：『夫物本浄，皆由因緣以興罪福，近賢明則道義隆，友愚闇則殃罪臻。譬彼紙、索，近香則香，繫魚則腥，漸染翫習，各不自覺。』」

〔二〕見妙法蓮華經卷一方便品。

問：心識無形無對，云何説受熏之義？

答：經明若熏若變，俱不思議〔一〕。約隨緣鼓動，彰熏變之相。以根本無明熏本覺時，即本覺隨動，故説爲熏。又，本覺之體，理雖不變，由隨緣故，故説爲變。雖然熏變，染而不染；雖不熏變，不染而染。莫可以心意測，故云「不思議熏」；靡可以文句詮，故云「不思議變」。

校注

〔一〕楞伽阿跋多羅寶經卷一：「不思議熏及不思議變，是現識因。」

音義

膏，古勞反，脂也。　廢，方肺反，止也。　蘆，落胡反。　炷，之戍反，燈炷。　麝，神夜反。　寬，苦官反，愛也。　韮，舉有反。　蒜，蘇貫反，葷菜也。　效，乎教反，學也。　殖，常職反，多也，生也。　苣，其呂反。　淹，英廉反，清也。　芬，撫文反，芬芳。　馥，房六反，香氣芬馥也。　梟，古堯反，食母鳥也。　塊，苦對反，土塊也。　馨，呼刑反，香也。　鯹，桑經反，魚鯹也。　羶，式連反，臭也。

丁未歲分司大藏都監開板

宗鏡録卷第四十九

慧日永明寺主智覺禪師延壽集

夫一切情識，因執受得名，只如第八種子、根身、器等，爲總有執受？爲無執受？

答：種子、器世，即第八緣而不執〔一〕。執、受各具二義。且執二義者，一、攝義，二、持義。言攝者，即攝爲自體；言持者，即持令不散。受二義者，一、領義，二、覺義。且領者，即領以爲境；言覺者，即令生覺受，安危共同〔二〕。

根身具執受四義：一、攝爲自體，同是無記性故；二、持令不散，第八能任持此身，令不爛壞；三、領已〔三〕爲境，此根身是第八親相分；四、令生覺受，安危共同。若第八危，五根危；第八安，五根安。

若器世間量，但緣非執受，即受二義中領已爲境。又言非執受者，而無攝爲自體、持令不散、令生覺受三義。不似他根身，名非執受，即無受四義中領已爲境一義。

校　注

〔一〕「執」，清藏本作「執受」。

〔二〕日僧良光撰略述法相義卷中執非執受：「於第八識所變三境，如何分别執受、非執受？謂若約能生覺受，有根身是執受，種子及器界是非執受。據實言之，生覺受者，唯是身根。以餘四根色、香、味、觸不離身根，同聚一處，亦名覺受。若約安危共同，種子及有根身是執受，器界是非執受。善趣名安，惡趣名危。第八若安，種子、有根身亦隨安穩；第八若危，種子、有根身亦隨危厄，故云共同。執是攝義、持義；受是領義、覺義。攝爲自體，領受爲境，持令不壞，能生覺受，故名執受。名非執受，翻之可知矣。」

〔三〕已：通「以」。

問：何以器界不似根身，第八親執受？

答：以與第八遠故，所以不攝爲自體。又器界損時，第八亦不隨彼安危共同，所以不執受。若髮毛、爪齒、膀胱、宿水等，雖近，已同外器攝，所以第八亦不執受。由此第八或持或緣，應具四句：一、持而不緣，即無漏種；二、緣而不持，即器界現行；三、俱句，即内身根塵；四、俱非，即前七現行。

問：第八何不緣前七現行？

答：有多過故不緣。若變影緣，即第八犯緣假過。若親緣，即犯唯識義不成過，親取他心故。西明云〔一〕：若變影緣，即有情界增過，以變起前七現行故，而有兩重第七等。又解：以心法要種而生，今異熟第八微劣，設緣得前七，亦不能熏種，故不緣也。

校　注

〔一〕「西明云」者，當出西明疏。西明疏，唐惠沼成唯識論了義燈、如理成唯識論疏義演等中皆有稱引，當即圓測著成唯識論疏，十卷（或二十卷），法相宗章疏、東域傳燈目録等有著録，已佚。宋高僧傳卷四唐京師西明寺圓測傳：「（圓測）所著唯識疏鈔，詳解經論，天下分行焉。」圓測爲西明寺僧，故有此稱。

問：第八何不緣長等？

答：是假故不緣。

問：無爲是實，第八何故不緣？

答：若實無爲，因位不證；若假無爲，又非彼境。三量分別者，散位、心、心所。若具四義，即名現量：一、任運緣，二、不帶名言，三、唯性境，四、無計度分別。今第八四義既足，極成〔一〕現量。假實分別者，因中第八見分定不緣假，唯因緣變故。因緣變具二義：一、任運義，二、種子義。爲境從種生，識任運緣，名因緣變。今第八所緣境，定以見分別種生，是因緣變。

校注

〔一〕極成：因明學用語，至極成就之意。在因明論式中，所立之宗（命題）爲立（立論者）敵（問難者）雙方所共許（共同認可）而無異論者。窺基撰因明入正理論疏卷上：「極者，至也。成者，就也。至極成就，故名極成。有法能别，但是宗依而非是宗。此依必須兩宗至極共許成就。爲依義立，宗體方成。所依若無，能依何立？由此宗依必須共許，共許名爲至極成就。至理有故，法本真故。」

問：第八與前五皆因緣變，何故前五緣境有本質，第八便無？

答：前五非根本識，緣境即須藉本質。今第八是根本識，故不假本質。忽若離自三境外，更有法與第八爲質者，即心外有法。然第八若望緣定果色〔一〕及他人扶塵〔二〕、異界器，即有本質不遮。故知第八緣三境，唯實非假。

校注

〔一〕定果色：即定所引色，唯識宗所説「法處所攝色」五種中之定自在所生色。窺基解、普泰增修大乘百法明門論解卷下：「定果色，謂解脱定，亦魚米肉山威儀身等，亦名定自在所生色。定即禪定，自在所生色謂菩薩入定所現光明及見一切色像境界，如入火光定，則有火光發現等。」

〔二〕扶塵：即「扶塵根」之略，是肉眼可見的眼、耳、鼻、舌、身等的外形。「扶」，或作「浮」。

問：識中無漏種子，具此三義不？

答：一切有漏種子即具三義。若是無漏種子，不隨第八成無記，唯是善性，即第八不領爲境。以相違故，不妨持而不緣，三義中但具一〔一〕義。

校　注

〔一〕「一」，原作「二」，據諸校本改。

問：若不領以爲境，應是心外有法？

答：但持令不散，不離識故，亦是唯識。

問：無漏種子既不離識中有，如何不緣？

答：具三義故，所以不緣：一、能對治故，即無漏然〔一〕對治有汙法，亦能破壞有漏法；二、體性異故，以第八唯無記，無漏種子唯善性；三、不相順故，以無漏種子不順有漏第八識故，無漏善性不順無記性故，所以不緣。

校　注

〔一〕「然」，當爲「能」之誤。

問：無漏種子是相分不？

答：有二：一云第八不緣，非是相分攝；二云亦是相分，因雖不緣，是果中之相分流類故。

問：種子與自證分〔一〕既不離，第八見分如何不緣自證分？

答：種子雖與自證不相離，若見分緣時，但緣種子，不緣自證分。若緣自證分，即犯因中内緣過，喻如水中鹹味，色裏膠青。

校注

〔一〕自證分：即自體上證知見分的作用，也即自體能證知自己的認識活動。見分雖知相分，而見分不能自知見分，如刀不能自斬刀，故别有知見分之用，此名自證分。自，自體之義；證，證知之義。

問：此第八識有幾執受？

答：有二種。攝論云：「一切種子心識成熟，展轉、和合，增長、廣大，依二執受：一者、有色諸根及所依執受，二者、相名分别言説戲論習氣執受。」〔一〕

校注

〔一〕見世親造、玄奘譯攝大乘論釋卷一所知依分第二之一。

問：前説第八具四義，故成現量，未審三量行相如何？又八識各具幾量？

答：古德釋云：現量者，現謂顯現，即分明證境，不帶名言，無籌度心，親得法體，離妄分別，名之爲現；言量者，量度，是指定之義，謂心於境上度量、指定法之自相，不錯謬故，名量。比量者，比謂比類，量即量度，以比類量度而知有故，名爲比量。非量者，謂心緣境時，於境錯亂，虚妄分別，不能正知，境不稱心，名爲非量。

顯揚論云：「現量者，有三種相：一、非不現見相，二、非思構所成相，三、非錯亂所見相。

「一、非不現見相者，復有四種應知，謂由諸根不壞，作意現前時，同類生、異類生、無障礙、不極遠。同類生者，謂欲塵諸根於欲塵境、上地諸根於上地境已生等若生若起，是名同類生。異類生者，謂上地諸根於下地境若已生等，是名異類生。無障礙者，復有四種：一、非覆障所礙，二、非隱障所礙，三、非映障所礙，四、非惑障所礙。覆障所礙者，謂黑闇無明闇，不澄净色之所覆隔。隱障所礙者，謂或藥草力、或呪術力、或神通力之所隱蔽。映障所礙者，謂少爲多物之所映奪，故不可見。或飲食等爲諸毒藥之所映奪，或髮毛端爲餘麁物之所映奪，如是等類，無量無邊，且如小光爲大光所映，不可得見，所謂日光映星月等。又如能治映奪所治，令不可得，謂不净觀映奪净相，無常苦無我觀映奪常樂我相，無相觀力映奪衆相。惑障所礙者，謂幻化所作，或相貌差别，或復相似，或内所作目眩惛夢，悶亂酒醉，放逸癲狂，如是等類，名爲惑障。若不爲此四障所礙，名無障礙。不極遠者，謂非三種極遠：一、處極遠，二、時極遠，三、推析極遠。如是總名非不現見，由非不現見，故名現量。「二、非思構所成相者，謂建立境界，取所依境，纔取便成，非思構之所成，故名爲現量。「三、非錯亂所見相者，當有七種：一、想錯亂，二、數錯亂，三、形錯亂，四、顯錯亂，五、業錯亂，六、心錯亂，七、見錯亂。想錯亂者，謂於非彼相起彼相想，如於陽燄鹿渴相起於水想〔一〕。數錯亂者，謂於少數起多增上慢，如瞖眩〔二〕者於一月處見多月像。形錯亂者，謂於餘形起餘形增上慢，如於旋火見彼輪形。顯錯亂者，謂於餘顯色起餘顯色增上慢，如爲迦末羅病〔三〕損壞眼根，於非黄色悉見黄相。業錯亂者，謂於無業起有業增上慢，如執捲〔四〕馳走，見樹奔流。心錯亂者，謂即於五種所錯亂義心生喜樂。見錯亂者，謂即於五種所錯亂義忍受顯説，安立寶重，妄想堅執。若非如是錯亂所見，名爲現量。」〔五〕

校注

〔一〕吉藏維摩經義疏卷二：「呼陽炎爲鹿渴，此是鹿之渴乏，故見炎爲水。」寶臣述注大乘入楞伽經卷五：「如陽焰中無水，鹿渴所逼故，妄作水想。」

〔二〕瞖眩：因眼疾而視覺出現重影。玄應一切經音義卷二三：「瞖眩，於計反，韻集云：目障病也。下侯遍反。字林：眩，乱也。」

〔三〕迦末羅病：意譯「黄病」「大風病」等。玄應一切經音義卷二三：「迦末羅病，梵語，舊云『迦摩羅病』，此云『黄病』，或云『惡垢』，言腹中有惡垢，即不可治也。」慧琳一切經音義卷二六：「迦摩羅病，此云『大風病』。」元清遠述圓覺疏鈔隨文要解卷一〇：「迦末羅病，亦云『迦摩羅』，即今之大風惡病，由眼黄故，境亦隨根所轉。」大風病，即麻風病。

〔四〕「捲」，大正藏本顯揚聖教論作「拳」，據大正藏校勘記，宫本作「捲」。「捲」，通「拳」。可洪新集藏經音義隨函録卷一一：「捲，巨員反，握手也，正作『拳』也。又居轉反。」

〔五〕見玄奘譯顯揚聖教論卷一一。

又云：現量者，如五塵色、法，是第八識所變相分，前五轉識并明了意識緣此之時，最初遇境未起分別，不帶名言，能緣之智親證境體，得法自性，名爲現量，得自相也。若前五識及第八識於一切時皆是現量，得法自相，不簡因果、漏無漏位，一切皆尔。若第六識緣彼五塵境時，於彼法體生分別心而起言説，言説所及，不能親證，以是假智所緣，名得共相。不簡因中果位，但於境體起分別心及起言詮之時，皆名得於共相。及佛後得智緣事境時，起分別故，起言説故，亦是假智，非是得彼共相法體，但是得彼共相之義也。因此更依因明，解現量義。

准因明疏，略有二解：一、現之量，謂前五識依所依根，於現在世緣現有境，根亦與識同照前境，有發識用，根義顯勝，得顯現名。雖照於境，以體是色，無緣慮用，不能量度，但有現義，不得量名。唯心、心所量度於境，緣慮用增，體具現義，亦有量境之能。今從能發之根，顯所發識，名現之量，依士釋也。二、現即量，謂明了意識一分，除餘散意識及獨頭起者，并取定意識及第八識能緣見分，親緣現境作用顯現，而彼所依意根界體非顯現故，故不取之。但就能緣見分，現即是量，持業釋也〔一〕。

校注

〔一〕按，窺基撰因明入正理論疏卷下：「現體非一，名爲現現。各附境體，離貫通緣，名爲別轉。由此現現各各別緣，故名現量。故者，結上所以，是名現量，顯其名矣。雖無是字，准解比量，具合有之。彼文無故，闕結所以。影顯有故，俱爲互文，其義相似。依理門論云：『由不共緣，現、現別轉，故名現量。』五根各各明照自境，名之爲現。識依於此，名爲現現。各別取境，名爲別轉。境各別故，名不共緣。若爾，五用豈亦別緣？答：依未自在，且作是説。若依前解，即無此妨。或現之量，五根非一名現，識名爲量，現唯屬根。准理門釋，理則無違。若通明四，意根非現。又闕其識自體，現名但隨所應。依主、持業二種釋也。」

又，古師問：若准前説，假智所詮，但得共相之義，不得共相法體。如口説色時，口應被礙，以彼色體以質礙爲自相故。既不被色礙，故知不得彼體，但得彼義者。且如第八識及與眼識并明了意識現量智起緣火之時，既言現量得法自相，寧不燒心？若不被燒，應不得於火之自相，何名現量境耶？若許被燒，即世間現見火時，眼不被損，便有世間現量相違過〔一〕。

答曰：雖不被燒，亦得自相，名爲現量。所以者何？以心細色麁故。心細無狀，色麁有形，故緣彼火時，雖得自相，然不被燒，亦名現量。又彼麁色實亦不能壞於細色，何況心法？如火災起時，欲界火災但燒欲界，然不能燒色界定地殊妙細色故，彼色界自起火災燒於自地。

校注

〔一〕現量相違過：爲宗九過之一。因明論式中，凡所立之宗（命題）與世間周知的事實相違背的過失。因明入正理論疏卷中：「現量體者，立敵親證法自相智，以相成宗，本符智境。立宗已乖正智，令智那得會真？耳爲現體，彼此極成，聲爲現得，本來共許，今隨何宗所立？但言聲非所聞，便違立敵證智，故名現量相違。」

問：既言心細色麁，心緣火時心不被燒者，如阿羅漢化火焚身，心智隨滅，此如何通？

答曰：化火焚身，但燒扶根之塵〔一〕，非燒五種清淨色根〔二〕及彼心智。其五種清淨色根及彼心智，以無所依扶塵，緣闕不生，得非擇滅〔三〕。雖是定火，亦不能燒，麁細異故。定火對世火雖是細妙，對心猶麁，以是色法有形質故。

校注

〔一〕扶根之塵：即扶塵根，是肉眼可以看見的眼、耳、鼻、舌、身的外形。

〔二〕清淨色根：即勝義根，乃五根的實體，是不可以肉眼見，但實際起取境生識之作用者。五種清淨色根，即眼、耳、鼻、舌、身五根的實體。

〔三〕擇滅：擇謂揀擇，滅謂斷滅。窺基解、普泰增修大乘百法明門論解卷下：「非擇滅者，一真法界本性清淨，不由擇力斷滅所顯；或有爲法緣闕不生所顯真理。以上二義，故立此名。」

比量者，此復五種：一、相，二、體，三、業，四、法，五、因果。一、相比量者，謂隨其所有相貌相屬，或由現在及先所推度境界，如以見幢故比知有車，以見煙故比知有火等；二、體比量者，由現見彼自體性故，比類彼物不現見體，或現見彼一分自體，比類餘分，如以現在比類去、來等；三、業比量者，謂以作用比業所依，如見遠物無有動摇，鳥集其上，如是等事，比知是杌。若有動摇等事，比知是人等；四、法比量者，謂於一切相屬著法，以一比餘，如屬無常比知有苦〔一〕，以屬苦故比空無我，以屬生故比有老法，以屬老故比有死法等；五、因果比量者，謂因果相比，如見物行比有所至，見有所至比先有行，若見有人如法事王比知當獲廣大禄位，見大禄位比知先已如法事王等〔二〕。

校注

〔一〕「苦」，原作「故」，據諸校本及顯揚聖教論改。又，玄奘譯瑜伽師地論卷一五：「法比量者，謂以相隣相屬之法，比餘相隣相屬之法。如屬無常比知有苦，以屬苦故比空無我，以屬生故比有老法，以屬老故比有死法，以屬有色有見有對比有方所及有形質，屬有漏故比知有苦，屬無漏故比知無苦，屬有爲故比知生住異滅之法，屬無爲故比知無生住異滅法，如是等類，名法比量。」

〔二〕「比量者」至此，詳見玄奘譯顯揚聖教論卷一一。

三量八識分別者，前五轉識唯是現量，以前五識顯現證境，不作行解心，得法自性，任運轉故。第六意識徧通三量，有二：一、明了意識，與五同緣，通三量。初念得五塵自性，是現量。第二念至作解心時，若量境不謬，是比量；若心所不稱境知，即是非量。二、獨頭意識，有三：一、散位獨頭，亦通三量，多是比、非。若緣現量，此得五識引起獨散意識，説爲於第一念，緣前來五識所緣五塵之境，得其自性，名現量；二、定中獨頭，唯是現量；三、夢中獨頭，唯是非量。若見分唯非量，内二分是現量。第七末那約有漏位中，唯是非量，妄執第八見分爲我、爲法故，本來第八見分是白浄無記〔一〕，然非是我，今被第七妄執爲我，不稱境知，故名非量。若第七内二分，唯現量。第八賴耶同五現量，如前已解。

校注

〔一〕隋慧遠大乘義章卷三三有爲義兩門分別：「報生威儀，工巧變化，名曰白浄。」澄觀述大方廣佛華嚴經隨疏演義鈔卷七三：「白浄無記者，即異熟識，第八地中捨賴耶名。第十地中，猶名異熟識，至如來位，方捨異熟，名無垢識。」

問：真、似現量，如何分別？

答：古釋現量有二：一、真，二、似。真現量者，體即五識身〔一〕、五俱意〔二〕、諸自證分、諸定心，兼第八識。此等諸心、心所，有六義名現：一、現有，簡龜毛等；二、現在，簡過、未；三、顯現，簡種子，無作用故；四、現離照現名爲現，謂能緣之心行相，遠離諸分别故，謂離隨念、計度、名言種類諸門等分别心故〔三〕。因明論云：「此中現量，謂無分别。」〔四〕釋云：即顯能緣行相，不籌不度，任運因循，照符前境故也〔五〕。五、現謂明現，謂諸定心澄湛，隨緣何境，皆明證故，即明證衆境，名爲現量；六、現謂親現，即親冥自體，若一切散心，若親於境明冥〔六〕自體，皆名現量。第五明現、第六親現，此二種義，簡諸邪智等，如病眼見空華、毛輪等，雖離分别任運而緣，然不能明證衆境，親冥自體，故非現量也。

校　注

〔一〕五識身：即五識，眼識、耳識、鼻識、舌識、身識。身者，體義、依義、聚義，即以「身」字表示複數。五事毗婆沙論卷下分别心品：「爲身者，一識有多故。非一眼識名眼識身，要多眼識名眼識身。如非一象可名象身，要有多象乃名象身，此亦如是。」

〔二〕五俱意：「五俱意識」之略，即意識中之明了意識。此識與五識俱起，助五識生起現行，復能令五識明了取境，故稱五俱意識。

〔三〕玄奘譯大乘阿毗達摩雜集論卷二：「唯一意識，由三分别，故有分别。三分别者，謂自性分别、隨念分别、計度分别。自性分别者，謂於現在所受諸行自相行分别；隨念分别者，謂於昔曾所受諸行追念行分别；計度分别者，謂於去來今不現見事思搆行分别。」曇曠大乘百法明門論開宗義決：「離諸名言種類分别者，種類分别即是比度，以彼種種相似，比類分别而知。今現量智直觀現境，故離名言種類分别。」按，大乘百法明門論開宗義決，見敦煌遺書伯二〇七七等，大正藏第八五册收。又，明王肯堂集釋因明入正理論集解：「分别心略有三種：一、自性分别，唯緣現在所緣諸行自相行分别。所緣行，即五塵也。自相行，如色以青爲行相，眼識緣時，亦任運作青行相，名自行。又，自相即能緣行，簡共相行，如緣青時，即緣黄不著。二、隨念分别，於昔曾所受諸行追念行分别，唯緣過去。三、計度分别，於去、來、今不現前思搆行分別。即非有計有，是非量境，然約三世計度，不定一世，自性分別，即無分別也。」

〔四〕見玄奘譯因明入正理論。

〔五〕窺基撰因明入正理論疏卷上：「能緣行相，不動不摇，因循照境，不籌不度，離分別心，照符前境，明局自體，故名現量。」

〔六〕「冥」，原作「異」，據清藏本及因明入正理論集解改。

似現量者，准理而言，有五種智，皆名似現量：一、散心緣過去，二、獨意緣現在，三、散意緣未來，四、緣三世疑智，五、緣現在諸惑亂解。此等諸心能緣行相，有籌度故，皆不以自相爲境故，又隨先所受分別轉故，名似現量。然有二種：一、無分別心，謂愚癡人類及任運見於空華等，雖無分別，然不分明冥證境故，名似現量；二、有分別心，現帶名言，不得法之自相，妄謂分明，得境自體，名似現量。

又云：男女、天地等見一合相，名似現量。此以衆緣合故，如攬衆微以成於色，合五陰以成於人，名一合相。如是見者，是有分別智，於義異轉，故名似現量〔一〕。

校　注

〔一〕似現量：錯誤的現量。於能緣之行相，起分別心加以籌度，然未能直證外境而冥合自體。似者，似是而非之義。如見瓶、衣而作瓶、衣解，不知瓶、衣乃和合之假法，非法之自相。澄觀撰大方廣佛華嚴經疏卷一七：「謂男女、天地等見一合相，名似現量。」大方廣佛華嚴經隨疏演義鈔卷三七：「『男女、天地等見一合相，名似現量』者，此即第七。『一合相』者，衆緣和合故，如攬衆微以成於色，合五陰等以成於人，名一合相。如是見者，是有分別智，於義異轉，故名似現。」

真現量者，如一合相，相不可得。金剛經云：「如來説一合相，即非一合相。」〔一〕以從緣合，即無性故，無性之性，是所證理。如是知者，是正智生，是自相處轉，名真現量。又，拂能、所證跡，爲真現量，謂若有如外之智與如合者，猶有所得，非真實證，能、所兩亡，方爲真現。唯識論云：「若時於所緣，智都無所得。尔時住唯識，離二取相故。」〔二〕經云：亦無如外智，能證於如〔三〕。乃是爲真現量也〔四〕。

校注

〔一〕見鳩摩羅什譯金剛般若波羅蜜經。

〔二〕見玄奘譯成唯識論卷九。

〔三〕實叉難陀譯大方廣佛華嚴經卷二五：「無有少法，爲智所入。亦無少智，而入於法。」按，這裏引文，或據大方廣佛華嚴經隨疏演義鈔卷三七。

〔四〕「拂能、所證跡」至此，詳見澄觀述大方廣佛華嚴經隨疏演義鈔卷三七。

是以諸佛施爲，悉皆現量。如守護國界主陁羅尼經云：「如來悉知彼諸衆生出息入息、種種飲食、種種資具、種種相貌、種種根〔一〕器、種種行解、種種心性，死此生彼、剎那流注、生滅相續。如來悉知如是一切，現量所得，非比量知。云何現量？謂不動念如實而知，非流注心入於過去。如是知時，智慧具足，隨衆生心，種種説法。」〔二〕

校注

〔一〕「根」，磧砂藏、嘉興藏本作「相」。按，經中作「根」。

〔二〕見守護國界主陁羅尼經卷七入如來不思議甚深事業品第五之三。

問：本識變似根身、器世間等，爲是自變？爲是共變？

答：此有四句：一、共中共變，二、共中不共變，三、不共中不共變，四、不共中共變。識論云：「所言共變〔一〕者，謂異熟識，由共相種成熟力故，變似色等器世間相，即外大種及所造色。雖諸有情所變各別，而相相似，處所無異，如衆燈明，各徧似一。」〔二〕釋云：「此義意言，由自種子爲因緣故，本識變爲器世間相，唯外非情，此即能造及所造色。在外處故，言外大種，非心外法。且諸種子總有二種：一是共相，二不共相。何爲共相？多人所感故。雖知人人所變各別，名爲唯識，然有相似共受用義，説名共相，實非自變他能用之。若能用者，此即名緣心外法故。然我此物〔三〕爲增上緣，令多人可共受用名共，如山、河等。不共相者，若唯識理唯自心變，名不共物〔四〕。一切皆是他變、是他物，自不能用，亦名不共相。然今且約自身能用，他不得用，名爲不共，如奴婢等。」〔五〕

校注

〔一〕「共變」，成唯識論作「處」。

〔二〕見玄奘譯成唯識論卷二。

〔三〕「物」，磧砂藏、嘉興藏本作「惣」。按，成唯識論述記作「物」。

〔四〕「物」，原作「相」，據成唯識論述記改。

〔五〕見窺基撰成唯識論述記卷三。

又釋云：「共中有二：一、共中共，如山、河等，非唯一趣用，他趣不能用。」〔一〕又，唯識義鏡〔二〕云：共中共者，多識同變，名之爲共。變已同用，重名爲共。又，唯識鈔〔三〕云：謂多趣有情識所變色同在一處，互相涉入，其相相似，同共受用，名共中共。初之「共」字，約所緣緣；後之「共」字，約增上緣，即無主山、河等是。若有主者，即共中不共所攝。

校注

〔一〕見窺基撰成唯識論述記卷三。

〔二〕唯識義鏡：或即成唯識論義鏡鈔之略稱。義天録新編諸宗教藏總録卷三海東有本見行録下，著録清素述成唯識論義鏡鈔十二卷，子注曰：「或六卷。」清素，唐貞元前後大安國寺僧。又，本書卷三七、卷六二、卷六三和卷七一引有唯識鏡，不知是否即此唯識義鏡。參見本書卷三七注。

〔三〕唯識鈔：或即義忠撰成唯識論鈔。宋高僧傳卷四唐京兆大慈恩寺義忠傳：「釋義忠，姓尹氏，潞府襄垣人也。（中略）聞長安基師新造疏章，門生填委，聲振天下，乃師資相將，同就基之講肆。未極五年，又通二經五論，則法華、無垢稱及百法、因明、俱舍、成唯識、唯識道等也。（中略）著成唯識論纂要、成唯識論鈔三十卷、法華經鈔二十卷、無垢稱經鈔二十卷。百法論疏最爲要當。」

「二、共中不共，如己田宅，及鬼等所見猛火等物，人見爲水，餘趣、餘人不能用故。」〔一〕

校注

〔一〕見窺基撰成唯識論述記卷三。

「不共相中，亦有二種：一、不共中不共，如眼等根，唯自識依用，非他用故；二、不共中共，如自扶根塵，他亦受用故。」〔二〕

校注

〔一〕見窺基撰成唯識論述記卷三。

此言「共相種〔一〕」者，即共中共〔二〕。「如衆燈明，各徧似一」者，「此釋共果同在一處，不相障礙，謂外器相，如衆燈明共在一室，各各徧室，一一自別，而相相似，處所無異。此如何知各各別〔三〕也？一燈去時，其光常徧。若共爲一，是則應將一燈去已，餘明不徧。又相涉入，不相隔礙，故見似一。置多燈已，人影亦多故」〔四〕。

校注

〔一〕「種」，諸校本作「應」。按，據成唯識論，作「種」是。參後注。

〔二〕按，此句成唯識論述記卷三作：「此中處言『共相種』者，即共中共。」

〔三〕「別」，原作「徧」，據成唯識論述記改。

〔四〕見窺基撰成唯識論述記卷三。

又云：一、不共中不共變，如眼等五根，唯自第八於中有末心〔一〕第一念託父母遺體時變，名不共，唯自第八變故。又，唯自受用，復名不共，如眼識唯依眼根發眼識，乃至身識依身根等〔二〕。

校　注

〔一〕中有：亦稱中陰，謂已死之後未生之前，識未託胎之時。　末心：謂最後刹那之心。

〔二〕大明三藏法數卷一〇：「不共中不共變，謂如眼等五根，唯自己第八識中最初一念託父母遺體時變現，名不共。出胎之後，唯自己受，復名不共。如眼識惟依眼根而發，乃至身識唯依身根而發，不相混雜，是爲不共中不共變。」

二、不共中共變，即内扶〔一〕塵根，初唯自第八變，名不共。變生已後，他人亦有受用義，復名爲共〔二〕。

問：若許受用他人扶塵者，何名唯識，心外取法？

答：受用他人扶塵時，自識先變一重相分在他人身上。若受用時，還受用自相分，心外無法，得成唯識。

問：若言受用自相分，因何殺他人得地獄罪，以殺自相分故？

答：自相分與他相分同在他身處，殺自相分，亦能令他五根相分斷滅，故得罪也。

校注

〔一〕「扶」，嘉興藏本作「浮」。後同。扶塵根，是肉眼可見的眼、耳、鼻、舌、身的外形。「扶」，或作「浮」。眼可見之五根外形，是爲扶助正根之五塵，故謂之扶塵根。此塵根爲浮虚之法，故謂之浮。

〔二〕大明三藏法數卷一〇：「浮塵根者，謂眼、耳等諸根，皆由色、香、味、觸四塵所成，故名浮塵。楞嚴經云『眼如蒲萄朵』等是也。他人受用者，謂自己浮塵根能見之境，他根亦能見而亦得同受用也。」

三、共中共變，如山河大地，衆人共業力變，又共得受用。

問：多人共變名共者，如有一樹，二十人共變，有二十重相分，忽被一人斫卻此樹，自相分無，可名唯識。餘十九人相分亦無，應非唯識，以自不斫故。

答：一人所斫相分是所隨，餘十九人相分是能隨。能隨相分，必依所隨有，故所隨既無，能隨亦滅。由此義邊，亦名唯識。故瑜伽論云：相似業生，隨順業轉〔一〕。即衆人共業變時，得名相似業；其多人相分被一人受用，即名隨順業轉。又共變共受用故。

校注

〔一〕瑜伽師地論卷五一：「自性相似生起，展轉相續，究竟隨順轉。」

四、共中不共變者，如田宅妻子，多人第八共變，得名爲共。若受用時，唯自前六受用，不通他人，即名不共。又如一水應四心，隨業各異見〔一〕。

問：諸識各變自根，還變他根不？

答：唯變似他根依處，他根於己都無用故。論頌云：「識生變似義，有情我及了，此境實非有，境無故識無。」〔二〕

釋云：「八識生變似義者〔三〕，即是五塵。『義』之言境，以依他法似實有故。『變似有情』者，即是五根，衆生數法，情即是根，名薩埵故；『變似我』者，是末那能變；『及了』者，六識緣了。即第八緣根、塵二色，第七緣我，六識緣六塵所了法義。」〔四〕

論云「有義唯能變似依處，他根於己非所用故，似自、他身五根現者，説自、他識各自變義」〔五〕者，「此唯變他根依處，他根於己都無用故。若無用亦變，何不變七識？無緣慮用而得緣故。若爾，説自、他根現，文如何通？所説自、他阿賴耶識，各自變爲根，非自變他根，一則無用不變他根，二由不定説言自身本識變他根故，不可爲證」〔六〕。

校　注

〔一〕一水應四心，隨業各異見：即「一水四見」，又稱「一境四心」等，因天、人、餓鬼、畜生果報不同，於一水而見有四相分別。天人見之是寶嚴地，謂諸天福德殊勝，其所見水，悉成琉璃衆寶莊嚴之地；凡人見之是水，謂世人所見之水，清濁雖異而皆是水；餓鬼見之是膿血，謂由宿世慳貪，墮餓鬼中，長劫不聞漿水之名，既因饑渴所逼，望見河水，意欲飲之，皆是膿血；魚見是住處，謂魚以水爲住處，潛躍游泳，不見水相。　大明三藏法數卷一〇：「共中不共變，謂如己田宅，不與人共。又如一水，人見是水，餓鬼見是猛火、膿血等物，是名共中不共變。」

〔二〕見彌勒說、玄奘譯辯中邊論頌辯相品第一。

〔三〕「八識生變似義者」，成唯識論述記作「識者，八識。生變似義」。

〔四〕見窺基撰成唯識論述記卷三。

〔五〕見玄奘譯成唯識論卷二。

〔六〕見窺基撰成唯識論述記卷三。

問：色從識變者，無色界無色，云何說變？

答：下界衆生所見，是業果色〔一〕；無色界現境，即定果色〔二〕：俱不離心。慈恩云由定中變異他身〔三〕者，瑜伽論云：色、無色天變身萬億，共立毛端〔四〕。是平等心，無色既無通力，即唯是定力。華嚴經說菩薩鼻根聞無色界宮殿之香〔五〕。阿含經云：舍利弗入涅槃時，色、無色天宮中，淚下如春細雨〔六〕。波闍波提入涅槃時，色、無色天佛邊側立〔七〕。及實色中定境者是〔八〕。所變境、身〔九〕爲相續？爲間斷？若內身多續，少分間斷，由有生一念，即便命終故；或如蜉蝣等，生已則死故。若變外器，多分長時，隨業勢力任運變故〔一〇〕。

校注

〔一〕業果色：由業所造之色。

〔二〕定果色：由定所生之色。

〔三〕「異他身」，或當作「異地身」。成唯識論述記卷三：「由定力變異身、器者，謂即瑜伽五十四説，色、無色天變身萬億，共立毛端。是平等心，無色既無通，即唯是定力。色界亦説有，亦令互相見故，變異地身。」又：「如本識緣異地身、異地器。異地身者，在下界起他界地天眼、耳等，此豈非是緣異地身？異地器者，如緣於彼無色諸天，淚下如雨」。

〔四〕瑜伽師地論卷五四：「心自在轉微細性者，謂色、無色二界諸色，如經説，有等心諸天，曾於人中如是如是資熏磨瑩其心，隨此修力，住一毛端空量地處，展轉更互，不相妨礙。」

〔五〕按，此非經文。隋慧遠大乘義章卷八四有義六門分別：「大乘法中，四空有色以有色故，亦有中陰。故華嚴中，菩薩鼻根能聞無色宫殿之香。」澄觀述大方廣佛華嚴經隨疏演義鈔卷六九：「大乘之中許有色故，離世間品明菩薩鼻根聞無色界宫殿香故。」

〔六〕增一阿含經卷一八：「時，舍利弗已取滅度，諸天皆在空中，悲號啼哭，不能自勝，虚空之中，欲天、色天、無色天，悉共墮淚，亦如春月細雨和暢。」如理集成唯識論疏義演卷三：「『聞無色界宫殿之香』者，由此界菩薩入無色界定，遂聞無色界宫殿之香。乃至『如春細雨』者，雨即是外器收，即色、無色天由定力故變。意云此所變雨等，與本地不同，名異地也。又，此界衆生，亦見彼雨等。」

〔七〕參見增一阿含經卷五〇大愛道般涅槃品。波闍波提，意譯大愛道，是佛姨母，亦名大勝生主。隋慧遠大般涅槃經義記卷二：「華嚴宣説菩薩鼻根聞無色界宫殿之香；阿含經中説舍利弗般涅槃時，色、無色天空中淚下如春細雨。波闍波提般涅槃時，色、無色天佛前側立。」

〔八〕如理集成唯識論疏義演卷三：「『及實色中定境者是』者，即無色宫殿及天淚等是，法處實色，定心所緣之境。又有解云：『色、無色天淚下如雨』者，但似而非真，無温潤用故。若八地已去菩薩變大地爲金、海水爲蘇等，即有實用，此定境色，亦是法處攝也。」

〔九〕「身」，原作「力」，據成唯識論述記改。

〔一〇〕「慈恩云」至此，詳見窺基撰成唯識論述記卷三。又，成唯識論卷二：「所變身、器多恒相續，變聲、光等多分暫時，隨現緣力擊發起故。」成唯識論述記卷三述曰：「内身多續，少分間斷，由有生一念，即便命終故；或如蜉蝣等，生已即死故。若變外器，多分長時。瑜伽第三説，外器定一劫。若變内身，即隨壽故，多分相續。聲、光多暫時，少有相續故。等者，等取華色、華香等。何以然者？由擊發故，聲等方生，緣力盡時，彼即不續。」

問：本識定緣何法？

答：唯緣實法，不緣假法。

慈恩問云：本識豈不緣極略等四色？

答：以假故不緣，如不相應法。對法論云極略、極迥[一]，但是第六意識可析爲極微故，第八不緣。受所引色[二]中，若定道共色，即此不緣，唯以現行思爲體故。徧計所起色[三]，唯是鏡像、水月，此亦不緣，唯第六識徧計起故。又，定所生色[四]中，如十一切處觀[五]，亦不緣假想色故。故此論文但緣實色，不緣假故，第八所緣必有用故。彼無實用，第八不緣。然諸法體，一者有法，二者無法，第八何故不緣無法？此任運緣，非分别故，無籌度故，後得智等有籌度故，諸六識等有分别故，由此故知第八識體不緣我也[六]。第八識變，變必有用，故不緣無用。無用故，不緣我等，以無體用故。於有法中，略有二種：一者有爲，二者無爲。何故此識不緣無爲？若實無爲，因未證故；若假無爲，無體用故，皆不得緣[七]。

校注

〔一〕大乘阿毗達磨雜集論卷一：「法處所攝色者，略有五種，謂極略色、極迥色、受所引色、遍計所起色、自在所生色。極略色者，謂極微色；極迥色者，謂即此離餘礙觸色；受所引色者，謂無表色；遍計所起色者，謂影像色；自在所生色者，謂解脱静慮所行境色。」按，開元釋教録卷二〇：「大乘阿毗達磨雜集論，十六卷，亦呼爲對法論，二百五十五紙。唐玄奘譯。」極略色，即極微之色法，是分析一切具有質礙性的實色而令至極微。極迥色，又稱自礙色，即分析空界色、明、暗等不具質礙性之顯色而令至極微。

極微者，物質（色法）分析至極小不可再分之謂。

〔二〕受所引色：即無表色，是依身、口引起的善惡二業而生於身内之無形色法，是一種不能表現於外的現象，如由持戒所引起的防非止惡的精神作用。詳見本書卷五五。

〔三〕偏計所起色：意識緣五根、五境産生周偏計度、虚妄分别之作用，而在心内所變現之影像色法，如空中花、水中月、鏡中像等。此類色法，僅具影像而無所依托之自體本質。詳見本書卷五五。

〔四〕定所生色：即自在所生色，指由禪定力所變現的色、聲、香、味等境。此類色法，是由勝定力於一切色變現自在，故稱定自在所生色。詳見本書卷五五。

〔五〕十一切處觀：即十偏處，又稱十一切處、十偏處定等，即依勝解作意，觀色等十法（地、水、火、風、青、黄、赤、白、空、識）各周偏一切處而無間隙。道邑成唯識論義藴卷二末：「十一切處觀者，即十遍處觀也，謂觀青、黄、赤、白、地、水、火、風并空、識二也。」如理成唯識論疏義演卷三本：「何名十一切處觀？答：所謂四大、青、黄、赤、白、識、空名十。問：何名一切處？答：如觀地時，一切總作地相。乃至觀空之時，總作空相故。此十法，由第六識觀察安立故，是假也，第八不緣。」

〔六〕如理成唯識論疏義演卷三本：「『後得智等有籌度故』者，即後得智有任運、簡擇説諸法故，得籌度名，但不如强分别，以名義互相繼屬也，故後得智緣無法也。又有解云：緣無之心，有其二因：一者、妄分别故，二者、有籌度故。其第六識，由有分别故得緣無。中言『諸六識等』者，等謂等取善惡及同聚心所，非前五識，五識不緣無故也。其後得智有籌度故，得緣無色。然第八識，二義俱無，所以不緣無也。故下結云第八不緣我也者，我體既無，故第八不緣於我。」

〔七〕「慈恩問云」至此，詳見窺基撰成唯識論述記卷三。

問：有漏識變，有幾種變？

答：略有二種：一、因緣變，二、分別變。識論云：「有漏識變，略有二種：一、隨因緣勢力故變，二、隨分別勢力故變。」〔一〕

釋云：因緣生者，謂由先業及名言實種，即要有力，唯任運心，非由作意，其心乃生，即五、八識隨其增上異熟因爲緣，名言種爲因故變於境。

分別變者，謂作意生心，是籌度心，即六、七識隨自分別作意生故，由此六、七緣時〔二〕，影像相分無有實體，未必有用。

初隨因緣變，必有實體用，即五、八等所變之境；後隨分別變，但能爲境，非必有用，即第七識等〔三〕。

又解：初唯第八異熟主〔四〕故，所熏處故，能持種故，變必有用。後餘七識所變色觸等，皆無實用，似本質用，如鏡中光。於三境〔五〕中，性境不隨心，因緣變攝；獨影、帶質皆分別變。

又，論云「異熟識變，但隨因緣，所變色等必有實用。若變心等便無實用，相分心等不能緣故」〔六〕者，顯變色等從實種生，故所變法必有體用。若相分心、心所如化心等，故不緣之，緣便無用。解深密經説諸變化心無自依心，有依他心〔七〕。佛地論云：無自緣慮實體之心，有隨見分所變相分似慮之心，如鏡中光〔八〕。此即分別變〔九〕。

校注

〔一〕見玄奘譯成唯識論卷二。

〔二〕「時」，成唯識論述記作「無等時」。

〔三〕按，此段爲成唯識論述記對前引成唯識論文後「初必有用，後但爲境」句的解釋。

〔四〕「主」，嘉興藏本作「生」。按，作「主」是，乃「主伴」之「主」。

〔五〕三境：性境、獨影境、帶質境。詳見本書卷六八。

〔六〕見玄奘譯成唯識論卷二。

〔七〕解深密經卷五如來成所作事品：「非是有心，亦非無心。何以故？無自依心故，有依他心故。」

〔八〕參見玄奘譯佛地經論卷六。

〔九〕「釋云」至此，詳見窺基撰成唯識論述記卷三。

四句分別者，一、因緣變、非分別變，即五識心、心所及第八識心王，爲所緣相分從自種生故；二、唯分別變、非因緣變，即有漏第七識及第八五心所〔一〕是，爲所變相分唯從分別心生故；三、俱句，即有漏第六及無漏八識，以能通緣假實法故；四、俱非，即不相應行是，以無實體故，不與能緣同種生故。

校注

〔一〕五心所：謂觸、作意、受、想、思。詳見本書卷四七。

問：此識於善、不善、有覆無記、無覆無記四種法〔一〕中，何法所攝？

答：論云：「此識唯是無覆無記，異熟性故。異熟若是善、染性者，流、轉、還、滅應不得成。又此識是善、染依故，若善、染者，互相違故，應不與二俱作所依。又此識是所熏性故，若善、染者，如極香、臭應不受熏。無熏習故，染、浄因果俱不成立，此唯是無覆無記。覆謂染法，障聖道故，又能蔽心，令不浄故，此識非染，故無覆。記謂善、惡，有愛、非愛果及殊勝自體，可記別故。此非善、惡，故名無記。觸等亦如是，謂〔二〕如阿賴耶識唯是無覆無記性攝，觸、作意、受、想、思亦尔，諸相應法必同性故。」〔三〕

校注

〔一〕玄奘譯成唯識論卷三：「法有四種，謂善、不善、有覆無記、無覆無記。」智旭唯識三十論直解：「性有三種：能爲此世他世順益，名爲善性；能爲此世他世違損，名不善性，亦名惡性；於善不善損益義中，不可記別，名爲無記。就無記性，復分爲二：若與染汙相應，名爲有覆無記；若無染汙，其性白淨，名爲無覆無記。」通潤成唯識論集解卷三：「第八唯是無覆無記性攝。言無覆者，覆謂染法有障礙義、有蓋蔽義，障礙聖道不得生起，蓋蔽真心不得清淨，此識無此二義，故名無覆。言無記者，謂善因感可愛之果，惡因感非愛之果，彼二皆有殊勝强盛之體可記可別，此識無此二義，故名無記。」

〔二〕「謂」，清藏本作「者」。按，成唯識論作「者謂」。

〔三〕見玄奘譯成唯識論卷三。

釋云：「異熟若是善、染性者，流、轉、還、滅應不得成」者，善趣既是善，應不生不善，恒生善故，即無流轉惡趣之義，由集〔一〕故生死流，由苦故生死轉。惡趣翻亦然，既恒生惡，應無還滅，由道故還，由滅故滅。「又此識是善、染依故」者，此識既是果報之主，既恒是善，應不爲惡依；是惡，亦應不爲善依，互相違故。「若善、染者，如極香、臭應不受熏」者，此識唯無記性，可受熏習。既無熏習，即無種子。種子若無，即是無因。因既無故，其果亦無。

「此唯無覆無記」者，無記有三：一、相應無記，謂諸無記心、心所法；二、不相應無記，謂無記色、不相應法；三、真實無記，謂虛空、非擇滅〔二〕。又廣辯四種無記：一、能變無記，即無記心、心所法是。二、所變無記，即諸色法及諸種子等是。三、分位無記，即二十四不相應行中，有假無記法分位立者是。四、勝義無記，即虛空、非擇滅無爲是〔三〕。

校注

〔一〕「集」，原作「業」，據成唯識論述記改。集者，積聚、感招之意，即四諦中之集諦，謂貪、嗔、癡等煩惱及善、惡等諸業，此二者能集起三界六趣之苦報，故稱集諦。

〔二〕靈泰撰成唯識論疏抄卷六：「『相應無記，謂諸無記心、心所法』者，若第八識心、心所，即六法是無記性。若第七識相應心、心所，總十八法是無記性。若第六識中，即有根本九法，餘嗔。二十隨惑中餘小七惑，即遍行、別境、不定四，都有三十六法是無記性。（中略）若前五識中，取有義遍行五并心王，即餘別境五法不與五識住故。故五識中，一一法皆有六法，是無記性。有義，五識中有別境五者，其五識俱有十一法，是無記性。（中略）『二、不相應無記，謂無記色、不相應行』者，問：不相應行，可得名不相應。其色法，如何名相應？又問：此言無記色者，爲取五根扶塵？爲取外五塵？答：不是心故。『三、真實無記』者，問：真實無記與前勝義無記有何別？答：即對有爲虛幻法故。其虛空、非擇滅既是無爲，故名真實。又對前有爲世俗故，其虛空、非擇滅即名勝義也。」

〔三〕「釋云」至此，詳見窺基撰成唯識論述記卷三。大明三藏法數卷一〇：「四無記，謂不能記別當來之果，又於善、惡法中，無所記別，故名無記。一、能變無記，謂第八識心王是無記性，與心所五法相俱，則能變現色等一切境界而無所分別，故名能變無記。五法者，一作意，二觸，三受，四想，五思，是名徧行五法，即第八識心所法也。二、所變無記，謂根身、種子、器世間三類之境，皆由本識之所變現，以此三境無分別性，故名所變無記。三、分位無記，謂於不相應行中，假無記法立諸分位，由此諸法不屬善惡，不與心相應，不與色相應，無所記別，故名分位無記。四、勝義無記，謂虛空無爲、非擇滅無爲，有勝義故，而無所作爲，故名勝義無記。虛空無爲者，謂真空之理，不爲惑染之所障礙也。非擇滅無爲者，聲聞之人，證果之後，諸惑不復續起，自然契悟真空之理，不假揀擇也。」

又，就第一能變無記中，更有四種無記：一、異熟，二、威儀，三、功巧，四、變化。異熟無記者，異者，別異，即因果性別，因通善惡，果唯無記；熟者，成熟，此唯屬果。因果合説，名爲異熟。無記者，不能記別當果，名爲無記。或於善、惡中無所記別，名無記。此業感真異熟無記，即第八識。業，即善、惡二思。感者，集義，招義。爲此現行思能造作感集當來總報識等五果種子〔二〕，又能招感當來異熟五蘊現行果，故名業感。言真者，實也，簡命根雖是異熟，而且是假。又真者，常也，體常相續，更不間斷，偏界地有者，名真異熟無記。又，若法體是異熟，從異熟識起而無間斷，偏界地有者，名真異熟，亦名異熟生。若法體是異熟，從異熟識起有其間斷，又不偏界地者，但名異熟生，不得名真異熟，即簡六識體，必若體非異熟，又有間斷，又不偏界地，雖從異熟識起，不名真異熟，但得名異熟生。若威儀、功巧、變化等，雖有能作而不招善、惡等果，故名無記。

校注

〔二〕靈泰撰成唯識論疏抄卷七：「五種子者，謂識種、名色種、六處種、觸種、受種五果種子，第八現行識能取得五果種子。」

問：阿賴耶識若常，則無轉變；若斷，則不相續。如何會通，得合正理？

答：不一不異，非斷非常，方契因緣唯識正理。識論云：「此識非斷非常，以恒轉故。恒，謂此識無始時來，一類相續，常無間斷，是界、趣、生施設本故，性堅持種令不失故。轉，謂此識無始時來，念念生滅，前後變異，因滅果生，非常一故，可爲轉識熏成種故。恒言遮斷，轉表非常，猶如瀑流，因果法爾。如瀑流水，非斷非常，相續長時，有所漂溺。此識亦爾，從無始來生滅相續，非常非斷，漂溺有情，令不出離。又如瀑流，風等擊起諸波浪而流不斷。此識亦爾，雖遇衆緣起眼識等，而恒相續。又如瀑流，漂水上下魚、草等物〔一〕，隨流不捨。此識亦爾，與内習氣、外觸等法，恒相隨轉。如是法喻，意顯此識無始因果非斷、常義。謂此識性無始時來，刹那刹那果生因滅，果生故非斷，因滅故非常，非斷非常是緣起理，故説此識恒轉如流。」〔二〕

釋云：「一類」者，常無記義；「相續」者，未曾斷義。「界、趣、生本」者，即是依此識故，施設三界、五趣、四生，是引果故，識是界、趣、生之本。「因滅果生，非常一故」者，因果性故，簡一〔三〕，非我也；有生滅故，簡常，非自性也。常、一之法無因果。又，若無因果，即是斷常，以是常故，如虚空等，應不受熏。若不受熏，即無生死、涅槃差别。若受熏，須具四義：一、無記，二、堅住，三、可熏，四、非常一。是四相應，可爲轉識熏也〔四〕。

校注

〔一〕新羅太賢集成唯識論學記卷二：「言漂溺者，人天如漂，惡趣如溺。水上草，喻别體觸等；水下魚，喻識變習氣。」韓廷傑成唯識論校釋卷三：「『漂水上下魚、草等物』，水上草喻外觸、受等，水下魚喻識變習氣。」

〔二〕見玄奘譯成唯識論卷三。

〔三〕「一」，原無，據成唯識論述記補。

〔四〕「釋云」至此，詳見窺基撰成唯識論述記卷三。

問：此識既云恒轉如流，定有生滅去來不？

答：此識不守自性，隨緣變時，似有流轉，而實無生滅，亦非去來。如湛水起漚，漚全是水；華生空界，華全是空。識性未常〔二〕去來，虚空何曾生滅！如馬祖大師云：若此生所經行之處及自家田宅處所、父母兄弟等舉心見者，此心本來不去，莫道見彼事則言心去。心性本無來去，亦無起滅。所經行處及自家父母、眷屬等今所見者，由昔時見故，皆是第八含藏識中憶持在心，非今心去。亦名種子識，亦名含藏識，貯積昔所見者。識性虚通，念念自見，名巡舊識。亦名流注生死，此念念自離，不用斷滅。若滅此心，名斷佛種性。此心本是真如之體，甚深如來藏，而與七識俱〔二〕。

傅大士云：「心性無來亦無去，緣慮流轉實無停。」〔三〕

又，心無處所，故云「無停」。心體實無來去，昔所行處，了了知見，性自虚通，體無去住，不用除滅此心。若識此心本是佛體，不須怕〔四〕。今有不識心人，將此爲妄，終日除滅，亦不可得滅。縱令得滅，證聲聞果，亦非究竟。只如過去諸佛恒沙劫事，見如今日真如之性，靈通自在，照用無方，不可同無情物。佛性是生氣物，不可兀爾無知。但無心量，種種施爲，如幻如化，如機關木人，畢竟無有心量，於一切處無執繫、無住著、無所求，於一切時中，更無一法可得。

校注

〔一〕「常」，嘉興藏本及冥樞會要作「甞」。「常」，通「甞」。

〔二〕按，「心性本無來去」至此，入矢義高認爲非馬祖語，而是延壽評語。賈晉華則認爲「所經行處」至此爲延壽評語。詳參賈晉華古典禪研究：中唐至五代禪宗發展新探（修訂版），上海人民出版社，二〇一三年。

〔三〕見善慧大士語録卷三行路難二十篇第三章明心相實相。

〔四〕「怕」，原作「帕」，據諸校本改。

問：此阿賴耶識既爲一切法因，又稱引果，只如因果之法，爲真實有？爲假施設？

答：皆從識變，是假施設。論云：「謂此正理深妙離言，因、果等言皆假施設，觀現在法有引後用，假立當果對説現因，觀現在法有酬前相，假立曾因對説現果，假謂現識似彼相現。如是因果，理趣顯然，遠離二邊，契會中道，諸有智者應順修學。」〔一〕

釋云：今明諸法自相離言，謂觀三世，唯有現法。觀此現法，有能引生當果之用。當果雖無，而現在法有引彼用。用者，功能。行者尋見現法之上有此功用，觀此法果，遂心變作未來之相。此似未來，實是現在。即假説此所變未來，名爲當果，對此假當有之果，而説現在法爲因。此未來果，即觀現在法功能而假變也。其因亦爾，觀此現法有酬前之相，即異熟變相等，觀此所從生處而能變爲過去，實非過去，而是現在。假説所變爲現法，即對此假曾有過去因，而説現在爲果。而實所觀，非因非不因，非果非不果。且如於因，性離言故，非實是因；有功能故，非定不因。果亦如是〔二〕。

校注

〔一〕見玄奘譯成唯識論卷三。

〔二〕「釋云」至此，詳見窺基撰成唯識論述記卷三。

音義

膀，步光反。　胱，古黄反。　眩，烏涓反，亂也。　癲，都年反，病也。　捲，居轉反。　蜉，縛謀反。　蝣，以周反，朝生暮死也。

丁未歲分司大藏都監開板

宗鏡録卷第五十

慧日永明寺主智覺禪師延壽集

夫此第八識，爲定是真？是假？

答：是真是假，不可定執。首楞嚴經云：「陁那微細識，習氣成瀑流，真非真恐迷，我常不開演。」〔一〕

釋曰：梵語「阿陁那」者，此云「執持識」。此識體浄，被無明熏習，水乳難分，唯佛能了。以不覺妄染故，則爲習氣，變起前之七識，瀑流波浪〔二〕，鼓成生死海；若大覺頓了故，則爲無漏浄識，執持不斷，盡未來際作大佛事，能成智慧海。「真非真恐迷」者，佛意：我若一向説真，則衆生不復進修，墮增上慢，以不染而染、非無客塵垢故。又，外道執此識爲我，若言即是佛性真我，則扶其邪執，有濫真修；我若一向説不真，則衆生又於自身撥無，生斷見故，無成佛之期。是以對凡夫、二乘前，不定開演，恐生迷倒，不達如來密旨，以此根本識微細難知故。

校注

〔一〕見大佛頂如來密因修證了義諸菩薩萬行首楞嚴經卷五。

〔二〕玄奘譯解深密經卷一心意識相品：「譬如大瀑水流，若有一浪生緣現前，唯一浪轉。若二、若多浪生緣現前，有多浪轉。然此瀑水自類恒流，無斷無盡。」

問：此第八識於真、俗二諦中，俱建立不？

答：染、净之本，真、俗俱存。不達真異熟正唯識人，多執俗有真無，强生異見，不知諸佛密意，執遣相空理以爲究竟，此乃破偏計情執，是護過遮詮，便撥依他、圓成，悉作空華之相。若無依、圓，本識及一切法皆則無體，既非實有，成大邪見。

論云：「外道毁謗染净因果，亦不謂全無，但執非實故。若一切皆非實有，菩薩不應爲不捨生死，精勤修集菩提資糧〔一〕，誰有智者爲除幻敵，求石女兒用爲軍旅？故應信有能持種心，依之建立染净因果，彼心即是此第八識。

「又契經説有異熟心善惡業感，若無此識，彼異熟心不應有故。謂眼等識有間斷故，非一切時是業果故，如電光等非異熟心，異熟不應斷已更續，彼離命根等無斯事故。眼等六識業所感者，猶如聲等非恒續故，是異熟生，非真異熟。定應許有真異熟心，酬牽引業，偏而無斷，變爲身、器，作有情依，身、器離心，理非有故，不相應法無實體故，諸轉識等非恒有故，若無此識，誰變身、器？復依何法，恒立有情？」〔二〕

校注

〔一〕資糧：指長養、資益菩提因之諸善法。資，資助。糧，糧食。如人遠行，必假糧食以資助其身，欲三乘證果，宜以善根功德之糧資助己身。慧琳一切經音義卷七：「資糧，力强反，或作『粮』。集訓云：糧，儲食也。説文云：『糧，穀也，從米量聲也。』經文云『菩提資糧』。菩提者，無上道；資糧者，六度萬行也。」成唯識論卷九「初資糧位」：「爲趣無上正等菩提，修集種種勝資糧故。」成唯識論述記卷九：「菩提因之初位，資益己身之糧，方至彼果，故名資糧。」

〔二〕見玄奘譯成唯識論卷三。

釋云：外道亦不謂染、浄等皆無，現所見故，但執非實。染因不能感惡果，善因不能感善果，以非實故，如空華等。因果不無，可信此識，總立三性。若於二諦中分別有、無者，我真諦中亦非無法，但不可説爲因爲果，言語道斷故；俗諦之中，依他、圓成有故，徧計所執是無。「真異熟心，酬牽引業，徧而無斷」者，真異熟心一切時相續，酬牽引業，非餘〔一〕滿業者。有間斷者，是滿業故。餘轉識不能引業，但來滿善、惡之業果。引果之識，徧三界有。

六識不徧，無色界、無心定等，五識及意無故。無斷者，言恒續故〔二〕。所以經云：深信大乘，不謗因果〔三〕。但真諦中，以一切法不可得故，言語道斷故，心智路絶故。或言一切法空，此是第一義空，不可得空，非是外道斷空、小乘但空等，不可起龜毛、兔角之心，執虵足、鹽香之見〔四〕。

校注

〔一〕「餘」，成唯識論述記無。

〔二〕「釋云」至此，詳見窺基撰成唯識論述記卷四。通潤成唯識論集解卷二：「異熟果者，由前六善、惡業種爲殊勝增上緣，招感第八酬引業力，恒相續故，名異熟果。言引業者，引謂牽引，謂業有力，能引總報故。即前六識造善、惡業，牽引第八受善、惡報，相續不斷，名異熟果。滿業者，滿謂滿足，謂業無力，唯滿别報。即前六識造善、惡業，能滿第六善、惡二果。故第八名總報主，而前六名别報主也。然前轉識無記性者，從總報異熟識起，名異熟生。不名異熟，有間斷故。以引果識徧三界故，常相續故。六識不遍，無色界等，無心定等，六識皆無，有間斷故。唯第八識，具三義故，名真異熟：一、徧義，簡前五識；二、相續，簡第六；三、業招，簡第七。具此三義，名真異熟，即前異熟及異熟生皆名異熟。果異因故者，以因通善、惡，果唯無記故。此異熟名，雖有多義，今但約第七我愛執藏及能持善、惡二種異熟因，能變善、惡二種異熟果，由此三義，故名異熟，非總該異時、異聖、變異等義也。」

〔三〕此説或非佛經原文。唐惠沼成唯識論了義燈卷七：「深生信心，不謗因果。」

〔四〕龜毛、兔角、蚰足、鹽香：皆指有名無實或現實中不存在的事物。成實論卷二一切有無品第二十三：「世間事中，兔角、龜毛、蛇足、鹽香、風色等，是名無。」

問：受生、命終，既依本識，生時、死時，復住何心？

答：夫論生滅之事，必住散動之心。經云：有念即魔網，不動即法印〔一〕。魔網立生死之道，法印成涅槃之門，故知散亂、寂静二途，皆依本識而有。

校注

〔一〕龍樹造、鳩摩羅什譯大智度論卷八：「有念墮魔網，無念則得出。心動故非道，不動是法印。」

論云：「契經説，諸有情類受生、命終，必住散心，非無心、定，若無此識，生死時心不應有故。謂生死時身心惛昧，如睡無夢，極悶絶時，明了轉識必不現起。又此位中六種轉識行相、所緣不可知故，如無心位，必不現行。六種轉識行相、所緣，有必可知，如餘時故。真異熟識極微細故，行相、所緣俱不可了，是引業果，一期相續，恒無轉變，是散有心，名生死心，不違正理。

「又〔二〕説五識此位定無，意識取境，或因五識，或因他教，或定爲因，生位諸因既不可得，故受生位意識亦無。乃至〔二〕又將死時，由善惡業下上身分，冷觸漸起，若無此識，彼事不成。轉識不能執受身故，眼等五識各别依故，或不行故，第六意識不住身故，境不定故，徧寄身中恒相續故，不應冷觸由彼漸生。唯異熟心由先業力，恒徧相續執受身分，捨執受處，冷觸便生，壽、煖、識三不相離故，冷觸起處，即是非情，雖變亦緣而不執受〔三〕，故知定有此第八識。

「又契經説識緣名色，名色緣識，如是二法，展轉相依，譬如束蘆，俱時而轉。若無此識，彼識自體不應有故。謂彼經中自作是釋，名謂非色四藴，色謂羯邏藍等〔四〕，此二與識相依而住，如二束蘆，更互爲緣，恒俱時轉，不相捨離。眼等轉識攝在名中，此識若無，説誰爲識？亦不可説名中識藴爲五識身，識爲第六，羯邏藍時無五識故。又諸轉識有間轉故，無力恒時執持名色，寧〔五〕説恒與名色爲緣？故彼識言顯第八識。」〔六〕

校注

〔一〕「又」，成唯識論作「有」。

〔二〕乃至：表示引文中間有删略。

〔三〕王肯堂成唯識論證義卷三：「唯異熟識由先世善、惡業力，恒徧相續執受身分。由彼執受，身有暖觸。捨執受處，冷觸便生，以壽、暖、識三不相離故。冷觸起處，即是非情，雖是第八所變，亦可緣彼爲境而不執受，同於器界矣。」

〔四〕法乘義決定經卷上：「云何識緣名、色？佛言：名謂非色四藴（受、想、行、識）；色謂形質，體即四大。是名識緣名色。」玄應一切經音義卷二三：「羯羅藍，舊言『歌羅邏』，此云『和合』，又云『凝滑』，言父母不浄和合，如蜜和酪，泯然成一，於受生七日中，凝滑如酪上凝膏，漸結有肥滑也。」維摩經略疏垂裕記卷四：「歌羅邏，亦『羯邏藍』，此云『雜穢』，狀如凝酥，此託胎初七日也。」窺基妙法蓮華經玄贊卷四本：「一七日内，名羯刺藍，此云『雜穢』，父母不浄共和名『雜』，深可厭惡名『穢』，若已結凝，箭内稀故。」

〔五〕「寧」，原作「意」，據成唯識論改。

〔六〕見玄奘譯成唯識論卷三。

問：一切有情皆依食住，即是第八識食，約有幾種？行相如何？

答：識論云：「經説食有四種：一者、段食，變壞爲相，爲〔一〕欲界繫，香、味、觸三於變壞時能爲食事。由此色處非段食攝，以變壞時色無用故。二者、觸食，觸境爲相，爲有漏觸纔取境時，攝受喜等，能爲食事。此觸雖與諸識相應，屬六識者食義偏勝。觸麁顯境，攝受喜、樂及順益捨，資養勝故。三者、意思食，希望爲相，謂有漏思與欲俱轉，希可愛境，能爲食事。此思雖與諸識相應，屬意識者食義偏勝，意識於境希望勝故。四者、識食，執持爲相，謂有漏識由段、觸、思勢力增長，能爲食事。此識雖通諸識自體，而第八識食義偏勝，一類相續執持勝故。

「此四能持有情身命，令不壞斷，故名爲食。段食唯於欲界有用，觸、意思食雖徧三界，而依識轉，隨識有無。眼等轉識有間有轉，非徧恒時能持身命。謂無心定、熟眠、悶絶、無想天中有間斷故。設有心位，隨所依緣性、界、地等有轉易故，於持身命非徧非恒。乃至〔二〕由此定知異諸轉識有異熟識一類恒徧，執持身命，令不斷壞。世尊依此，故作是言：一切有情皆依食住。」〔三〕

釋云：「『此觸雖與諸識相應，屬六識者食義偏勝』者，此觸食體，皆通八識，雖通與諸識相應，屬六識者食義偏勝，以所觸之境相麁顯故，別能攝受喜、樂受故，能生順益身之捨故，是偏勝義。七、八俱觸境微細故，全不能生喜、樂受故，雖生捨受，但不爲損，而非益故。由此義顯觸生憂、苦，非順益捨，即非食體，不資養故。」〔四〕

校注

〔一〕「爲」，成唯識論作「謂」。

〔二〕乃至：表示引文中間有删略。

〔三〕見玄奘譯成唯識論卷四。又，思坦集楞嚴經集注卷八引檇李云：「四食皆所資益爲義。段謂形段，以香、味、觸三塵爲體，入腹變壞，資益諸根。古翻經律多云摶食，其義則局，如漿飲等不可摶故。觸謂觸對，取六識中相應觸，對前境時，生喜樂故。思謂意思，取第六識相應思，於可意境生希望故。相應觸及相應思，皆心所徧行中法。思想飲食，令人不死，亦名思食。冷、煖等觸，亦名觸食。此乃分通，非正食義。識即第八執持之相，由前三食勢分所資，今此識增勝，能執持諸根大種故。若約三界辨之，段食唯在欲界，以色、無色界無香、味二塵。餘之三食，徧通三界。」大明三藏法數卷一三：「段食，段即分段，食有資益之義，謂以香、味、觸三塵爲體，入腹變壞，資益諸根，故言段食。古譯經律皆爲摶食，以手團曰摶，後譯復言漿飲等不可摶，遂譯爲段食。」「觸食，觸即對也，謂六識所對色等諸塵柔輭、細滑、冷煖等觸而生喜樂，俱能資益諸根，故名觸食。」「思食，思即意思，謂第六識思於可愛之境，生希望意而能潤益諸根，如人飢渴，至飲食處，望得飲食而身不死，故名思食。第六識即意識也。」「識食，識以執持爲義，即第八識也。由前三食勢分所資，能令此識增勝執持諸根，故名識食。」

〔四〕見窺基撰成唯識論述記卷四。

增一經云：「世尊告阿那律曰：一切諸法，由食而住，在眼以眠爲食，耳以聲爲食，鼻以香爲食，舌以味爲食，身以細滑爲食，意以法爲食，涅槃以無放逸爲食。」〔一〕「爾時，佛告諸比丘如此妙法：夫飲食有九事，人間有四食：一、段食，二、更樂食，三、念食，四、識食；復有五種是出世間食：一、禪食，二、願食，三、念食，四、八解脱食，五、喜食。是出世間之

表，當共專念，捨除四種之食，求辦出世之食。」〔二〕

校注

〔一〕見增一阿含經卷三一。

〔二〕見增一阿含經卷四一。

所以維摩經云：「迦葉，住平等法，應次行乞食；爲不食故，應行乞食；爲壞和合相故，應取摶食；爲不受故，應受彼食。」〔一〕斯皆是破五陰法，成涅槃食。

校注

〔一〕見維摩詰所説經卷上弟子品。

問：住滅定者，於八識中滅何等識？

答：但滅六識，以第八識持身故。論云：「契經説，住滅定者，身、語、心、行無不皆滅而壽不滅，亦不離煖，根無變壞，識不離身。若無此識住滅定者，不離身識不應有故。謂眼等識行相麤動，於所緣境起必勞慮。猒患彼故，暫求止息，漸次伏除，至都盡位。依此位立住滅定者，故此定中彼識皆滅。若不許有微細一類，恒徧執持壽等識在，依何而説識不離身？若謂後時彼識還起，如隔日瘧，名不離身，是則不應説心行滅，識與想等起滅同故。壽、煖諸根應亦如識，便成大過。故應許識如壽、煖等，實不離身。又此位中，若全無識，應如瓦礫，非有情數，豈得説爲住滅定者？又異熟識此位若無，誰能執持諸根、壽、煖？無執持故，皆應壞滅，猶如死屍，便無壽等。既尔，後識必不還生。説不離身，彼何所屬？諸異熟識捨此身已，離託餘身，無重生故。又若此位無〔一〕持種識，後識無種，如何得生？過去、未來不相應法非實有體，已極成故。諸色等法，離識皆無，受熏持種，亦已遮故。乃至〔二〕無想等位，類此應知。」〔三〕

又滅定等位稱無心者，未必全無。成業論云：「心有二種：一、集起心，無量種子集起處故；二、種種心，所緣、行相差別轉故。滅定等位闕第二心，名無心，如一足馬，闕一足故，亦名無足。」〔四〕

校注

〔一〕「無」，原無，據成唯識論補。

〔二〕乃至：表示引文中間有删略。

〔三〕見玄奘譯成唯識論卷四。

〔四〕見玄奘譯大乘成業論。按，「如一足馬，闕一足故」，成業論作「如一足床，闕餘足故」。此處引文，或據成唯識論掌中樞要卷下引。

問：小乘入滅盡定，云何不能現其威儀？

答：小乘是事滅，大乘是理滅。如清涼疏云：「『一切法滅盡三昧智通』〔一〕者，謂五聚之法，皆當體寂滅故。斯即理滅，不同餘宗滅定，但明事滅，唯滅六、七心、心所法，不滅第八等。但事滅故，不能即定而用。證理滅故，定散無礙。由即事而理，故不礙滅；即理而事，故不礙用。是以經云：雖念念入，而不廢菩薩道等〔二〕。亦非心定而身起用，亦不獨明定散雙絶〔三〕，但是事理無礙故。十地〔四〕中云：『雖行實際而不作證，能念念入，亦念念起。』〔五〕及净名經云：『不起滅定，現諸威儀。』〔六〕皆斯義也。」〔七〕

校注

〔一〕見實叉難陀譯大方廣佛華嚴經卷四四。

〔二〕實叉難陀譯大方廣佛華嚴經卷四四：「菩薩摩訶薩以一切法滅盡三昧智通，於念念中入一切法滅盡三昧，亦不退菩薩道，不捨菩薩事，不捨大慈大悲心，修習波羅蜜未嘗休息，觀察一切佛國土無有厭倦，不捨度衆生願，不斷轉法輪事，不廢教化衆生業，不捨供養諸佛行，不捨一切法自在門，不捨常見一切佛，不捨常聞一切法。」

〔三〕澄觀述大方廣佛華嚴經隨疏演義鈔卷七四：「言『亦非獨明定散雙絶』者，此遮禪宗。止觀兩亡，不定不亂，約理頓明。亦頓教意，故非經宗。」

〔四〕「十地」，諸校本及大方廣佛華嚴經疏作「七地」。按，「十地」即十地品，「七地」則爲十地中之第七地，皆通。

〔五〕見實叉難陀譯大方廣佛華嚴經卷三七。

〔六〕見維摩詰所説經卷上弟子品。

〔七〕見澄觀撰大方廣佛華嚴經疏卷四六。

又古師云：若大乘滅定，由具五蘊，有第八識及第七淨分末那平等性智〔一〕在而能引起種種威儀。小乘唯有色、行二蘊，前六識已滅，以小乘所現威儀事須意識始能引起，既無意識，則無運用之功，與大乘有異。

校注

〔一〕末那：即末那識，八識中的第七識。末那，意譯「意」。成唯識論卷四：「是識聖教别名末那，恒審思量勝餘識故。此名何異第六意識？此持業釋，如藏識名，識即意故。彼依主釋，如眼識等，識異意故。」成唯識論述記卷四末：「於聖教中，别名末那，總名識故，末那是意。故楞伽云：識有八種。識即通名。（中略）隨義勝説，第八名心，第七名意，餘識名識。」平等性智：體悟自、他平等之智。此智由第七識之我見轉而得來。佛地經論卷三：「平等性智者，謂觀自他一切平等，大慈大悲，恒共相應，常無間斷，建立佛地無住涅槃，隨諸有情所樂，示現受用身土種種影像，妙觀察智不共所依，如是名爲平等性智。」大乘本生心地觀經卷二：「平等性智，轉我見識得此智慧，是以能證自、他平等，無二我性，如是名爲平等性智。」清來舟大乘本生心地觀經淺注卷二：「平等性智者，從所證得名，是所轉之智也。觀一切法、自他有情，悉皆平等，故立此名。我見識即第七末那，我執之根本，爲能轉之識。見字即分別，在凡位由此分別，計我、我所。於一切法，分自分他，强立疆界。由分别故，不得平等，貪等四惑，恒共相應。今轉成智，我法二執既無，智性周徧，無所分別，故得平等也。自他平等者，是所證之理，謂理本平等，無自無他，智爲能證。若智有分別，亦不平等。由得無分別智，方能證之。故曰得此智慧，是以能證。無二我性者，二我即我與我所，以我見識未轉時，執第八識見分有主宰爲我，以一切產業妻子等爲我所有，故云我所。無字是能遣，即轉成之平等智。二我爲所遣。然既能轉識成智，則二執頓空矣。性是所證，故云無二我性。」

問：大、小等乘，皆從意識能起威儀，以第六意識是滅定所猒，即第六意識已無，縱有第七平等性智，且非起威儀之識，第八識雖許持緣，亦非能起威儀，如何説能引起威儀耶？

答：古釋云：正入滅定之時，雖無意識，然未滅之前，加行心〔二〕中：「願我入滅之後，若有衆生合聞我説法，見我威儀，我當教化。」以此願故，入定之後，擊發本識化相種子，生起現行，以平等性智而能現起威儀。然平等性智雖與第六願樂所現威儀而不相應，若欲起於平等之化，須平等性智也。

已上猶是約行相分別，若就理而論，威儀即定，定即威儀，以色、心其已久如故。

校注

〔一〕加行心：謂人欲入正位，先起心加一段力方便修行。加行，猶方便也。成唯識論述記卷九末：「舊言方便道，今言加行，顯與佛果善巧差別。」

問：百法數中，雖名義差別，窮原究本，但唯一識。經中云何於命根中，説爲三法壽、煖、識等？

答：雖是一識，義別説三。論云「義別説三，如四正勤」〔一〕等。釋云：謂阿賴耶識相分色法，身根所得，名煖；此識之種，名壽；以能持識故，現行識是識。故言三法，義別説之，非謂別有體性。是則身捨煖時，有餘二不必捨。如無色界生，如餘二捨時，煖必隨捨。然今此三，約義別説，但是一體。如四正勤，已生、未生善、惡二法義別，説爲四體〔二〕，但是一精進數〔三〕。

校注

〔一〕見玄奘譯成唯識論卷一。「勤」，成唯識論作「斷」。按，四正勤，又稱四正斷。智顗撰法界次第初門卷中三十七品初門第三十六：「四正勤，一、已生惡法爲除斷，一心勤精進；二、未生惡法不令生，一心勤精進；三、未生善法爲生，一心勤精進；四、已生善法爲增長，一心勤精進。」

〔二〕按，此後原重出「但是一體。如四正勤，已生、未生善、惡二法義別，説爲四體」，據清藏本、成唯識論述記删。

〔三〕「釋云」至此，詳見窺基撰成唯識論述記卷二。

問：識種即是命根者，以何義爲根？

答：論云：「然依親生此識種子，由業所引功能差別，住時決定，假立命根。」〔一〕釋云：「言『此』者，簡親生餘識種子；言『識』者，簡相應法種，唯取識故；言『種』者，簡現行，不取第八現行爲命根故，彼所簡者，皆非〔二〕命根。今取親生之名，言種上由先世業所引持身差別功能，令色、心等住時決定，依此功能説爲命根，非取生現行識義。以此種子爲業力故，有持一報之身功能差別，令得決定。若此種子無此功能，身便爛壞。阿賴耶識現行，由此種故，能緣及任持於眼等法，亦名能持，此種正能持於現行之識。若不爾者，現行之識應不得有，及無能持餘根等法。由此功能故，識持於身，現行内種力故，生及緣持法，不名命根，非根本故，由種生故，此種不由現行有故，種爲諸法之根本故。」「又現行識是所持故〔三〕，從所持説，能持種識名命根，命根之所〔四〕持體非命根，令六處住時決定故。故種子爲命根，餘現行色、心等非命根，不恒續故，非業所引故。然業正牽時，唯牽此種子，種子方能造生現行，非謂現行名命根故，唯種是根。」〔五〕

又，「夫命根者，依心假立，命爲能依，心爲所依。生法師云：焚薪之火，旋之成輪，輪必攬火而成照。情亦如之，必資心成用也。命之依心，如情之依心矣」〔六〕。

校注

〔一〕見玄奘譯成唯識論卷一。

〔二〕「皆非」，原作「非皆」，據清藏本及成唯識論述記改。

〔三〕「又現行識是所持故」，成唯識論述記作「又是現行識所持故」。

〔四〕「所」，原作「法」，據成唯識論述記改。道邑成唯識論義藴卷一：「又是現行識所持故等者，六處即是現行，假根即是種子，種子是現識所持，從所持種説，能持現識，住時業用，名爲命根。現識復是命根種之所持體，非命根也。」

〔五〕見窺基撰成唯識論述記卷二。

〔六〕出澄觀述大方廣佛華嚴經隨疏演義鈔卷三三。

問：諸心法等，爲有差別？爲無差別？

答：法性無差，約相有異。雖然有異，互不相違。瑜伽論云：「如諸心法，雖心法性無有差別，然相異故，於一身中一時俱轉，互不相違〔一〕。如是阿賴耶識，與諸轉識於一身中一時俱轉，當知更互亦不相違。如一瀑流，有多波浪。又如於一清浄鏡面，有多影像，一時而轉，互不相違。如是於一阿賴耶識，有多轉識一時俱轉，當知更互亦不相違。又如一眼識，於一時間，於一事境，唯取一類無異色相；或於一時，頓取非一種種色相。及耳、鼻、舌、身識乃至分別意識〔二〕，於一時間，或取一境相，或取非一種種境相，當知道理亦不相違。并末那亦恒與阿賴耶識俱轉，常與俱生任運我慢等四種煩惱〔三〕一時相應。」〔四〕

校注

〔一〕「互不相違」，原無，據瑜伽師地論補。

〔二〕「及耳、鼻、舌、身識乃至分別意識」，瑜伽師地論作「如眼識於衆色，如是耳識於衆聲、鼻識於衆香、舌識於衆味亦爾。又如身識，或於一時於一事境唯取一類無異觸相，或於一時頓取非一種種觸相。如是分別意識」。

〔三〕俱生任運：謂與生俱來，自然而然。四種煩惱：即薩迦耶見（我見）、我慢、我愛及無明。參後注。

〔四〕見玄奘譯瑜伽師地論卷五一。按，「末那亦恒與阿賴耶識俱轉，常與俱生任運我慢等四種煩惱一時相應」，瑜伽師地論作「末那恒與阿賴耶識俱轉，乃至未斷。當知常與俱生任運四種煩惱一時相應，謂薩迦耶見、我慢、我愛及與無明」。此後有云：「此四煩惱，若在定地，若不定地，當知恒行不與善等相違，是有覆無記性。如是阿賴耶識，與轉識俱轉故，與諸受俱轉故，與善等俱轉故，應知建立阿賴耶識俱轉相。」慧琳一切經音義卷五：「薩迦耶見，迦音薑佉反，耶音以遮反，梵語也，此譯爲『身見』。『迦耶』名『身』，『薩』曰『移轉』，不實義也。此外道於身起不實之見，見不正故，名薩迦耶見也。」

問：淨名經云：「從無住本，立一切法。」〔一〕無住本即阿賴耶識，云何説此識爲一切法本？

答：此識建立有情、無情，發生染法、淨法，若有知有覺，則衆生界起；若無想無慮，則國土緣生。因染法而六趣迴旋，隨淨法而四聖階降，可謂凡、聖之本，身、器之由，了此識原，何法非悟？證斯心性，何境不真？可謂絶學之門，栖神之地矣。

校注

〔一〕見維摩詰所説經卷中觀衆生品。

瑜伽論云：「阿賴耶識是一切雜染根本。所以者何？由此識是有情世間生起根本，能生諸根、根所依處及轉識等故；亦是器世間生起根本，由能生起器世間故；亦是有情互起根本，一切有情相望互爲增上緣故。所以者何？無有有情與餘有情互相見等時，不生苦、樂等更相受用。由此道理，當知有情界互爲增上緣。又，即此阿賴耶識能持一切法種子故，於現在世是苦諦體，亦是未來苦諦生因，又是現在集諦生因，如是能生有情世間故，能生器世間故。乃至〔一〕阿賴耶識所攝持順解脱分，及順決擇分等善法種子，及眼識等十八界〔二〕。經〔三〕云惡叉聚喻〔四〕，由於阿賴耶識中有多界故。」〔五〕

校注

〔一〕乃至：表示引文中間有删略。

〔二〕「及眼識等十八界」，此非原文，表删略撮述之義，瑜伽師地論作「此非集諦因，由順解脱分等善根與流轉相違故，所餘世間所有善根，因此生故，轉更明盛。由此因緣，彼所攝受自類種子，轉有功能，轉有勢力，增長種子，速得成立。復由此種子故，彼諸善法轉明盛生，又復能感當來轉增轉勝、可愛可樂諸異熟果。復次，依此一切種子阿賴耶識故，薄伽梵説有眼界、色界、眼識界，乃至有意界、法界、意識界，由於阿賴耶識中有種種界故」。　十八界者，中阿含經卷四七心品多界經：「眼界、色界、眼識界，耳界、聲界、耳識界，鼻界、香界、鼻識界，舌界、味界、舌識界，身界、觸界、身識界，意界、法界、意識界。」

〔三〕「經」，瑜伽師地論作「又如經」。

〔四〕大佛頂如來密因修證了義諸菩薩萬行首楞嚴經卷一：「一切衆生從無始來種種顛倒，業種自然如惡叉聚。」惡叉聚者，玄應撰一切經音義卷八：「惡叉聚，惡叉，樹名，其子形如無食子，彼國多聚以賣之，如此間杏人(仁)，故以喻也。」

〔五〕見玄奘譯瑜伽師地論卷五一。

問：若成就阿賴耶識，亦成就轉識不？

答：應作四句分別。瑜伽論云：「或有成就阿賴耶識非轉識，謂無心睡眠，無心悶絶，入無想定，入滅盡定，生無想天；或有成就轉識非阿賴耶識，謂阿羅漢、若諸獨覺、不退菩薩及諸如來住有心位；或有俱成就，謂餘有情住有心位；或有俱不成就，謂阿羅漢、若諸獨覺、不退菩薩及諸如來入滅盡定，處無餘依般涅槃界。」〔一〕

校注

〔一〕見玄奘譯瑜伽師地論卷五一。

問：至聖垂慈，覺王應跡，以廣長之舌相，出誠實之微言，於無名相中布難思之教海，以假名相説演無盡之義宗。且如第八識心，本無名相，隨位立号，因執得名，至何位次之中而捨虛假之稱？

答：唯識論云：「第八識雖諸有情皆悉成就，而隨義別立種種名，謂或名心，由種種法熏習種子所積習故。或名阿陁那，執持種子及諸色根而不壞故。或名所知依，能與染、淨所知諸法爲依止故。或名種子識，能徧任持世、出世間法種子故。此等諸名，通一切位。或名阿賴耶，攝〔一〕藏一切雜染品法令不失故，我見等執藏以爲自内我故，此名唯在異生、有學，非無學位、不退菩薩，有雜染法執藏義故。或名異熟，能引生死善不善業異熟果故，此名唯在異生、二乘諸菩薩位，非如來地猶有異熟無記法故。或名無垢識，最極清淨諸無漏法所依止故，此名唯在如來地有，菩薩、二乘及異生位持有漏種可受熏習，未得善淨第八識故。如契經偈說：如來無垢識，是淨無漏界，解脱一切障，圓鏡智相應〔二〕。阿賴耶識名過失重故，最初捨故，此中偏說。異熟識體菩薩將得菩提時捨，聲聞、獨覺入無餘依涅槃時捨。無垢識體無有捨時，利樂有情無盡時故。心等通故，隨義應說。」〔三〕

校注

〔一〕「攝」，原作「識」，據成唯識論改。按，若作「識」，當屬前。

〔二〕窺基撰成唯識論述記卷三：「此即如來功德莊嚴經頌也。」圓鏡智，即大圓智鏡，如來四智之一，謂此智本性淨光明，洞徹内外，無幽不燭，如大圓鏡。成唯識論卷一〇：「一切境相，性相清淨，離諸雜染，純淨圓德現種依持，能現能生身土智影，無間無斷窮未來際，如大圓鏡現衆色像。」

〔三〕見玄奘譯成唯識論卷三。

釋云：積集義是心義，集起義是心義，以能集生多種子故，或能熏種於此識中，既能積集，復起諸法，故説此識名爲心義。「阿陁那」者，此云「執持」，執持諸種有色根故，此通凡、聖。「所知依」者，即三性〔一〕與彼爲依，名所知依〔二〕。

校注

〔一〕三性：即依他起性、偏計所執性和圓成實性。

〔二〕「釋云」至此，詳見窺基撰成唯識論述記卷三。

又古德云：「阿賴耶識，名爲藏義，良以真心不守自性，隨熏和合，似一似常，故諸愚者以似爲真，取爲内我，我見所攝，故名爲藏。又能藏自體於諸法中，又能藏諸法於自體内，二種我見永不起位，即失賴耶名。」〔一〕

校注

〔一〕見法藏撰大乘起信論義記卷中。二種我見，人我見、法我見。「二種我見永不起」者，謂諸惑浄盡也。

又云：第八識名者，八地已上無阿賴耶名，唯有異熟識。第七但執異熟識爲法。又，第八識本無阿賴耶名，由第七執第八見分爲我，令第八得阿賴耶名。若不執時，但名異熟識。第八或名爲心者，由種種法積集種子，故名爲心。雖受熏持種，積集、集起義得名心者，唯自證分也。喻如倉庫能藏諸物，能持一切種子故，後令種子生起現行，與種子爲依持、生起二因也。即知第八受熏持種，得名心也。因中持新舊種子，故名爲心；果位持舊種一切無漏種子，故名心也。此亦名持種心。或名「質多〔一〕」，此名「有爲心」。或名「牟呼栗多〔二〕」，此云「貞〔三〕實心」，即是真如，此是無爲心。或名「阿陁那」，此云「執持識」，能執持種子、根身，生相續義，即是界、趣、生〔四〕義，此通一切位。執持有三：一、執持根身令不爛壞；二、執持種子令不散失；三、執取結生相續者，即有情於中有身臨末位、第八識初一念受生時，有執取結生相續義。結者，繫也，屬也，於母腹中一念受生，便繫屬彼故。亦如磁毛石吸鐵，鐵如父母精血二點，第八識如磁毛石，一刹那間便攬而住，同時根、塵等種從自識中亦生現行，名爲執取結生故。

校注

〔一〕智顗説、灌頂記摩訶止觀卷一上：「質多者，天竺音，此方言『心』，即慮知之心也。」

〔二〕翻譯名義集卷六心意識法篇：「乾栗陀耶，或名『牟呼栗多』，此云『堅實心』。楞伽注云：謂第一義心，如樹貞實心，非念慮也，乃是群生本有之性。」楞伽阿跋多羅寶經卷一「過去未來現在諸如來應供等正覺性自性第一義心」子注曰：「此心梵音『肝栗大』，肝栗大，宋言『心』，謂如樹木心，非念慮心。念慮心，梵音云『質多』也。」

〔三〕「貞」，嘉興藏本作「真」。

〔四〕界、趣、生：界謂欲界、色界、無色界三界；趣謂地獄、餓鬼、畜生、人、天五趣，或加阿修羅爲六趣；生即卵生、胎生、濕生、化生等四生。

在胎五位者，初七日内，名雜穢，狀如薄酪，父精母血相和名雜，自體不浄名穢；二七日内，名皰，猶如豌豆瘡皰之形，表裏如酪，未生肉故；三七日内，名凝結，謂稍凝結形如就了血〔一〕；四七日内，名凝厚，漸次堅硬；五七日内，名形位，内風所吹，生諸根形，一身四支生差別故。用此三十五日盡，其五根皆足。六七日内，名髮毛爪齒位。七七日内，名具根位，以五根圓滿，漸次生識，即未具空明等緣，或名種子識〔二〕。

校注

〔一〕「就了血」，疑當作「就血」，「了」爲衍文。就血，即「聚血」，「就」有「趨向」「積聚」義。閉尸，意譯「聚血」，或「軟肉」，受胎後之三七日，其狀如聚血。參後注。

〔二〕窺基撰妙法蓮華經玄贊卷四本：「一七日内，名羯剌藍，此云『雜穢』，父母不浄共和名雜，深可厭惡名穢。若已結凝，箭内稀故。二七日内，名頞部曇，此云『疱』，猶如豌豆、瘡疱之形，表裏如酪，未至肉故。三七日内，名閉尸，此云『凝結』，猶如就血，稍凝結故。西域呼就血云『閉尸』。若已成肉，仍極柔軟。四七日内，名健南，此云『凝厚』，漸凝厚故。若已堅厚，稍堪摩觸。五七日内，名鉢羅賒佉，此云『形位』，猶如遲團，五分相連一身四支，内風向外擊生根形差別相故，即前肉團增長支分相現。六七日内，名髮毛爪位，髮毛生故。七七日内，名具根位，五根圓滿，明盛顯故。」

問：此識與心義何别？

答：種子與心義别，即取第八識現行亦名種子故，但是種能生現行故，名種子識。此識現行能起前七識，即有能生法種功能義邊，第八識名種子識。前言心者，但是積集、集起義名心〔一〕。

又，第八識而隨義别立種種名，或名根本識，流轉因，還滅因〔二〕，界、趣、生體〔三〕，引果總報主。阿賴耶者，此云「我愛執藏」。異熟識者，此是善惡業果位。以善惡業果爲因，即招感得此引果故。前世業爲因，因是善惡，今世感第八識，是無記異熟，即果異於因，故名異熟。又具四義：一、實，二、常，三、徧，四、無雜，是名真異熟識。

校注

〔一〕玄奘譯成唯識論卷三：「或名種子識，能徧任持世出世間諸種子故。」窺基撰成唯識論述記卷三：「即與諸法爲種子義。前第一名心，是積集種在其中義。今此取能生諸法義，故二差別。」靈泰撰成唯識論疏抄卷六：「『前第一名心，是積集種在其中義』，解云：若汎別解心者，即令二義：一謂能集諸法種子，亦能起諸現行。若心與種子識明了，其心唯具一義。謂前第一名心是積集種，處義明種，以所依現行識處。今言種子識，即明識中種子能生現行義，故二別也。」

〔二〕瑜伽師地論卷一六：「流轉因者，謂由此種子，由此薰習，由此助伴，彼法流轉，此於彼法，名流轉因。還滅因者，謂諸行還滅，雜染還滅，所有一切能寂静道，能般涅槃，能趣菩提，及彼資糧并其方便，能生、能辨，名還滅因。」

〔三〕玄奘譯成唯識論卷一：「此識足爲界、趣、生體，是偏、恒續異熟果故，無勞别執有實命根。」成唯識論述記卷二：「此阿賴耶識足爲界、趣、生體，是遍三界一切位中及不斷恒相續，復是引業真異熟果，餘法雖亦屬界、趣、生，非真異熟，故汝無勞别執有實命根。界雖亦通餘法，此是真實界體故也。」

問：第八真異熟識，如何名引果？

答：爲善惡業，爲能引，第八爲所引，是能引家之果，故名引果，故是總報主。前六識名爲滿果，有一分善惡别報來滿故。此滿業所招，名異熟生，非真異熟也，不具四義。唯第八是引果真異熟識，具四義故。此通異生至十地，皆有異熟識名，至金剛心末，一刹那間永捨也。解脱道中，即成無垢識，名阿摩羅，即果中第八識，一純〔一〕無漏，不攝一切染法種子故，不與雜染種、現爲所依故，唯與鏡智相應，名無垢識〔二〕。

又，心之别名有六：一、集起名心，唯屬第八，集諸種子起現行故；二、積集名心，屬前七轉識，能熏積集諸法種故。或初集起屬前七轉識，現行共集熏起種故；後積集名心屬於第八，含藏積集諸法種故。此上二解，雖各有能集、所集之義，今唯取能集名心，如理應思〔三〕。三、緣慮名心，俱能緣慮自分境故；四、或名爲識，了别義故；五、或名爲意，等無間故；六、或名心〔四〕。

校　注

〔一〕「一純」，清藏本作「純一」，意同。

〔二〕玄奘譯成唯識論卷三：「或名無垢識，最極清浄諸無漏法所依止故，此名唯在如來地有，菩薩、二乘及異生位持有漏種可受熏習，未得善浄第八識故。如契經説：如來無垢識，是浄無漏界，解脱一切障，圓鏡智相應。」

〔三〕宗密述圓覺經大疏釋義鈔卷七：「約集起解心，集諸種子起現行故。或云『積集』，謂含藏積集諸法種故。雖有能集、所集之義，唯取能集名心。」子注曰：「二解皆以種子爲所集，第八識爲能集，即是心義。」唐從芳百法論顯幽鈔卷二末：「言二解者，即前七亦有能、所二集，七現名能，新種子名所也。第八識上亦有能、所二集，第八現行名能，識中種子名所。今但取二解中現行是能集名心，不取種子名心也。即七現亦名心，以皆是心王攝故。第八極成，即八个識現行皆名爲心，故名應思也。於中第八現行有似勝也。問曰：種子何非心？答：心者緣慮，種無緣慮故。亦是就勝而説，且言取能集現行心故。問：與第三義何別？第三亦是緣慮名心。答：第三唯取緣慮心，此中但説能集之義，故不相違也。」按，從芳百法論顯幽鈔，存卷一末、卷二末和卷七末三殘卷，卍新續藏第四八册收。其中引「疏云」者，出義忠大乘百法明門論疏，當知此書爲進一步注解義忠疏者。東域傳燈目録著録，亦爲十卷，子注曰：「古總持寺沙門從芳釋潞府記。」潞府，即指義忠。入唐新求聖教目録著録，十卷，子注曰：「沙門從方述。」注進法相宗章疏著録爲十卷，子注曰：「分本末爲十九卷。」本書卷七一有引「顯幽鈔云」者。

〔四〕「心之别名有六」至此，見義忠大乘百法明門論疏卷上。又，「六、或名心」，大乘百法明門論疏作「六、或第八名心，第七名意，前六名識」。按，義忠之説，出窺基大乘百法明門論解卷上：「心法者，總有六義：一、集起名心，唯屬第八，集諸種子起現行故。二、積集名心，屬前七轉識，能熏積集諸法種故；或集起屬前七轉，現行共集熏起種故；或積集名心屬於第八，含藏積集諸法種故。三、緣慮名心，俱能緣慮自分境故。四、或名爲識，了别義故。五、或名爲意，等無間故。六、或第八名心，第七名意，前六名識，斯皆心分也。」明明昱百法明門論贅言：「集起、積集，雖於第八、前七兩轉互説，而於實義各有所長，緣於積者藏義，集者會義，故集起在現行上説，積集在種子上説。今言集起名心屬第八者，以能生起諸現行也；積集名心屬前七者，以能熏成諸法種也。又説集起屬前七者，是説現行共集爲能熏也；積集名心屬第八者，説彼含藏積集種也。或名爲意者，意有恒轉等無間意，故將八識前滅後生時，兩頭相等，中間無間，依意立名耳。」

又，廣釋：一、集起名心者，即第八識集諸種子起現行故。言集諸種子者，即色心、人天、三界、有漏、無漏一切諸法種子，皆是他第八識能集，猶如世間人庫藏[一]。言起現行故者，爲三界、五趣、有漏、無漏一切色心等現行，皆從第八識生起，即第八識是能集起，一切色心等種子是所集起。今但取能集起名心[二]。今正取第八心王自證分[三]名集起心，相分[四]是色，見分[五]是用，證自證分[六]落後邊故，爲自證分能集諸法種子令不散失，復能起諸種現行功能，從無始來更不間斷故，獨有集起義。即知第八自證分與識中種子爲二因，便是此中集、起二義：一、爲依持因，即是集義；二、與力令生起因，即是起義[七]。

校注

〔一〕從芳百法論顯幽鈔卷二末：「言集諸種子者，即第八識中有色心種子、人天五趣種子、三界種子、無漏種子、三乘種子等，有無量無邊種子，故名集諸種子也。」

〔二〕從芳百法論顯幽鈔卷二末：「言起現行者，即三界、五趣、有漏、無漏一切色、心等現行，皆從第八識生起，故名起現行也。即第八識是能集起，前七種子是所集起，現行所起也，即取能集起名心也。」

〔三〕自證分：即自體上證知見分的作用，也即自體能證知自己的認識活動。見分雖知相分，而見分不能自知見分，如刀不能自斬刀，故别有知見分之用，此名自證分。

〔四〕相分：是認識的對象（客體），也即被主體之心所認識的客體形相。相者，相狀。

〔五〕見分：爲認識的主體（諸識的能緣作用），也即認識、照知相分的主體作用。見者，見照。

〔六〕證自證分：即證知自證分的認識作用，也即自證分的再證知。自證分自證之用，誰證知之？於是從自證分更起能緣之用，使證知自證，此名證自證分。

〔七〕從芳百法論顯幽鈔卷二末：「問曰：第八識具四分，取何分名心也？答曰：四分中，唯取自證分名心也。問曰：夫言一切唯識者，即四分皆成唯識，如何四分中除三分不名？答曰：相分是色，見分是用，證自證是後邊，故知唯取自證分名也。能含藏一切種子，故名心也。即自證分能集諸種子，復能起諸法現行，即令種子不散，是自證分功能也。從無始至今，更無間斷，持諸種子。即第八識有集起義名心，以與種子力，令生現行。復是依持、生起二因，故名心也。即第八識是集起名心可知。」

二、積集名心者，亦第八識中持諸三界、五趣種子故，第八得名含藏積集。即第八自證分能持舊種，故名積；又能集新熏，故名集。即知積集、集起以解心，第八識獨名心爲正義。故唯識論云：「能徧任持世、出世間諸法種故。」〔一〕是藏識義，即自證分是能任持、能積集，一切種子是所任持、所積集。前七名轉識者，轉爲改轉，是不定義，即三性、三量、三境易脱不定，方名轉識，今第八唯是一類無記。又唯性境、唯現量故，名不轉識。又集起名心，亦屬第七轉識〔二〕。集者，爲集前七現行；言起者，即前七現行各自有力，能熏生新種名起。且如眼識緣色時，必假同時意識共集熏種，餘四識亦爾。問：若明了意識與五同緣所〔三〕名共集，且如獨頭意識緣十八界時，不與餘識同緣，亦熏起種，何有共集之義？答：

由第七爲所依，第六方轉熏種，亦名共集。

校注

〔一〕見玄奘譯成唯識論卷三。

〔二〕從芳百法論顯幽鈔卷二末：「問曰：何名轉識？答：改轉不定，三性易脱，故名轉也。問曰：前六通三性，即三性不定名轉易，如似第七識，不通二性，唯是有覆性，不同前六三性易脱，應非轉攝？答曰：雖有覆性，以因中易脱者，即名轉識。即十地位中，第七識漏、無漏易脱不定，亦名轉識也。難曰：若爾者，即無種性人第七，定不通無漏，何名轉識耶？答曰：此有二解：一云無始有不共無明輕，若至今即無明二障漸重，即輕重有異，亦名轉易也。二者生欲界，二執無明即麤重；生上二界，即二執漸細輕重，亦名轉易也。於中有九品，九品麤細有異故，亦名轉易也。從方所解者，將王就所解，以有掉散二，易解易緣，名轉易也。問：第七初地成無漏，即名轉識。第八果位成無漏，應名轉識？答曰：果中第八一向無漏，不名轉易。因中第七漏、無漏間雜，故名轉識。難曰：前五識果中一向無漏，應不名轉識？答：今但取因中易脱者，方名轉易。前六三性易脱，第七漏無漏易脱，五變易脱，三境易脱，三量易脱，有多易脱故，即前七皆名轉識也。即前七轉識共集并自同時心所共集義，得成共集熏種子也，但名集起，不名積集也。」

〔三〕「所」，清藏本作「可」。

三、緣慮名心者，謂能緣慮自分境故，即八箇識各〔一〕能緣慮自分之境。緣謂緣持，慮即思慮。若緣慮以解心，是通名。前五識唯緣五塵是自分境，除諸根互用及佛果位。第六識緣十八界及三世法并一切有漏、無漏世、出世〔二〕間法爲自分境，第七識緣第八見分爲自分境，第八識緣三境爲自分境，是頓〔三〕常緣三境，以第八是常，識境常有故，不同前六識有間斷，所緣境又非常有。其第八正義，若欲界繫者，即緣欲界根身、器界爲自分境。若種子，即通緣三界爲自分境。上二界亦爾〔四〕。只除無漏種不能緣，以有漏、無漏種不相順故，由是但能持而不能緣，以持義通，緣義狹，喻如赤眼人把火，亦如頂上戴物，但持而不緣，只持令不散，不離識故〔五〕。

校注

〔一〕「名」，磧砂藏、嘉興藏本作「各」。

〔二〕「世」，原作「出」，據諸校本改。

〔三〕「頓」，清藏本作「顯」。

〔四〕從芳百法論顯幽鈔卷二末：「若色界繫者，即緣色界根身、器世間，種子亦通緣三界也。若無色界繫者，即第八識唯緣三界種子爲自分境也，即不簡三性有漏種子爲自分境也。」

〔五〕從芳百法論顯幽鈔卷二末：「問曰：有何行相，不許緣無漏種子？答：有三義故，所以不緣也。一者、第八是有漏，正是無漏法對治識故；二者、體性異故；三者、不相順故。即但而不緣，四分中依自證而住。問曰：第八識既不變緣無漏種子，即何成唯識？答曰：但有依持義持令不散故，不離識故，亦名唯識也。舉喻如赤眼人把火也。亦如人頂上帶物，雖不見，以頂持之，若第六即緣，得無漏種子也。問曰：六、八二識一種是有漏，如何第六即緣得無漏種子也，第八即不緣？答曰：第六識即疏緣，親緣即非也。第八識緣種子時，不許變影，事須親緣，即不許緣無漏種子也。」

第四名了別識，即八箇識見分皆能了別自所緣境。即眼識能了別色，乃至第八識能了別根身、器界、種子，即了別以解識，八識通名識。若了別麁境以解識，即於六轉名識〔一〕。

校注

〔一〕從芳百法論顯幽鈔卷二末：「問：何名爲識？答曰：識者，了別境爲義。即八識見分能了別於自境故，如眼識了別色爲境，耳了別聲爲境。乃至第八識了別三，亦以了別爲義。問曰：見分能了別見分名識，自證不了別外境，自證應非識？答曰：自證是體，見分是用，用不離體，即自證、見分皆名識也。即了別以解識，八識通名識。若了別麁境以解識，前六獨名識也。所以唯識論云『了境爲性相，善不善俱非』也。又言『能了諸境相，是説名爲識』也。」

第五或名爲意者，等無間故，即前念八識與後念八識爲依止。今取前念八識名意，若前念心不滅者，後念無因得生，依前滅處，後方得生。於等無間自類心不間隔，名等無間〔一〕。大乘有二種：一、思量意，即七識；二、無間意，通八識。意者，是依止義，即如第七與第六爲依止，故名意。若爲等無間以解意，八識通名意。若思量以解意，第七獨名意〔二〕。

校注

〔一〕從芳百法論顯幽鈔卷二末：「即前念八識與後念八識爲依止故，即前念八識名意也。前若不滅，後因何生？依前滅後方得生故。前念八識有依止用，名爲意也。於中無自體爲間隔，故名無間也。」

〔二〕從芳百法論顯幽鈔卷二末：「問曰：大乘過、未無體，如何取等無間名意？如何不取第七名意？答曰：此謂順小乘宗作此解也。以小乘取前念六識與後六識爲依止故，名爲意。以不信有第七意故。若大乘意者，具二義名意：一者、思量，二者、無間，具二義名意也，不同小乘唯取過去爲意也。此名意者，是依止義解意也。如似第七與第六爲依止義，故名意。即此無間意者，是通名意也。若等無間以解意，八識通名意。若思量以解意者，即第七獨名意。可知。問曰：第八如何名等無間？答：即剎那相引，其實無斷。若約能引業説引第八異趣生，似有斷，其實不斷。」

第六名心者，或第八名心，第七名意，第六名識。此第六義，是約勝彰名。謂積集、集起以解心，第八獨名心。思量以解意，第七獨名意。了別麁境以解識，前六獨名識。即於八識，各具通、别二名，爲第八具二義名心：一、積集集起義，二、緣慮義。第七亦二：一、思量義，二、等無間義。前六名識，亦二：一、了别義，二、了别麁境義。具四義名麁：一、易可了知，乃至兒童亦知；二、共許有，即三乘共許；三、行相麁，爲了别行相顯故；四、所緣麁，即五塵是麁境〔一〕。

校注

〔一〕從芳百法論顯幽鈔卷二末：「此第六義，是正辨别名也。即第八具二義，獨名心：一者、積集集起者，緣慮也；第七名意，具二義：一、思量，二、等無間；前六名識者，亦具二義：一者、了别以解識，二者、别别麤境義，即各具二義。約勝雜名，即心、意、識三差别也。問曰：前六識如何名麤？答：具四義故，名麤也：一者、易知故，即嬰兒之屬皆知有之；二者、共許有故，即三乘皆共許有也；三者、行相麤故，即了别行顯現也；四者、所緣麤故，即五塵境也。今依疏文，即是第四義故，以了别麤境，故名識也。問曰：第六通十八界，如同前五名麤也？答曰：若緣十八界，理合不名麤，亦與前五同，緣五塵麤境，亦名爲麤。即前六識名了别麤境，俱名爲識也。即三法各據勝義得名也。第八積集集起義獨勝故，第七思量義獨勝，前六了别麤境義獨勝，即三種得名差别也。」

又，九識中總分四段，每識别立十名：

一、第六識十名者：一、對根得名，名爲六識；二、能籌量是非，名爲意識；三、能應涉塵境，名攀緣識；四、能徧緣五塵，名巡舊識；五、念念流散，名波浪識；六、能辯前境，名分別事識；七、所在壞他，名人我識；八、愛業牽生，名四住識；九、令正解不生，名煩惱障識；十、感報終盡，心境兩別，名分段死識。

二、第七識十名者：一、六後得稱，名爲七識；二、根塵不會，名爲轉識；三、不覺習氣，忽然念起，名妄想識；四、無間生滅，名相續識；五、障理不明，名無明識；六、返迷從正，能斷四住煩惱〔一〕，名爲解識；七、與涉玄途，順理生善，名爲行識；八、解三界生死，盡是我心，更無外法，名無畏識；九、照了分明，如鏡顯像，名爲現識；十、法既妄起，恃智爲懷，令真性不顯，名智障識。

三、第八識十名者：一、七後得稱，名爲八識；二、真僞雜間，名爲和合識；三、藴積諸法，名爲藏識；四、住持起發，名熏變識；五、轉〔二〕凡成聖，名爲出生識；六、藏體無斷，名金剛智識；七、體非静亂，名寂滅識；八、中實非假，名爲體識；九、藏體非迷，名本覺識；十、功德圓滿，名一切種智識。

四、第九識十名者：一、自體非僞，名爲真識；二、體非有無，名無相識；三、軌用不改，名法性識；四、真覺常存，體非隱顯，名佛性真識；五、性絶虚假，名實際識；六、大用無方，名法身識；七、隨流不染，名自性清浄識；八、阿摩羅識，此翻名無垢識；九、體非一異，名真如識；十、勝妙絶待，號不可名目識。

校注

〔一〕四住煩惱：即四住地，指三界一切見、思煩惱。

〔二〕「轉」，原無，據冥樞會要卷中補。

解節經云：「佛告廣慧菩薩：此識或説名『阿陁那』。何以故？由此本識能執持身故。或説名『阿梨耶識』。何以故？此本識於身常藏隱，同成壞故。或説名『質多』。何以故？此識色、聲、香、味、觸等諸塵所生長故。廣慧，此本識是識聚得生，謂眼識乃至意識依有識，眼根緣外色塵，眼識得生，與眼識同一時共境，有分別意識起。若一眼識生，是時一分別意識生，與眼識共境。此眼識，若共二識，或三、四、五共起，是時一有〔一〕分別意識，與五識共緣境生。如大水流，若有一能起浪因至，則一浪起；若二、若多能起浪因至，則多浪起。是水常流，不廢不斷。復次，於清淨圓鏡面中，若有一能起影因至，則一影起；若二、若多能起影因至，則多影起。是圓鏡面不轉成影，亦無損滅。此本識，猶如流水及鏡面等。」〔二〕

校注

〔一〕「一有」，清藏本作「亦有」。按，大正藏本攝大乘論釋作「一有」。據大正藏校勘記，餘諸本攝大乘論釋作「有一」。

〔二〕按，此處引文，出世親造、真諦譯攝大乘論釋卷一衆名章。參見菩提流支譯深密解脱經卷一聖者廣慧菩薩問品、玄奘譯解深密經卷一心意識相品。開元釋教録卷七：「解節經一卷，是解深密經初五品異譯，出第一卷。此經非是全部，真諦略出，以證義耳。」真諦譯解節經一卷中未見此説。

又，成業論云：「心有二種：一、集起心，無量種子集起處故；二、名種種心，所緣行相差别轉故。」〔一〕

校注

〔一〕見世親造、玄奘譯大乘成業論。

天台净名疏云：「一法異名者，諸經異名説真性實相，或言一實諦，或言自性清净心，或言如來藏，或言如如，或言實際，或言實相般若，或言一乘，或言即是首楞嚴，或言法性，或言法身，或言中道，或言畢竟空，或言正因佛性、性净涅槃，如是等種種異名，此皆是實相之異稱。故大智論偈云：『般若是一法，佛説種種名，隨諸衆生類，爲之立異字。』〔一〕大涅槃經云：如天帝釋有千種名，解脱亦爾，多諸名字〔二〕。又云佛性者，有五種名故〔三〕，皆是赴機利物，爲立異名也，而法體是一，未曾有異。如帝釋千名，名雖不同，終是目於天主，豈有聞異名故而言非實相理？如人供養帝釋毁憍尸迦，供養憍尸迦毁於帝釋，如此供養，未必得福。末代弘法者亦尔，或信賴耶自性清净心，而毁畢竟空；或信畢竟空無所有，毁賴耶識自性清净心；或言般若明實相、法華明一乘，皆非佛性，此之求福，豈不慮禍？若知名異體一，則隨喜之善，徧於法界，何所諍乎？』〔四〕

校　注

〔一〕見龍樹造、鳩摩羅什譯大智度論卷一八。

〔二〕按，此非大般涅槃經文。智顗説妙法蓮華經玄義卷一下：「大經云解脱亦爾，多諸名字，如天帝釋有千種名。」湛然述法華玄義釋籤卷三：「引大經中言『解脱亦爾，多諸名字』者，大師在靈石寺，一夏講百句解脱，每於一句作百句解釋，是則解脱有萬名字。『如天帝釋有千種名』者，亦名憍尸迦，亦名婆蹉婆，亦名婆佉婆，亦名因陀羅，亦名千眼天，亦名舍脂夫，亦名金剛寶頂，亦名寶幢等。」又，「大經云解脱亦爾，多諸名字」者，詳見大般涅槃經卷五。

〔三〕大般涅槃經卷二七：「首楞嚴三昧者，有五種名：一者、首楞嚴三昧，二者、般若波羅蜜，三者、金剛三昧，四者、師子吼三昧，五者、佛性，隨其所作，處處得名。」

〔四〕見智顗維摩經玄疏卷六。

又，諸經内逗緣稱機，更有多名，隨處安立。以廣大義邊，目之爲海；以圓明理顯，稱之曰珠；以萬法所宗，號之曰王；以能生一切，詺之曰母。但是無義之真義，多亦不多；無心之真心，一亦不一。故華嚴私記〔一〕云：取決斷義，以智言之；取能生長，以地言之；取其高顯，以山言之；取其深廣，以海言之；取其圓淨，以珠言之。

校注

〔一〕按，日圓珍福州温州台州求得經律論疏記外書等目録，著録「華嚴經私記兩卷」，子注曰：「上、下，牛頭。」牛頭，即法融，傳見續高僧傳卷二一唐潤州牛頭沙門釋法融傳。詳見本書卷一九注。

此上約有名，尚乃無數，更有無名，豈可測量！如大法炬陀羅尼經云：佛告諸菩薩：「汝等勿謂天定天也，人定人也，餓鬼定餓鬼也。乃至〔一〕如一事有種種名，如一人有種種名，如一天乃至餓鬼、畜生有種種名，亦復如是，亦有多餓鬼全無名字，於一彈指頃，轉變身體作種種形。如是衆生，於一時間現無量色身，云何可得呼其名也？若餓鬼等有生處名字、受食名字及壽命名字。若地獄衆生無有名字生處者，則其形亦無定。彼中惡業因緣未

盡故，於一念中種種變身。」〔二〕

釋曰：如地獄中，一日一夜之中萬生萬死。又無間獄中，一一身無間，各各盡徧八萬四千由旬地獄之量，不相障礙。如云：「清淨妙法身，湛然應一切。」〔三〕今時人將謂諸佛法身能分、能徧，不信衆生亦一身無量身，以衆生業果不可思議故。是以經云：佛界不可思議，衆生界亦不可思議〔四〕。

校注

〔一〕乃至：表示引文中間有删略。

〔二〕見大法炬陀羅尼經卷三菩薩行品之餘。

〔三〕智顗説妙法蓮華經文句卷一〇上釋分别功德品：「華嚴云：初發心住，一發一切發，得如來一身無量身，清淨妙法身，湛然應一切。」實叉難陀譯大方廣佛華嚴經卷一七：「以是發心，當得佛故。應知此人即與三世諸佛同等，即與三世諸佛如來境界平等，即與三世諸佛如來功德平等，得如來一身、無量身究竟平等真實智慧。纔發心時，即爲十方一切諸佛所共稱歎，即能説法教化調伏一切世界所有衆生，即能震動一切世界，即能光照一切世界，即能息滅一切世界諸惡道苦，即能嚴淨一切國土，即能於一切世界中示現成佛，即能令一切衆生皆得歡喜，即能入一切法界性，即能持一切佛種性，即能得一切佛智慧光明。」

〔四〕智顗維摩經文疏卷二二：「故文殊般若云：佛界不可思議，衆生界不可思議，二界不可思議，無有異也。」按，「文殊般若云」者，即文殊師利所説摩訶般若波羅蜜經，此爲撮述概引，非經原文。

音義

惛，呼昆反，不明也。　羯，居列反。　邏，郎佐反，遊也。　摶，度官反。　滑，户八反，利也。　瘧，魚約反，病也。　爛，郎旰反，火熟。　吸，許及反，内息也。　攬，盧敢反，手攬取。　豌，一丸反，豌豆也。　硬，五更反，堅牢。　涉，時攝反，歷也。　軌，居洧反，法也。　詺，弥正反，詺目也。　皰，防教反，面瘡。

丁未歲分司大藏都監開板

宗鏡録卷第五十一

慧日永明寺主智覺禪師延壽集

夫因相立名，因名顯相，名已廣辯，識相如何？

答：詮表呼召，目之爲名；行狀可觀，号之曰相。第六分別事識是名，取境染心是相；第七現識是名，無明熏妄心是相；第八藏識是名，心清淨是相；第九真識是名，體性不改是相。斯皆是無名之名，無相之相。何者？以名、相不出心境故。是以心無自性，因境而生；境無自性，因心而有。則張心無心外之境，張境無境外之心。若互奪兩亡，心境俱泯；若相資並立，心境宛然。此乃無性而空，空而不空；無性而有，有而不有。不有之有，有顯一如；不空之空，空成萬德。可謂摧萬有於性空，蕩一無於畢竟矣。

又，唯識樞要云：「起自心相之言有二解：一云即影像相，二云即所執相。雖無實體，當情現〔一〕故，諸說心相，皆准應知。」〔二〕釋曰：影像相者，萬法是心之影像；所執相者，諸境無體，隨執而生。因自心生，還與心爲相。

校注

〔一〕當情現：即在凡夫虛妄情識之前而出現各種相。

〔二〕見窺基撰成唯識論掌中樞要卷上。

問：阿賴耶識，因何得名？爲復自體而生？爲復和合而有？

答：若言自生，是自性癡；若言他生，是他性癡；若言和合而生，是共性癡；若言離自、他生，是無因癡。今依世諦悉檀方便而説，如法性與無明合而生一切法，似眠心與夢合見一切境界之事。此根本識，從生滅門建立，因真妄和合得名。

起信論云：「心生滅門者，謂依如來藏有生滅心轉，不生滅與生滅和合，非一非異，名阿賴耶識。此識有二種義，謂能攝一切法、能生一切法。復有二種義：一者、覺義，二者、不覺義。言覺義者，謂心第一義性，離一切妄念相。離一切妄念相故，等虛空界無所不徧，法界一相，即是一切如來平等法身。依此法身，説一切如來爲本覺，以待始覺，立爲本覺。然始覺時，即是本覺，無別覺起。立始覺者，謂依本覺有不覺，依不覺説有始覺。又以覺心原故，名究竟覺；不覺心原故，非究竟覺。乃至[一]不覺義者，謂從無始來，不如實知真法一故，不覺心起而有妄念，自無實相，不離本覺。猶如迷人，依方故迷，迷無自相，不離於方。衆生亦尔，依於覺故而有不覺，妄念迷生。然彼不覺，自無實相，不離本覺。復待不覺，以説真覺。不覺既無，真覺亦遣。」〔二〕

校注

〔一〕乃至：表示引文中間有删略。

〔二〕見實叉難陀譯大乘起信論卷上。

古德釋云：「不生滅心與生滅和合，非一非異」者，以七識染法爲生滅，以如來藏淨法爲不生滅〔一〕。不生滅心舉體動故，心不離生滅相；生滅之相莫非神解故，生滅不離心相。如是不相離，故名和合〔二〕，爲阿賴耶識。以和合故，非一非異〔三〕。「若一，即無和合；若異，亦無和合。非一非異故，得和合也。」〔四〕又，「如來藏清淨心，動作生滅不相離，故云『和合』，非謂別有生滅來與真合，謂生滅之心、心之生滅無二〔五〕相故。心之生滅，因無明成；生滅之心，從本覺起。而無二體，不相捨離，故云『和合』。『如大海水，因風波動，水相風相，不相捨離』」〔六〕。生與無生，「若是一者，生滅識相滅盡之時，心神之體亦應隨滅，墮於斷邊；若是異者，依無明風熏動之時，靜心之體不應隨緣，即墮常邊。離此二邊，非一非異」〔七〕。又，上所説覺與不覺，二法互熏，成其染、淨，既無自體，全是一覺。何者？由無明故成不覺。「以不覺義熏本覺故，生諸染法；又由本覺熏不覺故，生諸浄法。依此二義，徧生一切，故言識有二義，生一切法。」

校注

〔一〕「以七識染法爲生滅，以如來藏浄法爲不生滅」，見法藏撰大乘起信論義記卷中本。

〔二〕「名和合」，元曉起信論疏作「名與和合」。法藏撰大乘起信論義記卷中本：「不生滅心舉體動故，心不離生滅相。生滅之相莫非真故，生滅不離於心相。如是不離，名爲和合。」

〔三〕「不生滅心舉體動故」至此，見元曉起信論疏卷上。

〔四〕見法藏撰大乘起信論義記卷中本。

〔五〕「二」，原無，據大乘起信論義記補。

〔六〕見法藏撰大乘起信論義記卷中本。參見元曉起信論疏卷上。此處引「如大海水，因風波動，水相風相，不相捨離」，見真諦譯大乘起信論。

〔七〕見元曉起信論疏卷上。下一處引文同。

問：阿賴耶識以何爲因？以何爲緣？以何爲體？

答：顯揚論云：「阿賴耶識者，謂先世所作增長業煩惱爲緣，無始時來戲論熏習爲因，所生一切種子異熟爲體。此識能執受了別色根、根所依處及戲論熏習，於一切時一類生死〔一〕不可了知〔二〕。又能執持了别外器世界，與不苦不樂受等相應，一向無覆無記，與轉識等作所依因〔三〕。經云：無明所覆，愛結所繫，愚夫感得有識之身〔四〕。此言顯有異熟阿賴耶識。」〔五〕

校注

〔一〕「死」，顯揚聖教論作「滅」。

〔二〕智儼華嚴經内章門等雜孔目卷一明難品初立唯識章：「了别色根」，「釋曰：識持諸色根，令根明了也」。「根所依處」，「釋曰：識爲諸根所依，成依因也」。「及戲論熏習」，「釋曰：明識與戲論熏習上心種子爲所依處也」。「於一切時一類生滅不可了知」，「釋曰：明彼本識相續生起離諸分别，不可分别知也」。

〔三〕按，此後引文有删略。又，智儼華嚴經内章門等雜孔目卷一明難品初立唯識章：「又能執受了别外器世界」，「釋曰：明彼本識與器世界同，世界與本識一而得成就，名了别也」。「與不苦不樂受等相應」，「釋曰：明彼本識相無分别故，順不苦不樂受，名相應也」。「一向無覆無記」，「釋曰：明彼本識俗諦離諸分别故，不覆没聖道，亦無事中善惡記」。「與轉識等作所依因」，「釋曰：明彼本識與轉識等作因時，互爲生因，亦爲依因也」。

〔四〕中阿含經卷五八：「愚癡凡夫無知、不多聞，無明所覆，愛結所繫，不見善知識，不知聖法，不御聖法，是謂生當來有。」雜阿含經卷一二：「彼愚癡無聞凡夫，無明所覆，愛緣所繫，得此識身，彼無明不斷，愛緣不盡，身壞命終，還復受身。」

〔五〕見玄奘譯顯揚聖教論卷一。

問：阿賴耶識，當體是自相，酬善惡因故是果相，受熏持種故是因相，第八既是因果相，於六因〔一〕中屬何因？向五果〔二〕中是何果？

答：六因中有四：能持種子義邊，是持種因〔三〕；若因種子俱時而有，即俱有因；若望自類種子前後相引，即是同類因；若望同時心所等，即相應因。無餘二因者，異熟因是善惡性，此識是無記；若徧行因是染，謂見疑無明等，此識非染。於五果中具四，唯除離繫，望自種子是等流果，望作意等心所是士用果，望第七識爲增上果，望善惡因即異熟果。

校注

〔一〕六因：六種因。世親造、玄奘譯阿毗達摩俱舍論卷六：「因有六種：一、能作因，二、俱有因，三、同類因，四、相應因，五、徧行因，六、異熟因。」詳參本書卷七一。

〔二〕五果：因緣所生與道力所證的五種果，即異熟果、等流果、離繫果、士用果、增上果。詳參本書卷三六。

〔三〕窺基撰成唯識論述記卷二：「今於能作因中辨持種因。」智周撰成唯識論演祕卷二：「『今於能作因中辨持種』者，持種因義，六因之中能作因攝，能作寬故。」

問：諸心識中，何識堅牢，不爲諸緣之所飄動？

答：世間無有一法不從緣生。緣生之法，悉皆無常，唯有根本心不從前際生，不從中際住，不於後際滅，實爲萬有之根基，諸佛之住處。是以喻之如鏡，可以精鑒妍醜，深洞玄微，仰之爲宗，猶乎巨浸納川，太虛含像。

密嚴經云：「心有八種，或復有九，與無明俱爲世間因〔一〕，世間悉是心、心法現。是心、心法及以諸根，生滅流轉，爲無明等之所變異。其根本心，堅固不動。世間因緣，有十二分，若根、若境，能生、所生，刹那壞滅，從於梵世至非非想，皆因緣起，唯有如來離諸因緣。內外世間動不動法，皆如瓶等，壞滅爲性。」〔二〕

校注

〔一〕法藏大乘密嚴經疏卷三：「初『心有八種，或復有九』者，此即立宗，後『與無明俱』下，釋心八、九而成所以。何故八、九數不定耶？良以真心具有二門，一、依持門，二、緣起門。若不分門，説八識門。若分二門，釋有九識，謂緣起真心，説名賴耶；依持真心，名阿摩羅。以是義故，雖數增減，體即不殊，故立宗言有八、九。下釋所以。以何義故，如是真心，能爲世間種種法因？故釋通云：『與無明俱爲世間因。』」

〔二〕見地婆訶羅譯大乘密嚴經卷中顯示自作品。

又頌云："「汝等諸佛子，云何不見聞？藏識體清淨，衆身所依止，或具三十二，佛相及輪王，或爲種種形，世間皆悉見。譬如淨空月，衆星所環遶，諸識阿賴耶，如是身中住。譬如欲天主，侍衛遊寶宫，江海等諸神，水中而自在。藏識處於世，當知亦復然，如地生衆物，是心多所現。譬如日天子，赫弈乘寶宫，旋遶須弥山，周流照天下。諸天世人等，見之而禮敬，藏識佛地中，其相亦如是。十地行衆行，顯發大乘法，普與衆生樂，常讚於如來。在於菩薩身，是即名菩薩，佛與諸菩薩，皆是賴耶名。佛及諸佛子，已受當受記，廣大阿賴耶，而成於正覺。密嚴諸定者，與妙定相應，能於阿賴耶，明了而觀見。佛及辟支佛，聲聞諸異道，見理無怯人，所觀皆此識。種種諸識境，皆從心所變，瓶衣等衆物，如是性皆無，悉依阿賴耶，衆生迷惑見，以諸習氣故，所取能取轉。此性非如幻、陽燄及毛輪，非生非不生，非空亦非有，譬如長短等，離一即皆無。智者觀幻事，此皆唯幻術，未曾有一物，與幻而同起。幻燄及毛輪，和合而可見，離一無和合，過未亦非有。幻事毛輪等，在在諸物相，此皆心變異，無體亦無名。世中迷惑人，其心不自在，妄説有能幻，幻成種種物。幻師瓶瓦等，所作衆物類，種種若去來，此見皆非實。如鐵因磁石，所向而轉移，藏識亦如是，隨於分別轉，一切諸世間，無處不周徧。如日摩尼寶，無思及分別，此識徧諸處，見之謂流轉，不死亦不生，本非流轉法。定者勤觀察，生死猶如夢，是時即轉依，説名爲解脱。此即是諸佛，最上之教理，審量一切法，如秤如明鏡，又如大明燈，亦如試金石，遠離於斷滅，正道之標相。修行妙定者，至解脱之因，永離諸雜染，轉依而顯現。」〔一〕

校注

〔一〕見地婆訶羅譯大乘密嚴經卷中阿賴耶建立品。

問：本識與諸識和合，同起同滅，至轉依位，諸煩惱識滅，唯本識在，如何分別滅、不滅之異？

答：攝大乘論云：「若本識與非本識共起共滅，猶如水乳和合，云何本識不滅，非本識滅？譬如於水，鵝所飲乳。」〔二〕釋云：「譬如水乳雖和合，鵝飲之時，唯飲乳，不飲水，故乳雖盡而水不竭。本識與非本識亦尔，雖復和合，而一滅一在。」〔三〕

校注

〔二〕見無著造、真諦譯攝大乘論卷上引證品。

〔三〕見世親釋、真諦譯攝大乘論釋卷三出世間淨章。

問：此根本識心，既稱爲一切法體，又云常住不動，只如萬法，即此心有？離此心有？若即此心，萬法遷變，此心云何稱爲常住？若離此心，復云何得爲一切法體？

答：開合隨緣，非即非離，以緣會故合，以緣散故開。開合但緣，卷舒無體；緣但開合，緣亦本空。彼此無知，能所俱寂。密嚴經偈云：「譬如金石等，本來無水相，與火共和合，若水而流動。藏識亦如是，體非流轉法，諸識共相應，與法同流轉。如鐵因磁石，周迴而轉移，二俱無有思，狀若有思覺，賴耶與七識，當知亦復然。習繩之所繫，無人而若有，普徧衆生身，周行諸陰趣，如鐵與磁石，展轉不相知。」〔一〕

校注

〔一〕見地婆訶羅譯大乘密嚴經卷下阿賴耶微密品。

問：第八藏識當有幾種？

答：釋摩訶衍論云：「阿賴耶識揔有十種。所以者何？於契經中，別別說故。「一者、名爲大攝主阿賴耶識，所謂即是揔相大識，義如前說〔一〕。「二者、名爲根本無明，別立以爲阿賴耶識。故十種妄想契經〔二〕中，作如是說：『剎闍只多提王識，直是妄法，不能了達一法界體，一切染法，阿賴耶識以爲根本，出生增長，無斷絶時。若無提王識，黑品眷屬永無所依，不能生長故。』此阿賴耶識，當何決擇攝？於本論〔三〕中，作如是説：『所言不覺義者，謂不如實知真如法一故，不覺心起而有其念。』乃至廣説故〔四〕。

「三者、名爲清浄本覺阿賴耶識，所謂自然本智，别立以爲阿賴耶。故本覺契經〔五〕中，作如是説：『自體浄佛阿賴耶識，具足無漏圓滿功德，常恒決定，無受熏相，無變異相，智體不動，具足白品，是故名爲獨一浄識故。』此阿賴耶識，當何決擇攝？於本論中，作如是説：『復次，覺體相者，有四種大義，與虚空等，猶如浄鏡。』乃至廣説故〔六〕。

「四者、名染浄本覺阿賴耶識，所謂不守自性陀羅尼智，别立以爲阿賴耶識。故本因緣起契經〔七〕中，作如是説：『尒時，光嚴童子即白佛言：尊者，以何因故，難入未曾有會中，作如是説：隨他緣起陁羅尼智，名爲楞伽王識。云何名爲楞伽王？以之爲喻，示彼緣起陁羅尼智。於是尊者告光嚴言：童子，此楞伽王常在大海摩羅山中，率十萬六千鬼神之衆以爲眷屬。如是諸眷屬，乘華宫殿，遊於諸刹，皆悉承賴彼楞伽王方得遊行。所謂諸鬼神衆，作如是言：我等神衆，無有威德，無有氣力。於諸所作，無有其能，如宜大王，我等衆中與堪能力。彼楞伽王即隨其時與殊勝力，不相捨離而共轉。謂楞伽王雖非分身，而能徧滿諸神衆中，各各令得全身之量，於一切時，於一切處，共轉不離。不守自性智亦復如是，能受一切無量無邊煩惱染法，鬼神衆熏，不相捨離而俱轉故。以此因緣故，我難入中作如是說，隨轉覺智，名爲楞伽王識故。』此阿賴耶識，當何決擇攝？於本論中，作如是説：『自性清淨心，因無明風動，心與無明俱無形相，不相捨離。』乃至廣説故〔八〕。

「五者、名爲業相業識阿賴耶識，所謂根本業相及與業識，别立以爲阿賴耶。故本性智契經〔九〕中，作如是説：『阿賴耶識無能了作，無所了作，不可分析，不可隔别，唯由精動隱流義故，名爲鍵摩故〔一〇〕。』此阿賴耶識，當何決擇攝？於本論中，作如是説：『復次，依不覺故，生三種相，與彼不覺相應不離。云何爲三？一者、無明業相，以依不覺故心動，説名爲業，覺則不動，動則有苦，果不離因故。』

「六者、名爲轉相轉識阿賴耶識，所謂能見境界之相及與轉識，别立以爲阿賴耶。故大無量契經〔一一〕中，作如是説：『阿賴耶識有見見轉，無見見起故。』此阿賴耶識，當何決擇攝？於本論中，作如是説：『二者、能見相，以依動故能見，不動則無見故。』

「七者、名爲現相識阿賴耶識，所謂境界之相及與現識，别立以爲阿賴耶。故實際契經〔一二〕中，作如是説：『别異别異，現前地轉；相異相異〔一三〕，具足行轉，是故名爲阿賴耶識。復次，此阿賴耶識，真是異熟無記之法，白淨相故，或名成就故。』此阿賴耶識，當何決擇攝？於本論中，作如是説：『三者、境界相，以依能見故，境界妄現，離見則無境界故。』

「第八者、名爲性真如理阿賴耶識，所謂正智所證清淨真如，别立以爲阿賴耶故。故諸法同體契經〔一四〕中，作如是説：『有識是識，非識識攝，所謂如如阿賴耶識故。』此阿賴耶識，當何決擇攝？所謂清淨般若質〔一五〕境真如攝故。

「九者、名爲清淨始覺阿賴耶識，所謂本有清白始覺般若，别立以爲阿賴耶。故果圓滿契經〔一六〕中，作如是説：『佛告菩提樹王言：自然始覺阿賴耶識常當不離清淨本覺，常當不離始覺淨識，隨是彼有，隨彼是〔一七〕有，或非同種，或非異種故。』此阿賴耶識，當何決擇攝？於本論中，作如是説：『本覺義者，對始覺者，即同本覺故。』

「十者、名爲染淨始覺阿賴耶識，所謂隨緣始覺般若，别立以爲阿賴耶。故果圓滿契經中，作如是説：『復次，樹王，如始覺淨識及自本覺，説染淨始覺阿賴耶識，不守自性。緣起本覺，亦復如是。』故此阿賴耶識，當何決擇攝？於本論中，作如是説：『始覺義者，依本覺故而有不覺，依不覺故而有始覺。又以覺心原故，名究竟覺；不覺心原故，非究竟覺。』

「乃至〔一八〕已説藏識剖字别相門，次説揔識攝生圓滿門。此識有二種義，能攝一切法，生一切法：一者、覺義，二者、不覺義者，而揔顯示大識殊勝圓滿相故。此義云何？所謂具足二種圓滿故：一者、功德圓滿，二者、過患圓滿。功德圓滿者，覺義字句，能攝一切無量無邊過於恒沙不離不斷諸功德故，能生一切無量無邊過於恒沙不離不斷諸功德故；過患

圓滿者，不覺義字句，能攝一切無量無邊過於恒沙若離若脱諸過患故，能生一切無量無邊過於恒沙若離若脱諸過患故。」〔一九〕

校注

〔一〕「義如前説」者，此引文前有云：「所謂以阿梨耶識具足障礙義、無障礙義，無所不攝。故阿梨耶識契經中，作如是説：爾時，觀自在菩薩即白佛言：世尊，云何名爲通達總相識？以何義故名爲總相？佛告觀自在菩薩言：所言通達總相識者，即是阿梨耶識。此識有礙事及非礙事，具一切法，備一切法，譬如大海爲水波等作總相名。以此義故，名爲總相故。」

〔二〕筏提摩多譯釋摩訶衍論卷一：「摩訶衍論別所依經，總有一百。（中略）八十四者，十種妄想經。」

〔三〕本論：指大乘起信論，以釋摩訶衍論爲疏釋大乘起信論者故。此下引文「於本論中，作如是説」者，皆見真諦譯大乘起信論。

〔四〕「乃至廣説故」者，真諦譯大乘起信論此引文後有：「念無自相，不離本覺，猶如迷人，依方故迷，若離於方，則無有迷。衆生亦爾，依覺故迷，若離覺性，則無不覺。以有不覺妄想心故，能知名義，爲説真覺。若離不覺之心，則無真覺自相可説。」

〔五〕筏提摩多譯釋摩訶衍論卷一：「摩訶衍論別所依經，總有一百。（中略）七十九者，本覺經。」

〔六〕「乃至廣説故」者，真諦譯大乘起信論此引文後有：「云何爲四？一者、如實空鏡。遠離一切心境界相，無法可現，非覺照義故。二者、因熏習鏡。謂如實不空，一切世間境界悉於中現，不出不入，不失不壞，常住一心，以一切法即真實性故；又一切染法所不能染，智體不動，具足無漏熏衆生故。三者、法出離鏡。謂不空法，出煩惱礙、智礙，離和合相，淳淨明故。四者、緣熏習鏡。謂依法出離故，遍照衆生之心，令修善根，隨念示現故。」

〔七〕筏提摩多譯釋摩訶衍論卷一：「摩訶衍論別所依經，總有一百。（中略）九十五者，本因緣起經。」

〔八〕「乃至廣説故」者，真諦譯大乘起信論此引文後有：「而心非動性，若無明滅，相續則滅，智性不壞故。」

〔九〕筏提摩多譯釋摩訶衍論卷一：「摩訶衍論別所依經，總有一百。（中略）十五者，本性智經。」

〔一〇〕鍵摩：意譯「識」。遼志福撰釋摩訶衍論通玄鈔卷二：「『名爲鍵摩故』者，此即結名，若具足名，應云『羯羅鍵摩』。今就文略，但云爾也。準上頌云『阿梨耶鍵摩』，長行釋曰『藏識』，即知『鍵摩』翻爲『識』也。」

〔一一〕筏提摩多譯釋摩訶衍論卷一：「摩訶衍論別所依經，總有一百。（中略）八十者，大無量經。」

〔一二〕筏提摩多譯釋摩訶衍論卷一：「摩訶衍論別所依經，總有一百。（中略）九十三者，法性實際經。」

〔一三〕下一「異」字，原無，據釋摩訶衍論補。宋法悟撰釋摩訶衍論贊玄疏卷三：「現相識別異別異者，謂能緣心行解差別，有多種故；相異相異者，即所緣相境界不一，具無量故。」遼志福撰釋摩訶衍論通玄鈔卷二：「別異別異者，據體説也，謂心與境體各別故。相異相異者，據用説也，謂心與境行相異故。行相即用故，亦可。上即是心，謂境不一，心亦多種，故云『別異別異』。而心現境，如地生物，故云現前地轉。下即是境，謂境相不一，故云『相異相異』。」

〔一四〕筏提摩多譯釋摩訶衍論卷一：「摩訶衍論別所依經，總有一百。（中略）八十八者，因果同體經。」諸法同體契經者，或即此因果同體經。

〔一五〕「質」，嘉興藏本作「智」。按，釋摩訶衍論作「質」。

〔一六〕筏提摩多譯釋摩訶衍論卷一：「摩訶衍論別所依經，總有一百。（中略）十一者，果圓滿經。」

〔一七〕「彼是」，諸校本作「是彼」。按，據大正藏校勘記，釋摩訶衍論亦有本作「是彼」。

〔一八〕乃至：表示引文中間有删略。

〔一九〕見筏提摩多譯釋摩訶衍論卷二。

問：若不立此第八識，有何等過？

答：有大過失，一切染淨法不成，俱無因故。識論云：「若無此識持煩惱種，界地往還、無染心後、諸煩惱起皆應無因，餘法不能持彼種故。若諸煩惱無因而生，則無三乘、學、無學果，諸已斷者皆應起故。」〔一〕又：「若無此識持世、出世清淨道種，異類心後，起彼淨法，皆應無因。」「又出世道初不應生，無法持彼法尔種故，初不生故後亦不生，是則應無三乘道果。若無此識持煩惱種，轉依斷果亦不得成。謂道起時，現行煩惱及彼種子俱非有故，染、淨二心不俱起故，道相應心不持彼種自性相違如涅槃故，餘法持種理不成故，既無所斷，能斷亦無，依誰由誰而立斷果？若由道力，後惑不生，立斷果者，則初道起，應成無學。後諸煩惱皆已無因，永不生故。許有此識，一切皆成，唯此能持染、淨種故。證此識有，理趣無邊，恐猒繁文，略述綱要。别〔二〕有此識，教理顯然，諸有智人，應深信受。」

又，此真唯識旨，千聖同遵，此土、西天無有破者。如百法鈔〔三〕云：真唯識量者，此量即大唐三藏於中印土曲女城，戒日王與設十八日無遮大會，廣召五天竺國解法義沙門、婆羅門等并及小乘外道而爲對敵，立一比量，書在金牌，經十八日，無有一人敢破斥者。故因明疏云：「且如大師周遊西域，學滿將還，時戒日王王五印土，爲設十八日無遮大會，令大師立義。徧諸天竺揀選賢良，皆集會所，遣外道小乘競生難詰。大師立量，無敢對揚者。」〔四〕大師立唯識比量云：真故極成色是有法，定不離眼識，宗。因云：自許初三攝，眼所不攝故。同喻：如眼識〔五〕。合云：諸「初三攝眼所不攝故」者，皆不離眼識，同喻如眼識，異喻如眼根。

校注

〔一〕見玄奘譯成唯識論卷四。下一處引文同。

〔二〕「别」，原作「則」，據成唯識論改。

〔三〕百法鈔：不詳。參見本書卷四六注。

〔四〕見窺基撰因明入正理論疏卷中。

〔五〕窺基撰因明入正理論疏卷中：「大師立唯識比量云：真故極成色，不離於眼識，宗。自許初三攝，眼所不攝故，因。猶如眼識，喻。」宗、因、喻者，因明之三支。宗爲所立之義，因爲成宗之理由，喻爲助成宗之譬喻。喻有同、異：存宗、因二義之喻法爲同喻，無宗、因二義之喻法爲異喻。極成者，自、他共許而無異論之言。因明入正理論疏卷上：「極者，至也；成者，就也。至極成就，故名極成。有法能别，但是宗依，而非是宗，此依必須兩宗至極共許成就，爲依義立，宗體方成。所依若無，能依何立？由此宗依必須共許，共許名爲至極成就。至理有故，法本真故。」

問：何不合「自許」之言？

答：非是正因，但是因初寄言簡過，亦非小乘不許，大乘自許。因於有法上轉，三支皆是共故，初明宗、因，後申問答。初文有二：初辯宗，次解因。

且初宗，前陳言「真故極成色」五箇字，「色」之一字，正是有法；餘之四字，但是防過。且初「真故」二字防過者，簡其世間相違過〔一〕及違教等過〔二〕。

校　注

〔一〕世間相違過：爲因明學中宗九過之一，是立者（立論者）所立之宗與世間共同認可的一般知識相違背的過失。

〔二〕違教：即自教相違過，爲因明學中宗九過之一，是立者（立論者）所立之宗與自己所信奉的教義、學説等相違背的過失。

外人問云：世間淺近，生而知之，色離識有。今者大乘立色不離眼識，以不共世間共所知故，此量何不犯世間相違過？

答：夫立比量，有自、他、共，隨其所應，各有標簡：若自比量，自許言簡；若他比量，汝執言簡；若共比量，勝義言簡。今此共比量，有所簡別〔一〕。「真故」之言，表依勝義，即依四種勝義諦中體用顯現諦〔二〕立。

校注

〔一〕窺基撰因明入正理論疏卷中：「凡因明法，所能立中，若有簡別，便無過失。若自比量，以許言簡，顯自許之無他隨一等過。若他比量，汝執等言簡，無違宗等失。若共比量等，以勝義言簡，無違世間自教等失。隨其所應，各有標簡。此比量中，有所簡別，故無諸過。有法言真，明依勝義，不依世俗，故無違於非學世間。」

〔二〕窺基撰成唯識論述記卷一：「勝義四者，一、體用顯現諦，謂蘊、界等有實體性，過初世俗，故名勝義；隨事差別，說名蘊等，故名顯現。二、因果差別諦，謂苦、集等，知、斷、證、修因果差別，過俗道理，故名勝義。三、依門顯實諦，謂二空理，過俗證得，故名勝義；依空能證，以顯於實，故名依門。四、廢詮談旨諦，謂一實如，體妙離言，已名勝義；過俗勝義，復名勝義。」

問：不違世間非學即可尔〔一〕。又如世尊於小乘阿含經，亦許色離識有。學者、小乘共計心外有其實境，豈不違於阿含等教學者小乘？

答：但依大乘殊勝義立，不違小乘之教學者世間之失。

校注

〔一〕世間非學：指非學世間。因明入正理論疏卷中，分「世間」爲「非學世間」和「學者世間」二種：「一、非學世間，除諸學者，所餘世間所共許法；二、學者世間，即諸聖者所知麁法。若深妙法，便非世間。初非學世間者，即此所言月是懷兔、人頂骨不净。」「二、學者世間，衆多學人所共知故。」

問：「真故」之言，簡世間及違教等過。「極成」二字，簡何過耶？

答：置「極成」言，簡兩般不極成色。小乘二十部〔一〕中，除一説部、説假部、説出世部、雞胤部等四，餘十六部皆許最後身菩薩染汙色及佛有漏色。大乘不許，是一般不極成色；大乘説他方佛色及佛無漏色，經部雖許他方佛色而不許是無漏，餘十九部皆不許有〔二〕，并前兩般〔三〕不極成色。若不言「極成」，但言「真故色是有法，定不離眼識，是宗」，且言色時，許之〔四〕不許，盡包有法之中，在前小乘許者，大乘不許，今若立爲唯識，便犯一分自所別不極成，亦犯一分違宗之失。又大乘許者，小乘不許，今立爲有法，即犯他一分所別不極成。及至舉「初三攝，眼所不攝」因，便犯自他隨一一分所依不成，前陳無極成色爲所依故。今具簡此四般，故置「極成」言。

校注

〔一〕窺基撰妙法蓮華經玄贊卷一：「小乘有二十部，謂大衆部、一説部、説出世部、雞胤部、多聞部、説假部、制多山部、西山住部、北山住部、説一切有部、雪轉部、犢子部、法上部、賢胄部、正量部、密林山部、化地部、法藏部、飲光部、經量部。」

〔二〕智旭真唯識量略解：「『餘十六部許最後身菩薩染污色及佛有漏色』者，藏教權説，三大阿僧祇劫伏惑不斷，所以太子在王宫時，具受十年勝五欲樂，又因交遘，生羅睺羅，故云『最後身有染污色』。又坐道場時，雖以三十四心斷結證無漏智，而此丈六金身，猶是有漏善業所感，故云『佛身是有漏色』也。『大乘不許』者，通教則菩薩至七地時，殘思俱已斷盡，但是扶習潤生，故無染污，亦非有漏。別教則初住斷見，七住斷思，便無染污及以有漏，何況後身及佛果位？圓教則初信斷見，七信斷思，便無染污及以有漏，又況後身及佛果哉！『小乘不許他方佛色』者，以權教中不聞他方佛名故。『經部雖許他方佛色而不許是無漏』者，偶聞大乘經典，因信佛語，知有他方佛名，猶謂諸佛行因行時決不斷惑，故所受身仍非無漏也。又，小乘所計涅槃，但是空寂之理，故一切色法，咸稱有漏，不知中道法性具足無漏妙色也。」

〔三〕「般」，原作「師」，據三支比量義鈔改。

〔四〕「之」，疑爲「與」之誤。

問：「極成」二字簡其兩宗不極成色，未審三藏立何色爲唯識？

答：除二宗不極成色外，取立、敵〔一〕共許，餘一切色摠爲唯識故。因明疏云：「立二所餘共許諸色爲唯識故。」〔二〕宗後陳言「定不離眼識」，是極成能別。

校注

〔一〕立：立論者；敵：問難者。智旭真唯識量略解：「立字，指今大乘宗；敵字，指彼小乘宗也。」

〔二〕見窺基撰因明入正理論疏卷中。

問：何不犯能別不極成過〔一〕？且小乘誰許色不離於眼識？

答：今此是有法〔二〕宗依〔三〕，但他宗中，有不離義便得，以小乘許眼識緣色，親取其體，有不離義；兼許眼識當體亦不離眼識，故無能別不極成過。

校注

〔一〕能別不極成過：爲因明學中宗九過之一，即宗依之後陳（能別，即宗後段之述語）不爲對方所認可的過失。因明論式中，凡立宗時，前陳（所別，即宗前段之主詞）、後陳（能別）必須爲立（立論者）敵（問難者）雙方共同認可，若後陳（能別）不爲對方所認可，即犯「立敵不共許」之能別不極成過。

〔二〕「有法」，原無，據三支比量義鈔補。

〔三〕宗依：因明論式中，構成宗體之前陳（所別，宗前段之主詞）與後陳（能別，宗後段之述語）。如立「聲是無常」之宗，此爲宗之全體，即宗體。「聲」與「無常」各爲宗的一部分（前陳、後陳），各爲宗體所依，故稱宗依。

問：既許眼識取所緣色，有不相離義，後合成宗體，應有相扶過〔一〕耶？

答：無相扶失。今大乘但取境不離心，外無實境。若前陳、後陳和合爲宗了，立者即許，敵者不許，立、敵共諍，名爲宗體。此中但諍言陳，未推意許〔二〕。辯宗竟。

校注

〔一〕相扶過：即因明學中宗九過之一「相符極成過」，指所立之宗自（立論者）敵（問難者）雙方没有異議的過失，因爲這種宗是無意義的。「扶」，多作「符」。相符，謂立者與敵者的看法相同。因明入正理論：「相符極成者，如説聲是所聞。」「聲是所聞」人所共知，就無提出加以論證的必要，若立此宗，即犯相符極成過。

〔二〕智旭真唯識量略解：「但論宗依，理須共許，設非共許，便不極成。但論宗體，亦須共許，設非共許，亦不極成。若前陳有法，後陳宗體，和合爲宗，既了之後，則須立者許而敵者不許。立敵共諍，方免相符之失而爲宗體。由其共諍，須藉因、喻以決明之，乃爲真能立也。今此立宗之中，『但諍言陳』，故須云極成色。『未推意許』，故于兩宗並所許色，且不必細辯其相分與本質之不同也。蓋本質色是兩宗之所並許，而相分色是小乘之所不許。今三藏立量，言陳但一『色』字，意許乃指相分。此意許相分色，直俟辯因之後，方被小乘所推。今于立宗中，尚未推也。」

次辯因者，有二：初明正因，次辯寄言簡過。

且初正因，言「初三攝」者，十八界中三六界，皆取初之一界也，即眼根界、眼識界、色境界，是十八界中初三界也。

問：設不言「初三攝」，但言眼所不攝，復有何過？

答：有二過：一、不定過〔一〕，二、違自教過〔二〕。且不定過者，若立量云：真故極成色，定不離眼識。因云：眼所不攝。喻：如眼識。即眼所不攝因闊，向異喻後五三上轉，皆是眼所不攝故，被外人出不定過云：爲如眼識眼所不攝，眼識不離眼識，證極成色不離眼識耶？爲如後五三亦是眼所不攝，後五三定離眼識，卻證汝極成色定離眼識耶？

校注

〔一〕不定過：因明論式中，缺少因（理由）三相（遍是宗法性、同品定有性、異品遍無性）中的第二相同品定有性或第三相異品遍無性而導致的宗義不能確定的六種過失：共、不共、同品一分轉異品遍轉、異品一分轉同品遍轉、俱品一分轉、相違決定。

〔二〕違自教過：即自教相違過。

問：今大乘言後五三亦不離眼識，得不？

答：設大乘許後五三亦不離眼識，免犯不定，便違自宗，大乘宗説後五三定離眼識故。故置「初三攝」半因，遮後五三非初三攝故。

問：但言「初三攝」，不言「眼所不攝」，復有何過？

答：亦犯二過：一、不定過，二、法自相決定相違過〔一〕。且不定者，若立量云：真故極成色，定不離眼識。因云：初三攝。喻：如眼識。即「初三攝」因闊，向異喻眼根上轉，出不定云：爲如眼識初三攝，眼識不離眼識，證極成色不離眼識耶？爲如眼根亦初三攝，眼根非定不離眼識，證汝極成色非定不離眼識耶？

校注

〔一〕法自相決定相違過：「四相違過」之一，即法自相相違過。因明論式中，「因」與「宗」後陳（述詞）之自相互相矛盾所導致的過失。「法」即宗之後陳；「自相」，即後陳的表面意義。

問：何不言定離而言非定不離？

答：大乘眼根望於眼識，非定即離。且非離者，根因識果，以同時故，即是非離也。又，色、心各別，名非即故，今但言非定不離。

二、犯法自相決定相違過者。言「法自相」者，即宗後陳法之自相；言「決定相違」者，即因違於宗也。外人申相違量云：真故極成色是有法，非不離眼識，宗。因云：初三攝故。喻：如眼根。即外人將前量異喻爲同喻，將同喻爲異喻。

問：得成法自相相違耶？

答：非真能破。夫法自相相違之量，須立者同無異有，敵者同有異無，方成法自相相違。今立、敵兩家，同喻有，異喻有，故非真法自相相違過。

問：既非法自相相違，作決定相違不定過，得不？

答：亦非。夫決定相違不定過，立、敵共諍一有法，因、喻各異，皆具三相：徧是宗法性、同品定有性、異品徧無性[一]，但互不生其正智，兩家猶預，不能定成一宗，名決定相違不定過。今「真故極成色」雖是共諍一有法，因且是共，又各闕第三相，故非決定相違不定過。

校注

〔一〕徧是宗法性、同品定有性、異品徧無性：即因三相。因明論式中，「因」必須具備的三個法則。徧是宗法性，即「因」的範圍必須大於或等於「宗」之前陳，此性規定「宗」之前陳與「因」的關係。同品定有性，即「因」必須包含「宗」之後陳，或與其外延相等，此性規定「宗」之後陳與「因」的關係。同品，就是同類。異品徧無性，是與「同品定有性」相反的規定，即「因」與宗異品之間全無關係。

問：既無此過，何以因明疏云「犯法自相相違決定過」？

答：但是疏主縱筆之勢，是前共不定過〔一〕中分出，是似法自相相違決定過，非真有故。

有此所因，故置「初三攝，眼所不攝」，更互簡諸不定及相違等過。

校注

〔一〕共不定過：「六不定過」之一。因明論式中，由於「因」的範圍太寬，徧通於宗同品和宗異品而無法確定「宗」的過失，是「因」缺少第三相異品徧無性而導致的宗義不能確定的過失。「共」者，「因」徧通於「宗」同品、異品故。

次明寄言簡過者。

問：因初「自許」之言何用？

答：緣三藏量〔一〕中，犯有法差别相違過〔二〕，因明之法，量若有過，許著言遮。今三藏量既有此過，故置「自許」言遮。

校注

〔一〕三藏量：即前文三藏（玄奘）所立量。

〔二〕有法差别相違過：「四相違過」之一。因明論式中，所立的「因」缺少因三相中第二同品定有性和第三異品徧無性所導致的過失。即所立的「因」與宗同品没有關係，反而與宗異品有關係，致使所立宗不能成立的過失。

問：何得有此過耶？

答：謂三藏量有法中，言雖不帶，意許諳含。緣大乘宗有兩般色：有離眼識本質色，有不離眼識相分色。若離眼識色，小乘即許；若不離眼識色，小乘不許。今三藏量云「真故極成色是有法」，若望言陳自相，是立、敵共許色。及舉「初三攝，眼所不攝」因，亦但成立共許色不離於眼識。若望三藏意中所許，但立相分色不離眼識，將「初三攝，眼所不攝」因，成立有法上意之差别相分色，定不離眼識。故因明疏云：「謂真故極成色，是有法自

相。定不離眼識色，是法自相。定離眼識色，非定離眼識色，是有法差別。立者意許，是不離眼識色。」〔一〕

校注

〔一〕見窺基撰因明入正理論疏卷中。

問：外人出三藏量有法相違過時，自許之言，如何遮得？

答：待外人申違量時，將「自許」兩字，出外人量不定過。外量既自帶過，更有何理，能顯得三藏量中有法差別相違過耶？

問：小乘申違量，行相如何？

答：小乘云：乍觀立者言陳自相，三支無過，及推所立，元是諳含。若於有法上意之差別，將因喻成立有法上意許相分色不離眼識者，即眼識不得爲同喻。且如眼識無不離色，以一切色皆離眼識故。既離，眼識不得爲同喻，便成異喻，即初三等因，卻向異喻眼識上轉。故論云：同品無處，不成立者之宗；異品有處，返成敵者相違宗義。即小乘不改立者之因，申相違量云：真故極成色是有法，非不離眼識，宗。因云：初三攝，眼所不攝故。同喻：如眼識。合云：諸「初三攝，眼所不攝故」者，皆非不離眼識，同喻如眼識。言非者，無也。小乘云「無不離眼識色」，即遮三藏意許相分色是無也。所以三藏預著自許之言句，取他方佛色，卻與外人量作不定過，出過云：爲如眼識是初三攝，眼所不攝，眼識非不離眼識色，證汝極成色非不離眼識色耶？爲如我自許他方佛色，亦是初三攝，眼所不攝，他方佛色是不離眼識色，卻證汝極成色是不離眼識耶？外人相違量，既犯共中他不定過，明知非真能破也，三藏量卻成真能立也。

問：因中若不言自許，空將他方佛色與外人相違量作不定過，有何不可？

答：若空將他方佛色，不言自許者，即他小乘不許，犯一分他隨一過，他不許此一分他方佛色在「初三攝，眼所不攝」因中故。故因明疏云：「若不言自許，即不得以他方佛色而爲不定，此言便有隨一過故。」〔一〕

校注

〔一〕見窺基撰因明入正理論疏卷中。

問：何不待外人申違量後，著自許言？何要預前著耶？

答：臨時恐難，所以先防。

次申問答者。

一問：「真故」二字，已簡違教過，何故前陳宗依〔一〕上，若不著「極成」言，又有違宗之失？

答：「真故」二字，但簡宗體上違教過，不簡宗依上違宗。若「極成」二字，即簡宗依上違宗等過也〔二〕。

校注

〔一〕宗依：因明論式中，構成宗體之前陳（主詞——稱事物的語詞）與後陳（賓詞——對於所指稱的事物有所述説的語詞）。如立「聲是無常」之宗，此爲宗之全體，即宗體。「聲」與「無常」各爲宗之一部分（前陳、後陳），各爲宗體所依以構成者，故稱宗依。

〔二〕三支比量義鈔：「由前寄言所簡之過，於宗體、宗依混淆，恐學者難辯，故論主重申問答詳明。『「真故」二字，但簡宗體上違教過』者，前量立『色定不離眼識』以爲宗體，而世間淺近，生而知之色離識有。阿含經中，亦許色離識有，是違世間及違教過。色離識有，關於宗體，色不離識，今以『真故』勝義簡之，故云『但簡宗體上違教等過』。『「極成」二字，即簡宗依上違宗等過』者，前陳有法，色爲宗依。所言色者，總包菩薩染汙色及佛有漏色、他方佛色、佛無漏色。小乘不許，即犯他一分所別不極成；大乘不許，即犯自一分所別不極成。總收兩宗，即犯自他隨一一分所依不極成。已上四色，關於真故之色。今以『極成』二字簡之，故云『即簡宗依上違宗等過』。」

問：後陳眼識，與同喻眼識何别？

答：言後陳眼識雖同，意許各别：後陳眼識，意許是自證分；同喻眼識，意許是見分。即見不離自證分故，如同宗中相分不離自證分也。

問：若尔，何不立量云「相分是有法，定不離自證分，是宗。因云：初三攝，眼所不攝故。同喻：如見分」？

答：小乘不許有四分故，恐犯隨一等過故，但言眼識〔一〕。

校注

〔一〕三支比量義鈔：「由前量中宗體同喻，俱名眼識，恐學者不知名同義異，故有此問。謂八種識，各有四分：各有所緣境，名爲相分；各有能緣心，名爲見分；見分各有現量果體，名自證分；自證分各有現量果體，名證自證分。後陳眼識名自證分者，以是眼家果體。相、見二分，從體變現，而能了别，故自證分名爲眼識。同喻眼識名見分者，以是眼家能緣之心能了境故，亦名眼識。今據見、相二分俱不離彼自證分體，故依相分爲有法，兼取自證分立宗，即以見分爲喻。『若爾』下，徵明小乘不許四分，不得以四分之名立宗，故於後陳同喻，俱言眼識。」

問：此量言陳，立得何色耶？

答：若但望言陳，即相、質二色皆成不得。若將意就言，即立得相分色也。又解：若小乘未徵問前，即將言就意立；若大乘答後，即將意就言立也〔一〕。

校注

〔一〕智旭真唯識量略解：「將言就意，謂意許本是相分，而言陳但可云色也；將意就言，謂言陳雖但言色，而意許之相分已得成立也。」

問：既分相分、本質兩種色，便是不極成故，前陳何言極成色耶？相分非共許故。

答：若望言陳有法自相，立敵共許色，故著「極成」。若相分色是大乘意許，何關言陳自相，寧有不極成乎？諸鈔皆云「不得分開」者，非也。若尔，小乘執佛有漏色，大乘佛無漏色等，在於前陳，若不分開，應名極成色耶？彼既不尔，此云何然〔一〕？

校注

〔一〕智旭真唯識量略解：「言彼兩宗互不許色。既爾不得不分，則此相分、本質二種，云何可不分耶？」三支比量義鈔：「此中問答，明前量中所立宗依之色。言『相、質二色皆成不得』者，謂於言陳色時，色之一字，於眼識上非不遠離，故不得成定不離眼識之宗，是明共諍言陳時。『若將意就言立相分色』者，謂將意許相分之色，就於言陳本質色立。此明已立意許時。『又解』下，重明言陳意許。未徵問前，立者將言就意，似立言陳。大乘答後，敵者知意就言，卻成意許。『既分相分』下，問色有二種，便是有法不極成，何言前陳爲極成色？『相分非共許故』者，謂犯隨一不極成過。『若望』下，答明言陳自相。當著極成，以簡兩宗不許之色。若是大乘自許相分，不涉言陳，自極成矣。『諸鈔皆云不得分開』者，謂因明鈔中，不許分開本質、相分，此非理也。若爾者，牒上不分之意，謂若不分，即如小乘執佛色有漏。大乘明佛色無漏，一等在有法中。若亦不分，豈總收爲極成色耶？彼之極成與不極成既不許不分，此相、質二色，云何然也？」

問：今談宗顯性，云何廣引三支比量之文？

答：諸佛説法，尚依俗諦，況三支比量理貫五明〔一〕，以破立爲宗，言生智了爲體，摧凡小之異執，定佛法之綱宗。所以教無智而不圓，木非繩而靡直。比之可以生誠信，伏邪倒之疑心；量之可以定真詮，杜狂愚之妄説。故得正法之輪永轉，唯識之旨廣行，則事有顯理之功，言有定邦之力。

校注

〔一〕五明：所謂内明、因明、聲明、醫方明、工巧明。大唐西域記卷二印度總述：「七歲之後，漸授五明大論：一曰聲明，釋詁訓字，詮目疏別。二工巧明，伎術機關，陰陽曆數。三醫方明，禁呪閑邪，藥石針艾。四曰因明，考定正邪，研覈真僞。五曰内明，究暢五乘因果妙理。」

如慈恩大師云：「因明論者，元唯佛説，文廣義散，備在衆經。故地持論云：菩薩求法，當於何求？當於一切五明處求〔一〕。求因明者，爲破邪論，安立正道。劫初足目，創標真似。爰暨世親，再陳軌式。雖紀綱已列，而幽致未分，故使賓主對揚，猶疑立破之則。有陳那菩薩，是稱命世，賢劫千佛之一佛也，匿跡巖藪，栖巒等持，觀述作之利害，審文義之繁約。于時巖谷振吼，雲霞變彩，山神捧菩薩足，高數百尺，唱言：佛説因明，玄妙難究。如來滅後，大義淪絶。今幸福智攸邈，深達聖旨，因明論道，願請重弘。菩薩乃放神光，照燭機感。時彼南印土按達羅國王見放光明，疑入金剛喻定，請證無學果。菩薩曰：入定觀察，將釋深經，心期大覺，非願小果。王言：無學果者，諸聖攸仰，請尊速證。菩薩撫之，欲遂王請，妙吉祥菩薩因彈指警曰：何捨大心，方興小志？爲廣利益者，當轉慈氏所説瑜伽，匡正頽綱；可製因明，重成規矩〔二〕。陳那敬受指誨，奉以周旋。於是覃思研精，乃作因明正理門論。正理者，諸法本真之體義〔三〕；門者，權衡照解之所由。」〔四〕

校注

〔一〕菩薩地持經卷三方便處力種性品：「彼菩薩求法者，何法求？云何求？何故求？何法求者，略説求菩薩藏、聲聞藏、外論、世工業處智。十二部經，唯方廣部是菩薩藏，餘十一部是聲聞藏。外論者，略説有三種：因論、聲論、醫方論。世工業處智者，謂種種事業，如金師、鐵師、水師等，及餘種種明處所攝。明處者，有五種：一者、内明處，二者、因明處，三者、聲明處，四者、醫方明處，五者、工業明處。此五種明處，菩薩悉求。」

〔二〕「矩」，原作「非」，據諸校本改。

〔三〕「義」，原作「我」，據諸校本改。

〔四〕見窺基撰因明入正理論疏卷上。

又，瑜伽論云：「云何名因明處？爲於觀察義中，諸所有事。」〔一〕所建立法〔二〕，名觀察義；能隨順法，名諸所有事。諸所有事，即是因明，爲因照明觀察義故〔三〕。

校注

〔一〕見玄奘譯瑜伽師地論卷一五。

〔二〕「法」，原作「能」，據諸校本改。

〔三〕「瑜伽論云」至此，見窺基撰因明入正理論疏卷上。

且如外道執聲爲常，若不以量比破之，何由破執？如外道立量云：聲是有法，定常，爲宗。因云：所作性故。同喻：如虚空。所以虚空非所作性，則因上不轉，引喻不齊，立聲爲常不成。若佛法中，聲是無常，立量云：聲是有法，定無常，爲宗。因云：所作性故。同喻：如瓶盆；異喻：如虚空等。

是知若無此〔一〕量，曷能顯正摧邪？所以實際理地，不受一塵；佛事門中，不捨一法。若欲學諸佛方便，須具菩薩徧行，一一洞明，方成大化。

校注

〔一〕「此」，嘉興藏本作「比」。按，三支比量義鈔等作「此」。

如上廣引「藏識」之文，祖佛所明，經論共立。第八本識真如一心，廣大無邊，體性微細，顯心原而無外，包性藏〔二〕以該通。擅持種之名，作揔報之主。建有情之體，立涅槃之因。居初位而揔号「賴耶」，處極果而唯稱「無垢」，備本、後之智地，成自、他之利門。隨有執、無執而立多名，據染緣、浄緣而作衆體。孕一切而如太虚包納，現萬法而似大地發生，則何法不收？無門不入！但以迷一真之解，作第二之觀，初因覺明能了之心，發起内外塵勞之相，於一圓湛，析出根塵，聚内四大爲身，分外四大爲境，内以識情爲垢，外因想相成塵，無念而境貫〔三〕一如，有想而真成萬别。若能心融法界，境豁真空，幻翳全消，一道明現，可謂裂迷途之緻網，抽覺户之重關，惛夢醒而大覺常明，狂性歇而本頭自現。

校注

〔一〕「藏」，嘉興藏本作「相」。按，翻譯名義集卷六引作「藏」。

〔二〕「貫」，嘉興藏本作「觀」。按，翻譯名義集卷六引作「觀」。

音義

基，居之反，址也。　浸，子鴆反。　環，户關反，玉環也。　磁，疾之反，可以引鐵也。　鍵，其偃反，關揵也。　剖，普后反，判也，破也。　斥，昌石反，逐也。　詰，去吉反，問也。　胤，羊晉反，繼也。　諳，烏含反，記也。　爰，雨元反。　暨，其冀反，至也，及也。　匿，女力反，隱也。　藪，蘇后反。　振，職刃反，奮也。　吼，呼后反。　警，居影反，寤也。　頹，杜回反。　譚，徒含反。　衡，户庚反。　孕，以證反。　裂，良薛反。　緻，直利反。　惛，呼昆反，不明。

戊申歲分司大藏都監開板

宗鏡録卷第五十二

慧日永明寺主智覺禪師延壽集

夫第二能變識者〔一〕，識論頌云：「次第二能變，是識名末那〔二〕，依彼轉緣彼，思量爲性相。四煩惱常俱，謂我癡、我見，并我慢、我愛，及餘觸等俱。有覆無記攝，隨所生所繫，阿羅漢滅定，出世道無有。」〔三〕乃至「應知此意但緣藏識見分，非餘，彼無始來一類相續，似常似一故，恒與諸法爲所依故。此唯執彼爲自內我，乘〔四〕語勢故説我所言。或此執彼是我之我，故於一見，義説二義。若作是説，善順教理，多處唯言有我見故，我、我所執不俱起故。未轉依位〔五〕，唯緣藏識；既轉依已，亦緣真如及餘諸法，平等性智證得十種平等性〔六〕故，爲〔七〕諸有情緣〔八〕解差別，示現種種佛影像故」〔九〕。

校注

〔一〕按，此云「第二能變識」者，「第一能變識」自卷四七「論頌曰：初阿賴耶識」始。「第三能變」者，見卷五三。

〔二〕末那：即唯識宗第七末那識。大明三藏法數卷二四：「末那識，梵語『末那』，華言『意』，亦名『相續識』，又名『分別識』，此識本無定體，即第八識之染分，依第八識自證分而生，緣第八識見分而執爲我。爲第六識之主，執轉第六識所緣善、惡之境而爲染、淨，皆由此識也。前第六識名意識，今此識亦名意者，謂第六識依根而得名，此識當體而立號。第六識雖能分別五塵好惡，而由此識傳送，相續執取也。（原注：依根者，根即意根也；當體者，即分別之體也。）」

〔三〕見玄奘譯成唯識論卷四。

〔四〕「乘」，原作「我」，據成唯識論改。

〔五〕轉依：斷除煩惱障、所知障，證得涅槃與菩提之果。轉，轉捨、轉得；依，使染淨迷悟等法得以成立之所依。無著造、玄奘譯攝大乘論釋卷下果斷分：「轉依，謂即依他起性對治起時，轉捨雜染分，轉得清淨分。」無性造、玄奘譯攝大乘論釋卷九果斷分：「何者轉依？謂即於此依他起性對治起時者，無分別智起時。轉捨雜染分者，轉滅一切所取、能取諸迷亂分。轉得清淨分者，捨彼所取、能取性故。轉得遠離所取、能取自内所證，絶諸戲論最清淨分。」又，參見本書卷八七。

〔六〕十種平等性：一、諸相增上喜愛，二、一切領受緣起，三、遠離異相非相，四、弘濟大慈，五、無待大悲，六、隨諸有情所樂示現，七、一切有情敬受所説，八、世間寂靜皆同一味，九、世間諸法苦樂一味，十、修殖無量功德究竟。參後引佛地經文。

〔七〕「爲」，成唯識論作「知」。

〔八〕「緣」，成唯識論作「勝」。

〔九〕見玄奘譯成唯識論卷四。

釋云：此第七識，但緣見分，非餘相分、種子、心所等。唯緣見分者，謂無始時來微細一類，似常似一，不斷故。似常，簡境界、彼色等法皆間斷故。種子亦然，或被損伏，或時永斷，由此遮計餘識爲我；似一故，簡心所，心所多法故。何故不緣餘識？夫言我者，有作用相，見分受境，作用相顯，似於我故。不緣餘識，自證等用細難知故〔二〕。

問：何不但緣一受等爲我，亦常一故？

答：夫言我者，是自在義、萬物主義，與一切法而爲所依。心所不然，不可爲我，唯心王是所依故。此第七識，恒執爲内我，非色等故，不執爲外我。若唯緣識，即唯起我，無有我所，乘〔三〕語勢故。論「説我所言」，非是離我別起我所執，唯執第八是我之我。前五蘊假者，是第六所緣之我，後我第七所計。或前我前念、後我後念，二俱第七所計。或即一念計此即是，此唯第七所計。或前是體，後是識用，於一我見之上，亦義説之爲我及所二言，實但一我見。「多處唯言有我見故」者，瑜伽論云：「由此末那，我見、慢等，恒共相應。」〔四〕顯揚論云：「由此意根，恒與我見、我慢等相應。」〔五〕「我、我所執不俱起故」者，行相及境二俱別故，不可並生，無此事故。若已轉依位，善心等可然〔六〕，彼非執故，亦不可例，人、法二執，境是一故。若未起對治斷其我執，名未轉依，唯緣藏識。初地已去，既轉依已入無漏心，亦緣真如及餘一切法；二乘、無學等，唯緣異熟識。「證得十種平等性」者，佛地經云：一、諸相增上喜愛，二、一切領受緣起，三、遠離異相非相，四、弘濟大慈，五、無待大悲，六、隨諸有情所樂示現，七、一切有情我愛所說，八、世間寂靜皆同一味，九、世間諸法苦樂一味，十、修植無量功德究竟〔七〕。即知十地有情緣〔八〕解意樂差別，能起受用身之影像。論云「未轉依位，恒審思量所執我相；已轉依位，亦審思量無我相故」者，第七末那以思量爲自性故。攝論云〔九〕：思量是意，即自證分，前第八識了別是行相。今既言意，故知〔一〇〕即是第七行相，即是見分體性難知，以行相顯，其實思量但是行相，其體即是識蘊攝故。初地已前，二乘有學恒審思量我相，知有漏末那。已轉依位，亦審思量無我相故，亦名末那。

論問：「如世尊言，出世末那云何建立？」〔一一〕

答：有二義：一、名不必如義，彼無漏第七不名末那，名是假故；二、能審思量無我相故，亦名末那，顯通無漏，即知此名非唯有漏〔一二〕。

校　注

〔一〕「微」，成唯識論述記作「麁」。

〔二〕「故」，原無，據成唯識論述記補。

〔三〕「乘」，原作「我」，據成唯識論述記改。

〔四〕見玄奘譯瑜伽師地論卷五一。

〔五〕見玄奘譯顯揚聖教論卷一七。

〔六〕如理成唯識論疏義演卷四：「『善心等可然』者，善心等無執，許得三性俱起，執則不然。」

〔七〕玄奘譯佛地經：「平等性智者，由十種相圓滿成就：證得諸相增上喜愛，平等法性圓滿成故；證得一切領受緣起，平等法性圓滿成故；證得遠離異相非相，平等法性圓滿成故；弘濟大慈，平等法性圓滿成故；無待大悲，平等法性圓滿成故；隨諸衆生所樂示現，平等法性圓滿成故；一切衆生敬受所説，平等法性圓滿成故；世間寂静皆同一味，平等法性圓滿成故；世間諸法苦樂一味，平等法性圓滿成故；修殖無量功德究竟，平等法性圓滿成故。」

〔八〕「緣」，成唯識論述記作「勝」。勝解者，唯識宗别境之一，對所緣外境作出確定判斷。大乘廣五蘊論：「云何勝解？謂於決定境，如所了知，印可爲性。」

〔九〕「攝論云」，成唯識論述記作「攝論第一、六十三皆云」。

〔一〇〕「知」，成唯識論述記作「意」。

〔一一〕見玄奘譯瑜伽師地論卷六三。

〔一二〕「釋云」至此，詳見窺基撰成唯識論述記卷五。

論云：「謂從無始至未轉依，此意任運恒緣藏識，與四根本煩惱相應〔一〕：我癡者，謂無明，愚於我相，迷無我理，故名我癡；我見者，謂我執，於非我法妄計爲我，故名我見；我慢者，謂倨傲，恃所執我，令心高舉，故名我慢；我愛者，謂我貪，於所執我深生耽著，故名我愛。乃至〔二〕此四常起，擾濁内心，令外轉識恒成雜染，有情由此生死輪迴，不能出離，故名煩惱。」〔三〕

校　注

〔一〕按，成唯識論此後有：「其四者何？謂我癡、我見，并我慢、我愛，是名四種。」

〔二〕乃至：表示引文中間有删略。

〔三〕見玄奘譯成唯識論卷四。

釋云：此第七意，除四惑〔一〕外，不與餘心所相應者，一、恒故，二、内執故，三、一類境生故，所以不作意而向外馳求，唯任運而一向内執〔二〕。此第七識，於五受〔三〕中，唯捨受相應。論云：「此無始來，任運一類緣内執我，恒無轉易，與變異受不相應故。」〔四〕

校　注

〔一〕四惑：即我癡、我見、我慢、我愛等四根本煩惱。

〔二〕窺基撰成唯識論述記卷五：「散亂若别有體、無體，令心馳流外境上轉，緣外方起，此緣内審，故無散亂，此師意存别有體也。下論説言若别境中定爲體者，是假不遍，餘者説遍。然今此師設别有體，以緣外起或間斷故，不遍一切染，此識中無。一、恒故，二、内執故，三、一類境生故，不外馳流，故無散亂。」按，此爲釋成唯識論卷四：「散亂令心馳流外境，此恒内執一類境生，不外馳流，故彼非有。」

〔三〕五受：即憂受、喜受、苦受、樂受、捨受。日僧良光撰略述法相義卷上苦等五受：「五受謂苦、樂、憂、喜、捨也。樂、喜領順境相，謂適悦身，説名樂受；適悦心者，説名喜受。五識名身，意識名心。（中略）五根所生諸受，合名身受。唯依意者，獨名心受。苦、憂領違境相，謂逼迫身，説名苦受；逼迫心者，説名憂受。捨領中容境相，於身於心，非逼非悦，名不苦不樂受。」

〔四〕見玄奘譯成唯識論卷五。

又問：「末那心所，何性所攝？」〔一〕

論答云：「有覆無記所攝，非餘〔二〕。此意相應四煩惱等是染法故，障礙聖道，隱蔽真心，説名有覆；非善、不善，故名無記。若已轉依，唯是善性。」〔三〕

校注

〔一〕見玄奘譯成唯識論卷五。

〔二〕「有覆無記所攝，非餘」，原無，據成唯識論補。

〔三〕見玄奘譯成唯識論卷五。

密嚴經偈云：「末那緣藏識，如磁石吸鐵，如蛇有二頭，各别爲其業。染意亦如是，執取阿賴耶，能爲我事業，增長於我所，復與意識俱，爲因而轉謝。於身生煖觸，運動作諸業，飲食與衣裳，隨物而受用。騰躍或歌舞，種種自嬉遊，持諸有情身，皆由意功力。如火輪垂髮，乾闥婆之城，不了唯自心，妄起諸分别。身相器世間，如動鞦韆勢，無力不堅固，分别亦復然，分别無所依，但行於自境。譬如鏡中像，識種動而見，愚夫此迷惑，非諸明智者。仁主應當知，此三皆識現，於斯遠離處，是即圓成實。」〔一〕

問：此意有幾種差別？

答：略有三種。論云：「一、補特伽羅〔二〕我見相應，二、法我見相應，三、平等性智相應。初通一切異生相續、二乘有學、七地已前一類菩薩有漏心位，彼緣阿賴耶識起補特伽羅我見；次通一切異生、聲聞、獨覺相續，一切菩薩法空智果〔三〕不現前位，彼緣異熟識起法我見；後通一切如來相續，菩薩見道及順道中法空智果現在前位，彼緣無垢、異熟識等起平等性智。」〔三〕

校　注

〔一〕見大乘密嚴經卷上入密嚴微妙身生品。

問：人、法二執俱起，何故分位前後不同？

答：人、法必依法執起。又，法我通，人我局。論云：「補特伽羅我見起位，彼法我見亦必現前，我執必依法執而起，如要〔一〕迷杌等方謂人等故。」〔二〕釋云：「今顯初位，必帶後位，以初短故。人我位必有法我，人我必依法我起故。人我是主宰作者等用故，法我有自

校注

〔一〕補特伽羅：即有情衆生。翻譯名義集卷二人倫篇：「此云『數取趣』，謂諸有情起惑造業，即爲能取當來五趣，名之爲趣。」玄應一切經音義卷二二：「補特伽羅，案梵本『補』，此云『數』；『特伽』，此云『趣』；『羅』，此名『取』。云『數取趣』，謂數數往來諸趣也。」

〔二〕法空智果：謂無分別智入法空觀後之正智果。法空者，萬物皆因緣和合而成，没有實體，都是假有；智者，謂無分別智，即體會真如的智慧（真如離一切相而不可分別，故能體會真如之智稱無分別智）；果者，後得智和滅盡定。窺基撰成唯識論述記卷五：「法空智者，謂無分別智入法空觀時；果者，即是此正智果。謂法空後得智及依法空後得智入滅定位，無分別智所引起故，名法空智果。」曇曠大乘百法明門論開宗義決：「法空智果等者，法空智者，取正體智；而言果者，取後得智及後智所引滅定，此二皆是正智果故，是故皆名法空智果。」

〔三〕見玄奘譯成唯識論卷五。

性勝用等故，即『法我通，人我局』。」〔三〕

校注

〔一〕「要」，清藏本及成唯識論作「夜」。按，據大正藏校勘記，聖本、宮本成唯識論亦作「要」。

〔二〕見玄奘譯成唯識論卷五。迷杌者，疑杌爲人也。又，成唯識論述記卷五：「如人要迷杌，不知是杌等，方執爲人，迷杌爲先，後方人起。此中喻況理有淺、深，淺喻謂人是人執，迷杌是法執；深喻即迷杌是迷法空，謂人是起人執，法中據迷理，人中起事執。問：人中亦可言迷理，法中起事執。答：不然，人狹法寬，以法爲本故。難淺喻云：若執是杌即執人，可使執杌是法執。既言迷杌起於人，迷杌應非是法執？答：不然。迷者不了，不了杌時，似於法執，非謂執是實杌，方爲不了。問：若不了杌，與疑何別？答：彼猶豫故，此決定故。決定迷杌，遂執是人，故是法執。」

〔三〕見窺基撰成唯識論述記卷五。

問：此第七識，云何離眼等識別有自體？出何經文？

答：論云：「聖教、正理爲定量故，謂薄伽梵〔一〕處處經中，説心、意、識三種別義。集起名心，思量名意，了別名識，是三別義。如是三義，雖通八識，而隨勝顯，第八名心，集諸法種起諸法故；第七名意，緣藏識等恒審思量爲我等故；餘六名識，於六別境麁動間斷了別轉故。如入楞伽頌説：『藏識説名心，思量性名意，能了諸境相，是説名爲識。』」〔二〕

釋云：雖通八識皆名心、意、識，而隨勝顯，第八名心，爲一切現行熏集諸法種，現行爲依，種子識爲因，能生一切法故，是起諸法；「第七名意」者，因中有漏，唯緣我境，無漏緣第八及真如，果上許緣一切法故；餘六識名識，於六别境，體是麁動，有間斷法，了别轉故。易了名麁，轉易名動，不續名間。各有此勝，各别得名〔三〕。

校注

〔一〕薄伽梵：佛號之一，意譯「世尊」，以佛具衆德，爲世欽重故。

〔二〕見玄奘譯成唯識論卷五。「入楞伽頌説」者，見大乘入楞伽經卷六偈頌品：「藏識説名心，思量以爲意，能了諸境界，是則名爲識。」

〔三〕「釋云」至此，詳見窺基撰成唯識論述記卷五。

又，論云：「謂契經説，不共無明微細恒行，覆蔽真實。若無此識，彼應非有，謂諸異生〔一〕於一切分，恒起迷理不共無明，覆真實義，障勝慧眼。如有頌説：『真義心當生，常能〔二〕爲障礙，俱行一切分，謂不共無明。』是故契經説異生類恒處長夜，無明所盲〔三〕，惛醉纏心，曾無醒覺。若異生位有暫不起此無明時，便違經義。謂異生位迷理無明，有行不行，不應理故。此依六識皆不得成，應此間斷彼恒緣故。許有末那，便無此失。」〔四〕

釋云：如緣起經，有四無明：一、現，二、種，三、相應，四、不相應。或有爲二：共、不共等。今說不共者，謂此微細常行，行相難知，覆無我理，蔽無漏智，名覆蔽真實。真實有二：一、無我理，二、無漏見。義有二義：一、謂境義，見分境故；二、謂義理，真如即理故〔五〕。

校注

〔一〕異生：凡夫之異名。

〔二〕「能」，原作「時」，據成唯識論改。

〔三〕「盲」，嘉興藏本作「蒙」。按，成唯識論作「盲」。

〔四〕見玄奘譯成唯識論卷五。

〔五〕「釋云」至此，詳見窺基撰成唯識論述記卷五。

問：染汙末那，常與四惑相應，如何說不共無明？

答：論云：「應說四中無明是主，雖三俱起，亦名不共，從無始際，恒内惛迷，曾不省察，癡增上故。乃至〔一〕謂第七相應無明，無始恒行，障真義智，如是勝用，餘識所無，唯此識有，故名不共。」〔二〕又：「不共無明，揔有二種：一、恒行不共，餘識所無；二、獨行不共，此識非有。」

釋云：主是自在義，爲因依義，與彼爲依，故名不共。何故無明名爲不共？謂「從無始際」，顯長夜常起；「恒内惽迷」，明一切時不了空理；「曾不省察」，彰恒執我，無循反時。此意揔顯癡主自在義。「一、恒行不共」者，此識俱是，今此所論，餘識無也；「二、獨行不共」者，不〔三〕與忿等相應起故，名爲獨行。或不與餘俱起無明，獨迷諦理，此識非有〔四〕。

校注

〔一〕乃至：表示引文中間有删略。

〔二〕見玄奘譯成唯識論卷五。下一處引文同。

〔三〕「不」，原作「則」，據清藏本改。按，大正藏本成唯識論述記作「則」，故此訛誤其來有自。宗密撰圓覺經大疏釋義鈔卷五之下：「獨行不共，此識非有。」子注曰：「不與忿等相應起故，名爲獨行。或不與餘俱起無明，獨迷諦理。」

〔四〕「釋云」至此，詳見窺基撰成唯識論述記卷五。

又，「不共無明」者，無明是主故。名「不共」者，以主是不共義，不共即是獨一之義，謂無明是闇義，七俱無明，恒行不斷，是長闇義。由長闇故，名爲長夜。唯此無明爲長夜體，餘法皆無長夜之義，唯此獨有，故名不共。除此已外，餘法有一類長相續義而無闇義，或有一類雖有闇義而無長相續義，應作四句分别：一者、有是長而非是夜，如七俱貪等三及妙、平二智相應心品〔一〕等；二者、有是夜而非是長，如前六識相應無明；三、是長亦是夜，七俱無明是；四者、非長非夜，前六識除無明取餘貪等，及因中善等并果中觀察、成事二智相應心品〔二〕等。今此七俱無明，准此不但不與餘識共，兼亦不與自聚貪等三共，謂雖與同聚貪等俱起，而貪等無長夜闇義，貪等以染著等爲義，此以長闇爲義，與彼不同，故名不共，此以第七恒時迷闇名不共。六識中者，無恒時義，但有獨起之義，名爲不共。

校　注

〔一〕妙、平二智相應心品：即妙觀察智相應心品（又稱妙觀察智、觀察智等）、平等性智相應心品（又稱平等性智、平等智等）。參後注。

〔二〕觀察、成事二智相應心品：即妙觀察智相應心品（又稱妙觀察智、觀察智等）、成所作智相應心品（又稱成所作智、成事智等）。玄奘譯佛地經論卷三：「大圓鏡智者，謂離一切我我所執、一切所取能取分别，所緣行相不可了知，不愚不忘一切境界，不分别知境相差别，一切時方無間無斷，永離一切煩惱障垢有漏種子，一切清淨無漏功德種子圓滿，能現能生一切境界諸智影像，一切身土影像所依，任持一切佛地功德，窮未來際無有斷盡，如是名爲大圓鏡智。平等性智者，謂觀自、他一切平等，大慈大悲，恒共相應，常無間斷，建立佛地無住涅槃，隨諸有情所樂，示現受用身土種種影像，妙觀察智不共所依，如是名爲平等性智。妙觀察智者，謂於一切境界差别常觀無礙，攝藏一切陀羅尼門、三摩地門諸妙定等，於大衆會能現一切自在作用，斷一切疑雨大法雨，如是名爲妙觀察智。成所作智者，謂能遍於一切世界，隨所應化應熟有情，示現種種無量無數不可思議佛變化事，方便利樂一切有情常無間斷，如是名爲成所作智。（中略）轉第八識得大圓鏡智相應心，能持一切功德種子，能現能生一切身土智影像故。轉第七識得平等性智相應心，遠離二執自他差别，證得一切平等性故。轉第六識得妙觀察智相應心，能觀一切皆無礙故。轉五現識得成所作智相應心，能現成辦外所作故。」般若譯大乘本生心地觀經卷二：「一、大圓鏡智，轉異熟識，得此智慧。如大圓鏡現諸色像，如是如來鏡智之中，能現衆生諸善、惡業，以是因緣，此智名爲大圓鏡智。依大悲故，恒緣衆生；依大智故，常如法性。雙觀真、俗，無有間斷，常能執持無漏根身，一切功德爲所依止。二、平等性智，轉我見識，得此智慧。是以能證自、他平等二無我性，如是名爲平等性智。三、妙觀察智，轉分别識，得此智慧。能觀諸法自相、共相，於衆會前説諸妙法，能令衆生得不退轉，以是名爲妙觀察智。四、成所作智，轉五種識，得此智慧。能現一切種種化身，令諸衆生成熟善業，以是因緣，名爲成所作智。」

問：恒行不共無明相應，有幾種義？

答：有四義。古德云：一、是主者，謂前六識無明是客，有間斷故，第七無明是主，無間斷故。二、恒行者，有漏位中，常起現行不間斷故，名恒行。三、不共者，不同第六識獨頭〔一〕名不共，第六不共但不與餘九煩惱同起名爲不共，若第七名不共者，障無漏法勝故，又恒行不間斷故。四、前六識通三性心時，此識無明皆起現行，謂前六識善性心時，於施等不能亡相者〔二〕，皆是第七恒行不共無明内執我，令六識等行施時，不能達三輪體空〔三〕，又以有不共無明常能爲障，而令彼當生無漏智不生，此無明與第七識俱有故，至今不捨，故名俱行。

又，經云：「眼色爲緣，生於眼識。乃至〔四〕意法爲緣，生於意識。」〔五〕若無此識，彼意非有。眼根、色境爲二緣，能發引得眼識，乃至意識、法境爲二緣，能發得意識。若無第七識者，即應第六識唯有一法境爲緣，應無所依根緣也。既有俱有根者，明知即是第七識與第六識爲俱有根。

校注

〔一〕第六識獨頭：第六識或與前五識俱起，名爲同時意識；或唯自起，名爲獨頭意識。

〔二〕參本卷後引玄奘譯成唯識論卷五文。成唯識論述記卷五：「亡，由無也；相，謂相狀。雜染相狀，通三性也。由我執故，起施等善法。由有第七内執我故，外行施等分別相生。若有漏三性俱心無我執者，如無漏心，便能亡相，應成無漏。故攝論云謂我能行施等，今有二解：一云我者，即是第七内緣行相，非必外緣。二云此我外緣行相麁猛，非第七起，由第七故第六起此。舉由七生增明爲論，非實顯之。彼是第六識中我執，體有間斷，遍三性心間雜生故。此解爲勝，是根本故，第七不緣外境生故。」

〔三〕三輪體空：謂布施時，體達施者、受者及所施物皆悉本空，則能摧碾執著之相，是名三輪體空。施空者，謂能施之人，體達我身本空，豈有我爲能施？既知無我，則無希望福報之心，是名施空。受空者，謂既體達本無我爲能施之人，亦無他人爲受施之者，是名受空。施物空者，謂能體達一切皆空，豈有此物而爲所施？是名施物空。物即資財、珍寶等物。

〔四〕乃至：表示引文中間有删略。

〔五〕見大佛頂如來密因修證了義諸菩薩萬行首楞嚴經卷三。

小乘云：我宗取肉團與第六識爲依，何要别執有第七識耶？論主破云：亦不可説第六依於色故，第六必依意有，説意非是色故。又説第六有三分别，隨念、計度、自性分别故〔一〕。若許第六依色而住者，即同前五識，無隨念、計度二種分别。救云：我宗五識，根先識後故，即前念五根發後念五識。論主破云：俱有根者，如芽〔二〕依種起，芽種俱時；影籍身生，身影同有。識依根發，理必同時。無前念根，發後念識故。既若五識有俱有根，將證第六亦須有俱有根，即第七識是也。引理證者，教中説有思量者，即是第七識。

校注

〔一〕玄奘譯大乘阿毗達摩雜集論卷二：「唯一意識，由三分别，故有分别。三分别者，謂自性分别、隨念分別、計度分別。自性分別者，謂於現在所受諸行自相行分別；隨念分別者，謂於昔曾所受諸行追念行分別；計度分別者，謂於去來今不現見事思構行分別。」

〔三〕「芽」，原作「葉」，據嘉興藏本改。

小乘云：但是第六等無間名思量意，何要別説第七爲思量意耶？論主破云：且如第六意識現在前時，念等無間意已滅無體，如何有思量用名意耶？且如第六識，若居現在時，雖有思量，但〔一〕名爲識，不名意故，要待過去方名意故，須信有第七識，具恒審思量，方得名意。意者，依止義。若等無間意，依此第七假得意名，俱有依止思量用故。又，第七識與四惑俱，名爲染汙。恒審思量，名之爲意。常有恒行不共無明，故名染汙，正是有覆性，即覆真緣〔二〕義，蔽净妙智。恒審思量者，此揀第八、前六識。恒者，不間斷。審者，決定執我法故。

校注

〔一〕「但」，諸校本作「恒」。

〔二〕「緣」，當作「實」。

問：第八亦無間斷，第六決定有思量，何不名意？

答：有四句：一、恒而非審，第八恒無間斷，不審思量我法故；二、審而非恒，即第六雖審思量而非恒故，不名意也；前五俱非，非恒非審；第七俱攝而恒審故，獨名意也〔一〕。

校注

〔一〕曇曠大乘百法明門論開宗義決：「『恒審思量勝餘識』者，夫言意者，思量爲義。唯第七識恒審思量，由此應作四句分別：若第八識，恒而不審；其第六識，審而不恒；若前五識，非恒非審；唯第七識，亦審亦恒。是故恒審勝餘識也。」

問：第七思量何法？

答：執第八見分，思量有我法故。二乘無學無我執，以思量法我執故名意。佛果我、法二執俱無，恒審思量無我理，佛果第七亦名意。

問：爲第七自體有思量，爲第七相應遍行中思，名思量意耶〔一〕？

答：取心所思量者，即八識皆有思，何獨第七？

校注

〔一〕「耶」，原作「不」，據清藏本改。

問：若唯取自體有思量者，即何用心所中思耶？

答：具二義：一、有相應思量，二、亦自體思量，今取自體有思量名意。

問：心所與心王一種，是常審思量，執第八爲我，如何不説心所爲意？

答：言意者，依止義。心所雖恒審思量，非主，是劣法，非所依止故，不名意也。二者，自體識有思量，與餘七識爲所依止，唯取心王，即名意也。

問：若言自體有思量名意者，即第七有四分〔一〕，何分名思量意？

答：有二解：第一、見分名思量，内二分不名思量，但名意。見分不名意，有思量，以是用故，思量我無我；内二分不能思量我無我，但名意，以是體故。第二、見分是思量相，相者，體相、相狀；内二分是思量性，即内、外皆名意。三分皆思量，但除相分，相分是所量境也。

校　注

〔一〕四分：法相宗分心、心所法的認識作用爲四種：一、相分，二、見分，三、自證分，四、證自證分。詳見卷四三注。見、相二分稱爲外二分，自證、證自證二分稱爲内二分。

問：何以得知内外三分摠是思量？

答：識論云：「思量爲性相。」〔一〕內二分是體，名思量性。外見分是思量相，是用。一種是思量，三分皆名意，即不取相分名思量，以無能緣用故。

校　注

〔一〕見玄奘譯成唯識論卷四。

問：見分緣執我法，即思量我故，得名思量。自證分不緣於我相分，如何自證分亦名思量？

答：自證分證彼見分思量我執故，亦名思量也。

問：見分思量我，是非量攝。自證分證彼見分思量我，自證分亦是非量耶？

答：見分思量我，見分妄執，故名非量。自證是內證見分妄執，故自證體是現量，即體、用皆是思量。即內二分亦名意，亦名識。見分亦名意，亦名識，是意之用故。思量是用，意是體。思量即意，持業釋也。

問：第七識但緣第八見分爲我，云何不取相分及內二分等？

答：相分間斷，又是外緣。內二分作用沉隱難知，不執也。種子無作用故，不執爲我，以見分作用顯現故。

問：第七識三量假實，如何分別？

答：古釋三量分別者，第七見分是非量，境不稱心故。其第八見分本非是我，今第七妄執爲我，即不稱本質。又親緣第八見分不著，變相分緣，相分本非是我，第七又執爲我，又不稱相分，即兩重不稱境，故知非量。假實分別者，第七緣他本質，第八見分不著，但緣得中間假我相分故，境假非實。

問：中間相分，爲定是假？爲亦通實？

答：第七中間相分是假，無實種生，但從兩頭起此相分，仍通二性。若一半從本質上起者，是無覆性，即屬本質；若一半從自能緣第七見分上起者，同見分，是有覆性。但兩頭心法爍起，成一相分。今言境假者，但約隨妄心我相分以說。

問：若言第七當情相分但是假，從兩頭起，通二性者，應可第七所緣我相分中，一半有覆、一半無覆，一半是我、一半非我？

答：其第八見分上所起無覆性相分，與能緣第七妄心徧計相分密合一處，若是第七但自執妄起徧計有覆性假相分爲自内我，雖密合一處，亦不犯所執我中通二性過。如水中鹽味，但執是水，不執於鹽，水與鹽元不相離。

問：第七自有相分，如何不自緣相分，緣他第八見分爲我耶？

答：古德云：今言緣見分者，即是疎緣。若言親者，唯識義何在？

又問：設許疎緣第八者，且第七自識於何法上起執？

答：於自識相分起執。

又問：相、見何别？

答：若論外境，相、見全殊。若就心論，相、見無異，相即是見。故經云：「心如相顯現，見如心所依。」〔一〕

校注

〔一〕見大乘密嚴經卷下阿賴耶即密嚴品。

問：若無末那，有何等過？

答：若無第七，則無凡可厭，無聖可欣，凡、聖不成，染、净俱失。論云：「是故定應别有此意。又，契經説無想有情一期生中，心、心所滅，若無此識，彼應無染。謂彼長時無六轉識，若無此意，我執便無。乃至〔二〕故應别有染汙末那，於無想天恒起我執，由斯賢聖同訶厭彼。又契經説，異生善、染、無記心時，恒帶我執，若無此識，彼不應有。謂異生類三性心時，雖外起諸業，而内恒執我。由〔三〕執我故，令六識中所起施等不能亡相。故瑜伽説染汙末那爲識依止，彼未滅時，相了别縛不得解脱。末那滅已，相縛解脱。言相縛者，謂於境相不能了達如幻事等，由斯見分、相分所拘不得自在，故名相縛。依如是義，有伽陀言：如是染汙意，是識之所依，此意未滅時，識縛終不脱。」〔三〕

釋云：「於無想天恒起我執，由斯賢聖同訶厭彼」者，有第七於彼起我執，是異生故。出定已後，復沉生死，起諸煩惱，聖賢訶彼。若無第七，不應訶彼，無過失果。「由執我故，令六識中所起施等不能亡相」者，此我外緣，行相麁動，非第七起，由第七故，第六起此。全由七生，增明爲論。第六識中，我執體有間斷，通三性心間雜生故，第七不緣外境生故〔四〕。

校注

〔一〕乃至：表示引文中間有删略。

〔二〕「由」，原作「内」，據成唯識論改。

〔三〕見玄奘譯成唯識論卷五。

〔四〕「釋云」至此，詳見窺基撰成唯識論述記卷五。參見前文注引。

已上略録第七末那諸教同詮、群賢共釋，創入道者，此意須明。是起凡、聖之因，宜窮體性；乃立解惑之本，可究根原。迷之則爲人法執之愚，悟之則成平等性之智。於諸識內，獨得意名；向有漏中，作無明主。不間不斷，無想定治而不消；常審常恒，四空天避而還起。雖有覆而無記，不外執而内緣。常起現行，能蔽真而障道；唯稱不共，但成染而潤生〔一〕。是以欲透塵勞，須知要徑；將施妙藥，先候病原。若細意推尋，冥心體察，則何塵而不出？何病而不消？斷惑之門，斯爲要矣。

校注

〔一〕潤生：潤溉將來之生，指煩惱滋潤業而引生未來之果。

音義

倨，居御反。傲，五到反，慢也。恃，時止反，依也。蔽，必袂反，掩也。

躍，以灼反，跳也。嬉，許其反，美也。鰍，七遊反。韆，七然反，繩戲也。

循，詳遵反，善也。忿，敷粉反，怒。爍，書藥反，灼爍。透，他候反，跳也。

戊申歲分司大藏都監開板

宗鏡録卷第五十三

慧日永明寺主智覺禪師延壽集

第三能變者〔一〕，唯識論頌云：「次第三能變，差別有六種，了境爲性相，善、不善、俱非。」〔二〕此三能變是了別境識，自證分是了別性，見分是了別相，有覆有記，識以了境爲自性，即復用彼爲行相故。則了境者，是識自性，亦是行相，行相是用故〔三〕。識論云：「隨六根、境種類異故〔四〕。或名色識，乃至法識，隨境立名，順識義故，謂於六境了別名識。色等五識唯了色等，法識通能了一切法，或能了別法，獨得法識名，故六識名無相濫失。」

校注

〔一〕按，此云「第三能變」者，「第一能變識」見卷四七「論頌曰：初阿賴耶識」至卷五一，卷五二爲「第二能變識」。

〔二〕見玄奘譯成唯識論卷五。下一處引文同。

〔三〕窺基撰成唯識論述記卷五：「了者，即通自性，自性即自證分。行相即是識之見分，緣相爲境；自證爲見之依，緣見爲境，是故總言『了境爲性相』。又解：不須如是分別，此中但解了境者，是識自性，亦是行相，行相是用故。」

〔四〕按，引文「隨六根、境種類異故」前後有删略，致文意不足，成唯識論卷五作：「此識差别總有六種，隨六根、境種類異故。謂名眼識，乃至意識，隨根立名具五義故。五謂依、發、屬、助、如根。雖六識身皆依意轉，然隨不共立意識名，如五識身無相濫過。或唯依意故名意識，辯識得名，心、意非例。」

問：若心外無實色，則眼等五識無有所緣？

答：識論云：「雖非無色而是識變，謂識〔一〕生時，内因緣力變似眼等色等〔二〕相現，即以此相爲所依緣。然眼等根〔三〕，非現量得，以能發識，比知是有，此但功能，非外所造。外有對色，理既不成，故應但是内識變現。」〔四〕

校注

〔一〕識：即八識，眼識、耳識、鼻識、舌識、身識、意識、末那識和阿賴耶識。

〔二〕韓廷傑成唯識論校釋卷一：「内因緣力，即阿賴耶識儲藏的種子。眼等，即眼、耳、鼻、舌、身五根。色等，即色、聲、香、味、觸五塵。」

〔三〕韓廷傑成唯識論校釋卷一：「眼等根，此中之『根』是指浄色根，即發識的功能。浄色根肉眼是看不到的，故非現量所得，衹能靠比量認識。扶根塵（即肉眼、肉耳等）可以是現量所得。」

〔四〕見玄奘譯成唯識論卷一。

釋云：眼等雖有所依、所緣之色，而是識所變現，非是心外别有極微以成根、境。但八識生時，内因緣種子力等，第八識變似五根、五塵，眼等五識依彼所變根，緣彼本質塵境，雖親不得，要託彼生。實於本識色塵之上，變作五塵相現，即以彼五根爲所依，以彼及此二種五塵爲所緣緣。五識若不託第八所變，便無所緣緣，所緣緣中有親疎故〔一〕。「然眼等根，非現量得」者，色等五塵，世間共見，現量所得。眼等五根，非現量得。除第八識緣及如來等緣，是現量得，世不共信〔二〕，餘散心中無現量得。此但能有發識之用，比知〔三〕是有。此但有功能，非是心外别有大種所造之色。此功能言，即是發生五識作用。觀用知體，如觀生芽，比知種體是有〔四〕。

校注

〔一〕所緣緣：即所緣之緣，指一切認識對象。玄奘譯成唯識論卷七：「所緣緣，謂若有法是帶己相，心或相應所慮所託。此體有二：一親，二疏。若與能緣體不相離，是見分等内所慮託，應知彼是親所緣緣。若與能緣體雖相離，爲質能起内所慮託，應知彼是疏所緣緣。親所緣緣能緣皆有，離内所慮託必不生故。疏所緣緣能緣或有，離外所慮託亦得生故。」韓廷傑成唯識論校釋卷七：「帶己相，『帶』是心似彼境相義，即能緣之心有似所緣之相名帶，『相』謂能緣心等帶此色等之相。」「親所緣緣，與能緣心不相離，直接被所慮所託，如相分對見分而言，没有其他的東西間隔。乃至見分及證自證分之於自證分，自證分之於證自證分，真如之於根本智等，都屬於親所緣緣。」「疏所緣緣，與能緣心相離，能引起親所慮託之相分，即他識所變及自身中别識所變，仗爲本質。『疏』意謂被相分所間隔。」

〔二〕「信」，原作「言」，據諸校本及成唯識論述記改。

〔三〕「比」，原作「此」，據諸校本及成唯識論述記改。比者，比類。比知，就是比照舊例而推想未知之事。

〔四〕「釋云」至此，詳見窺基撰成唯識論述記卷二。

所以密嚴經偈云：「眼色等爲緣，而得生於識，猶火因薪熾，識起亦復然。境轉隨妄心，猶鐵逐磁石，如乾城陽燄〔一〕，愚渴之所取。中無能造物，但隨心變異，復如乾城人，往來皆不實。衆生身亦尔，進止悉非真，亦如夢中見，寤後即非有。妄見藴等法，覺已本寂然，四大微塵聚，離心無所得。」〔二〕

校注

〔一〕乾城：「乾闥婆城」之略，謂幻化而出的城郭。陽燄：慧琳一切經音義卷七：「陽焰，熱時遥望，地上、屋上陽氣也，似焰非焰，故名陽焰，如幻如化。」

〔二〕見大乘密嚴經卷中自作境界品。

華嚴經云：「自在主童子告善財言：『善男子，我復善知十八工巧，種種技術，并六十二卷屬明論及内明等〔一〕，一切方法，治内煩惱。何等名爲内身煩惱？有四因緣：一、謂眼根攝受色境，二、由無始取著習氣，三、由彼識自性本性，四、於色境作意希望〔二〕。由此四種因緣力故，藏識轉已，識波浪生，譬如瀑流，相續不斷。善男子，如眼識起，一切根識微塵毛孔俱時出生，亦復如是。譬如明鏡，頓現衆像，諸識亦尔，或時頓現。善男子，譬如猛風吹大海水，波浪不停，由境界風飄静心海，起識波浪，相續不斷，因緣相作，不相捨離，不一不異，如水與波，由業生相，深起繫縛，不能了知色等自性，五識身轉。彼阿賴耶終不自言我生七識，七識不言從阿賴耶生，但由自心執取境相，分別而生。如是甚深阿賴耶識，行相微細，究竟邊際，唯諸如來住地菩薩之所通達，愚法聲聞及辟支佛、凡夫、外道，悉不能知。』」〔三〕

校注

〔一〕澄觀述華嚴經行願品疏卷五：「言『我復善知』者，梵本云：『菩薩具足一切智慧能知十八等。』斯則推菩薩知，非我知也。言『十八工巧』者，未見經論，瑜伽但有十二工巧，已如上引。『六十二卷屬明論』者，義當六十二論，謂四遍常等，亦屬工巧。若十二攝者，即防那攝。『及内明等』者，等取因明，良以因明多屬内故，不廣其相。」「瑜伽但有十二工巧」者，瑜伽師地論卷一五：「云何工業明處？謂於十二處，略説工業所有妙智，名工業明處。何等十二工業處耶？謂營農工業、商估工業、事王工業、書算計度數印工業、占相工業、呪術工業、營造工業、生成工業、防那工業、和合工業、成熟工業、音樂工業。」

〔二〕澄觀述華嚴經行願品疏卷五：「眼緣色境，其染、淨依及分別依至第六識，復並除之，以染、淨第七是所依根，分別第六是所起識，故今合之，以爲初緣。二即種子，三根本依，四即作意。若爲此釋，非但順於諸本楞伽，亦乃不乖唯識等論。『一、謂眼根攝受色境』下別列，此第一緣，枉被改削『眼根』兩字，殊妨文旨，此是識故。十卷經云：『一者、不覺自内身取境界故。』七卷云：『不覺自心現而執取故。』四卷云：『自心現攝受不覺。』此三本經，言異意同。梵本中云：『不知始終，恒懷執著。』即九緣中，染淨分別合爲此緣，謂不覺自心頓現萬境，不知能現執爲内我，即第七識是染淨依，故彼經云『不覺自内身』也。不知所現取爲色境，即第六識，是分別依。則十卷經文，最爲圓備。若順梵本，應云『不覺自心妄現境界而生執取』，文理方圓。若了唯心，不生妄識。『二、由無始取著習氣』，即眼識種子。由無始來，眼識取境熏習氣分而成種故。入楞伽云：『無始世來，虚妄分別色境界熏習執著戲論故。』今此經略。准梵本中，應云『無始虚妄色習氣』，不著『色』字，不局眼故也。『三、由彼識自性本性』者，即根本依，謂第八識。若離第八，餘不轉故。自性即是第八識體，謂集起賴耶。重言『本性』者，即是真識如來藏性。以楞伽、起信真妄和合成第八故。入楞伽云：『三者、識自性體如是故。』體性雙明。四卷亦云：『識性自性。』『四、於色境界作意希望』者，即作意緣。若不作意，對而不了。入楞伽云：『樂見種種色相故。』」入楞伽經卷二：「有四因緣眼識生。何等爲四？一者、不覺自内身取境界故；二者、無始世來虚妄分別色境界薰習執著戲論故；三者、識自性體如是故；四者、樂見種種色相故。」

〔三〕見般若譯大方廣佛華嚴經卷九。

問：眼識等爲復依根發識？依境發識？

答：定依根發。百法云眼識依根發識，乃至意識亦尔。若眼根變異，眼識必隨變異。如眼病所見青色爲黃色，此不是壞境，但是根損，令識取境變爲黃色，故知隨根得名〔一〕。

校注

〔一〕玄奘譯大乘百法明門論：「心法略有八種：一、眼識，二、耳識，三、鼻識，四、舌識，五、身識，六、意識，七、末那識，八、阿賴耶識。」曇曠大乘百法明門論開宗義記：「『隨根立名而不隨境立識名』者，隨根立名，具五義故，五謂依、發、屬、助、如根：一、依眼之識，故名眼識。要根不壞，依眼識生，縱色現前，盲不見故。二、眼所發識，故名眼識。如病損眼，識並見黃，不由色壞識謬見故。三、屬眼之識，故名眼識。眼識種子，隨眼種生，不隨色種眼識生故。四、助眼之識，故名眼識。由識合根，有所領受，根有損益，非由色故。五、如眼之識，故名眼識。如根能照，定是有情，色於是中，非決定故。眼識既爾，餘識准之。」

問：眼識緣青色爲黃，豈不是非量？

答：但是同時亂意識，以眼根有損，令同時意識緣亂故，便變青爲黃，其實眼識不作青黃緣也。意根損，意識亦損，如初地我、法二執，即時成無漏，此時意根壞，無其二執。能緣之識，亦能壞卻二執也。故知依根所發，得名眼識，但隨根立也。護法云：六識體性各別，但依根、境而立其名。若執有一識能緣六境者，若六境一時到，如何一箇意識能一時緣得耶？若前後起，即不徧故，所以「隨六根、境種類異故」，依根得名。

問：眼識等六，既依根發識，以何爲根？

答：護法通用現、種爲根，根既然，境亦尓。瑜伽論亦云：皆以現行及種子二法爲眼等根。由本熏時，心變似色，從熏時爲名。以四大所造清浄色故，對所生之果識，假説現行爲功能，實唯現色，功能生識之義，大小共成〔一〕。

校注

〔一〕窺基撰成唯識論述記卷二：「對法第一云：眼界者，謂曾、現見色及此種子。又瑜伽決擇分等，皆以現行、種子二法爲眼根等。然唯種家釋對法等者，由本熏時，心變似色，從熏時爲名。又即識之種子現有，生識用故，假説爲現行色根。（中略）釋通現、種文者，實唯現行是根，以四大所造説浄色故，對所生之果識，假説現行爲功能，實唯現色，功能生識之義，大小共成。」玄奘譯大乘阿毗達磨雜集論卷一：「問：眼界何相？答：謂眼曾、現見色及此種子積集、異熟阿賴耶識，是眼界相。眼曾見色者，謂能持過去識受用義以顯界性。現見色者，謂能持現在識受用義以顯界性。及此種子積集異熟阿賴耶識者，謂眼種子或唯積集，爲引當來眼根故；或已成熟，爲生現在眼根故。此二種名眼界者，眼生因故。如眼界相，耳、鼻、舌、身、意界相亦爾。」智周成唯識論演祕卷二：「『由本熏時』等者，根實唯種，由熏種時，心變似色，對法據此熏時似色名爲現色，餘根亦然。」「『對所生之果識』等者，能生果法，名爲功能。現行色根，能生識果，據此假説現行色根名爲功能，功能即是種子異名。」「『功能生識』等者，大小皆許根名功能，所以論云『發眼等識名眼等根』。舉功能顯，由體有静故，論不出之根體也。」

問：根以何爲義？

答：根者，即五根，有增上出生義故，名之爲根。於中有清净五色根、有扶塵五色根〔一〕。若清净五色根，即是不可見有對净色〔二〕以爲體性，能發生五識，有照境用故。若扶塵五色根者，即扶清净根，能照其境，自體即不能照境，爲扶塵根是麁顯色故，不妨與清净根爲所依。五藴論云：「根者，最勝義，自在義，主義，增上義，是爲根義。云何眼根？謂以色爲境，净色爲性。謂於眼中一分净色，如净醍醐。此性有故，眼識得生，無即不生。乃至〔三〕身根以觸爲境，並净色爲性，無即不生。」〔四〕

校注

〔一〕清净五色根：即勝義根，是眼、耳、鼻、舌、身五根的實體，不可見而有能見之作用者。阿毗達磨俱舍論卷一：「識即色、聲、香、味、觸識，彼識所依五種净色，如其次第應知，即是眼等五根。如世尊説，苾芻當知，眼謂内處四大所造，净色爲性。」扶塵五色根：即扶塵根，是肉眼可見的五根之外形。扶，又作「浮」。此扶塵根爲所依，净色之眼、耳根等勝義根有發識取境的實用。

〔二〕不可見有對浄色：指五根（眼識、耳識、鼻識、舌識和身識）四塵（聲、香、味、觸）。眼識不可見而能對色，耳識不可見而能對聲，鼻識不可見而能對香，舌識不可見而能對味，身識不可見而能對觸。此五根皆指勝義根。聲、香、味、觸等四塵皆不可見，而有對於耳、鼻、舌、身，故稱不可見有對浄色。對，即障礙之意。有對，即法有礙。浄色，是極精妙而不可以肉眼見的細色。圓暉述俱舍論頌疏論本卷一：「眼等五根，體清浄故，如珠寶光，故名浄色。」龍樹造、鳩摩羅什譯大智度論卷二〇：「佛説三種色：有色可見有對，有色不可見有對，有色不可見無對。過色相者，是可見有對色；滅有對相者，是不可見有對色；不念異相者，是不可見無對色。」法藏華嚴經探玄記卷一二：「（色）要略唯三：一、可見有對，眼識所行；二、不可見有對，餘四識所行；三、不可見無對，謂意識所行。」可見有對色，即一切色塵。不可見無對色，指無表色。

〔三〕乃至：表示引文中間有删略。

〔四〕見安慧造、地婆訶羅譯大乘廣五蘊論。

問：未轉依中，前五轉識，於三量中定是何量？

答：古德云：且眼識緣色境相分，即各自緣自相分。三量分别者，是現量。現量具三義：一、現在，非過、未；二、顯現，非種子；三、現有，簡無體法。緣現量境名現量者，不度量也。即因修證境，不帶名言，是任運義。即五識緣境，得法自相，但中間無隔礙，故名親緣。相分有赤色，即得赤色之相分，但不分別故，任運不帶名言故，名得自相也。

護法云：五識唯緣實五塵境，即不緣假，但任運而緣，不作行解，不帶名言，是現量故。且如眼識緣青、黄、赤、白四般實色時，長、短、方、圓假色雖不離實色上有，眼識但緣實，不緣長短假色也。眼識定不緣長短色，唯意識作長短心而緣也。如五識初念與明了意識緣五塵境時，唯是現量，得五塵之實色。若後念分別意識起時，即行解心中作長短色緣，是比量心緣也。即五識唯是現量，緣實不緣假故。論云：「無有眼等識，不緣實境生。」〔一〕即五識唯緣實，是自相境〔二〕。如眼識緣青境自相時，得青色之自相，若後念分別意識起時，即非青色解，便是共相比量也。纔作解心時，不實青色之體，爲帶名言，是在假相也。

校注

〔一〕按，窺基唯識二十論述記卷上引云「阿毗達磨經偈中説」。

〔二〕大乘光大乘百法明門論疏卷上：「眼等五識所緣境界，西方諸師有其兩釋。第一釋云：眼等五識，唯緣實塵，不緣於假。所以者何？眼等五識緣證量塵，不待名言，不待此餘根境，由長、短等諸餘假色，要待名言，及待此餘根境，是故不緣長等假色。」「又一釋云：眼等五識，假實並緣。若緣於假，必緣其實，緣實之時，不緣於假。所以者何？假依實有，緣假之時，其必緣實；實不依假，緣實之時，不緣於假。」

故識論云：「謂假智、詮不得自相，唯於諸法共相而轉也。」〔一〕言假智者，即作行解心，名假智也；言詮者，心上解心名、句、文，及聲上名、句、文，是能詮，皆不得所詮自相也。

校注

〔一〕見玄奘譯成唯識論卷二。按，此處引文之前，成唯識論中有云：「真謂自相，假智及詮俱非境故。」如理集成唯識論疏義演卷二末：「真謂自相假智等者，有漏比量名假智，此智但緣共相境，不得自相境，唯現量智得。問：何名假智？答：非是無漏智而得假名也。」

又，釋云：「顯假不依真，唯依共相轉。即此真事，不説心識實體名真，但心所取法自體相，言説不及，假智緣不著，説之爲真，此唯現量智知。性離言説及智分別，此出真體，非智、詮及。如色法等而〔一〕爲自性，水濕爲性〔二〕，但可證知，言説不及。第六意識隨五識後起，緣此智故，發言語等，但是所緣所〔三〕説法之共相，非彼自相。」〔四〕

校注

〔一〕「而」，成唯識論述記作「礙」。

〔二〕「水濕爲性」，成唯識論述記作「火以煖爲性，水以濕爲性」。

〔三〕「所」，成唯識論述記無。

〔四〕見窺基撰成唯識論述記卷二。

又：「遮得自相，名得共相。若所變中有共相法是可得者，即得自體，應一切法可説、可緣，故共相法亦説、緣不及，然非是執，不堅取故。如五藴中，以五藴事爲自相，空、無我等理爲共相。」又：「以理推〔一〕，無自相體〔二〕。且説不可言法體名自相，可説爲共相。以理而論，共既非共，自亦非自，爲互遮故，但各别説。説空、無我等是共相者，從假智説，此但有能緣行解，都無所緣空實共體。入真觀時，則一一法皆别了知，非作共解。言説若著自相者，説火之時，火應燒口，火以燒物爲自相故。緣亦如是，緣火之時，火應燒心。今不燒心及不燒口，明緣及説俱得共相。若尔，唤火何不得水？不得火之自相故，如唤於水，此理不然，無始慣習共呼故。今緣於青作青解者，此比量智不稱前法，如眼識緣色稱自相故，不作色解。後起意識緣色共相，不著色故，遂作青解。遮緣非青之物，遂作青解，非謂青解即稱青事。故唯識頌云：『現覺如夢等，已起現覺時，見及境已無，寧許有現量。』〔三〕此謂假智，唯緣共相而得起故，法之自相離分别故。言説亦尔，不稱本法，亦但只於共相處轉。今大乘宗，唯有自相體，都無共相體。假智及詮，但唯得共，不得自相〔四〕。若説共相，唯有觀心〔五〕，現量通緣自相、共相〔六〕。若法自相，唯現量得，共相亦通比量所得，乃至故言『唯

於諸法共相而轉』。此之自相，證量所知，非言説等境故。」〔七〕

校注

〔一〕按，「以理推」者，前引「空、無我等理爲共相」後，此句之前成唯識論述記卷二有「分藴成處，色成於十，處名自相，藴名共相，一色藴該十故。於一處中，青、黄等類別，類名自相，處名共相。於一青等類中，有多事體，菓青非華等，以類爲共相，事名爲自相。一事中有多極微，以事爲共相，以極微爲自相。如是展轉，至不可説爲自相，可説極微等爲共相。故」。

〔二〕道邑成唯識論義藴卷二本：「『以理推，無自相體』者，自、共二相皆無自體。」

〔三〕見唯識二十論。「唯識頌云」，成唯識論述記作「二十唯識伽他中言」。

〔四〕道邑成唯識論義藴卷二本：「『今大乘宗』至『不得自相』者，問：既言都無共相，如何復言唯得共相，不得自相？答：此同前遮得自相名得共。若爾，亦應遮得共相名得自相？答：自相離言證量得故，但遮自，不遮共也。」

〔五〕道邑成唯識論義藴卷二本：「『唯有觀心』者，大乘共相無其實體，唯有能觀之心作共相解。」

〔六〕道邑成唯識論義藴卷二本：「『現量通緣自相、共相』者，如在觀中，緣其苦、空等，雖是共相，亦現量故。」

〔七〕見窺基撰成唯識論述記卷二。

又疏〔一〕：「問云：何故名自相、共相？

「答曰：若法自體，唯證智知，言説不及，是爲自相；若法體性，言説所及，假智所緣，是爲共相。

「問曰：如一切法皆言不及，而復乃云言説及者，是爲共相，一何乖返？

「答曰：共相是法自體上義，更無別體。又此〔二〕名詮火等法時，遮非火等，此義即通一切火上，故言共相即〔三〕其義也，非苦、空等之共相理。若尔，即一切法不可言。『不可言』言〔四〕，亦不稱理。遮可言故，言『不可言』，非『不可言』，即稱法體，法體亦非『不可言』故。而今乃言名得自性者，共相爲自性〔五〕故。今應解此非法體，其義可然，言名等詮共相，非謂即得共相體，但遮得自相故，言名詮共相。」〔六〕

校注

〔一〕按，成唯識論述記此問之前，有云：「諸法自相非名等詮，唯現量證，名唯詮共相。今言詮自性者，即是共相之自性。自性者，體義；差別者，體上差別義。即自相、共相皆有體性及差別義故。」

〔二〕「又此」，成唯識論述記作「且如」。

〔三〕「即」，成唯識論述記作「得」。

〔四〕下一「言」字，原無，據成唯識論述記補。

〔五〕「自性者，共相爲自性」，原作「共相之自性」，據成唯識論述記改。

〔六〕見窺基撰成唯識論述記卷二。

又，自相者，即諸法之自體相，如火以煖爲自相，唤火之時，不得煖故，不得自相。此煖自相，唯身識現量證故，非名所得。共相者，此以名下所詮之義名共相。共相有二：一者、共自類相，二者、共異類相。如言火時，不該於水等，但徧一切火上，故名共自類相。若言苦、空、無常等，則不唯在一類法上，及徧一切水、火等法上，故名共異類相。

又，自相者，唯五根、五塵，心、心所得〔一〕，謂五根是第八現證，五塵是五、八心、心所現量，證自體性。獨散意識等，尚不得自體性，何况名詮得自體性也？五識緣五塵境時，具四義故，名得法自相：一、任運故，二、現量故，三、不帶名言故，四、唯緣現在境故，得名自相。意識所緣境有二：若是獨頭意識所緣境，即於法處收；若明了意識所緣境，即於色處攝。且如眼識明了意識，初一念率尔同緣色時，但緣色之自相；後念明了意識，分别所緣色上長等假色，即是共相。雖然長等假色是明了意識所緣境，亦在於色處收，爲是假故，眼識不緣也。乃至聲亦耳，且如耳識初刹那率尔與明了意識同緣聲時，亦是得法自相，後念意識起，緣於聲上名、句、文三，有分别行解等，緣假也。今五識既無分别行解，所以不緣假也。

問：且如色有二十五種，青、黄等四般顯色是實，餘是假〔一〕；聲有十二種〔二〕，唯執受、不執受聲〔三〕是實，餘是假；觸有二十六種，四大是實，餘是假〔四〕。此中實者，五識緣於五塵處攝。若假者，論主既言五識不緣，是意識緣，如何不於法處攝耶？

答：第六明了意識緣長等假色，有三義故，所以不於法處攝：一、明闇不同，二、以假從實，三、以影從質。具此三義故，於色處攝也。若獨頭意識，無此三故，所以法處攝。

且第一明闇有異者，若明了意識與五識初念率尔心時，即是現量，不緣其假。至後念明了意識分別心生，即緣假色。五識正緣實色時，此意於五識所緣實色而生行解。緣其假色故〔五〕，與五識不同時起分別故，即此意識即是明也。所緣假色等，即於色處攝，不於法處收。若是獨頭意，不假五識而生分別，但約獨起者，即是闇意識，即於法處攝。

校注

〔一〕窺基撰成唯識論述記卷二："唯五根、五塵，心、心法得。此義應思，然不得共相之別義名得自性，非詮稱共相之自體也。"智周撰成唯識論演祕卷二末："『唯五根、五塵，心、心法得』者，根、塵自相，名皆不得，故唯心得。佛果八識，悉皆得之。因中，第八得二自相，五識但得五塵自相，六、五同緣，得塵自相。定中意識亦得五根，餘即不爾。問：五根照境，五境自相根何不得？答：現量之心，名得自相。根非現量，故不得彼。」『不得共相之別義』者，即共相差別義，差別之義句所得故。"

二、以假從實者，以長等假色依他實色上立，雖意識緣，攝此假色歸於實色，揔於色處攝也，不於法處收。

三、以影從質，長等假色是第六識託五塵實色爲質，而變起長等假相分緣，將此假相分長等色，就五塵實色處收，揔於色處攝也。若獨頭意識，不必有本質也。

此有三義，故假五塵色揔於色收。若是獨頭生闇意識所緣之境，即法處收。

校注

〔一〕「色有二十五種」者，玄奘譯大乘阿毗達磨雜集論卷一：「色者，四大種所造眼根所行義，謂青、黄、赤、白，長、短、方、圓，麁、細，高、下，若正、不正，光、影、明、闇，雲、煙、塵、霧，迥色、表色、空一顯色。」「青、黄等四般顯色」者，顯然即可見之青、黄、赤、白四色。

〔二〕「聲有十二種」者，可意聲（和適其意之歡樂聲）、不可意聲（違逆其意之愁苦聲）、俱相違聲（不苦不樂之聲），因受大種聲（由内四大種所出，如語言等聲）、因不受大種聲（由外四大種所出，如樹木等聲）、因俱大種聲（由内外四大種相依所出，如以手擊鼓等聲），世所共成聲（世人談話等聲）、成所引聲（聖者所説之聲）、遍計所執聲（外道所説聲），聖言所攝聲（指見言見、不見言不見、聞言聞、不聞言不聞、覺言覺、不覺言不覺、知言知、不知言不知等八種正聲）、非聖言所攝聲（與聖言所攝相反的八種不正聲），響聲。玄奘譯大乘阿毗達磨雜集論卷一列十一種聲：「聲者，四大種所造耳根所取義，若可意、若不可意、若俱相違、若因受大種、若因不受大種、若因俱大種、若世所共成、若成所引、若遍計所執、若聖言所攝、若非聖言所攝。」顯揚聖教論在大乘阿毗達磨雜集論的基礎上，加「響聲」，成十二種聲。義忠述大乘百法明門論疏卷下：「顯揚論中，有十二種，於前十一上更加響聲。」顯揚聖教論卷一：「聲謂耳所行境，耳識所緣四大所造可聞音爲體。色蘊所攝，無見有對。此復三種，謂可意、不可意及俱相違。或因手等相擊出聲，或由尋伺扣絃拊革，或依世俗，或爲養命，或宣暢法義而起言説，或依託崖谷而發響聲。如是若自相、若分別、若響音，是名爲聲。」

〔三〕執受、不執受聲：即因受大種聲、因不受大種聲，又稱因執受大種聲、因不執受大種聲等。宗密撰圓覺經大疏釋義鈔卷七：「因執受者，具云『因執受大種聲』，因謂因由、假藉之義。謂因賴耶所執受四大種所發之聲也，即有情言音。」「因不執受大種聲，不因賴耶説受大種所發之聲也，即風鈴等聲。因執受不執受大種聲，因説受四大、不説受四大共發之聲也，擊鼓、吹角、吹笛等聲也。」參前注。

〔四〕「觸有二十六種」者，窺基解、普泰增修大乘百法明門論解卷下：「身之所取，可觸之義，故名爲觸，有二十六種，謂地、水、火、風、輕、重、澀、滑、緩、急、冷、暖、硬、軟、饑、渴、飽、力、劣、悶、癢、粘、老、病、死、瘦是也。」四大者，地、水、火、風。大乘光大乘百法明門論疏卷上：「色塵之中，青、黄、赤、白四種是實，餘並是假；聲塵之中，因執受大種聲、因不執受大種聲、因執受不執受大種聲，此三是實，餘並是假。香塵之中，好香、惡香、平等香，此三是實，餘並是假；味塵之中，苦、酢、甘、辛、鹹、淡，此六是實，餘並悉假有；觸塵之中，地、水、火、風四種是實，餘並是假有。」

〔五〕「色故」，原作「是六」，據諸校本改。

問：五根於何教中證是現量？

答：誠證非一。圓覺經云：「譬如眼光，照了前境，其光圓滿，得無憎愛。」可證五根現量不生分别，其眼光到處，無有前後，終不捨怨取親、愛妍憎〔一〕醜。例如耳根不分毁讚之聲，鼻根不避香臭之氣，舌根不簡〔二〕甜苦之味，身根不隔澀滑之觸，以率尔心時不分别故，刹那流入意地，纔起尋求，便落比量，則染浄心生，取捨情起。

校　注

〔一〕「憎」，原作「增」，據嘉興藏本改。

〔二〕「簡」，磧砂藏、嘉興藏本作「揀」。

問：眼等五根緣境之時，當具幾義？

答：緣者，是緣藉之義。境有二義：一、所藉義，二、所照義。言所藉者，如緣有體境，藉彼爲所緣緣故；言所照者，雖不藉彼爲所緣，然是所照矚處，亦説爲境。如眼等五根照色等境，雖非所緣，然對此根，得名爲境，是所照故。又，眼根照色，眼識緣色，乃至身根覺觸，身識了觸等。

又，古德問：五識既唯緣實色，只如長短等依色境現前時，眼根不壞，此時眼識，爲緣？爲不緣？若言緣者，便犯五識緣假之過；若不緣者，何故閉眼不見，開眼乃見耶？

答：此時眼識但得青等實色，而同時意識依眼根爲門，分明顯了，取得長等，據意識得，合法處收。但緣此時意識依眼根取，對所依根故色處攝。

問：前五識具幾業，能了前境？

答：前五識具六業。瑜伽論云：一、唯了別自境所緣，二、唯了別自相，三、唯了別現在，四、唯一剎那了別，五、隨意識轉、隨善染轉、隨發業轉，六、能取愛非愛果〔一〕。

問：眼識現量，稱境而知。若眼病之時，或見青爲黄，豈稱境耶？若不稱境，何名現量？

答：一師云：見青爲黄，實是意識，謂由根病故，引得病眼識，由病眼識故，遂引非量意識見青爲黄，非眼識見青爲黄，由病眼識能起見黄識故作是説。

校注

〔一〕玄奘譯瑜伽師地論卷一：「彼作業者，當知有六種，謂唯了別自境所緣，是名初業；唯了別自相；唯了別現在；唯一剎那了別；復有二業，謂隨意識轉、隨善染轉、隨發業轉，又復能取愛非愛果，是第六業。」

二師云：由病眼根引病眼識，雖見青爲黄，而不作黄解，故是現量。如無分別觀佛性真如爲八自在我〔一〕時，雖不稱境，而無分別智〔二〕不作我解故，得是現量。此亦然也。

校注

〔一〕八自在我：一、能示一身以爲多身，二、示一塵身滿大千界，三、以大千身輕舉遠到，四、現無量類常居一土，五、諸根互用，六、得一切法如無法想，七、説一偈義經無量劫，八、身遍諸處，猶如虚空。大般涅槃經卷二三：「有八自在，則名爲我。何等爲八？一者、能示一身以爲多身，身數大小，猶如微塵，充滿十方無量世界。如來之身，實非微塵，以自在故，現微塵身，如是自在，則爲大我。二者、示一塵身滿於三千大千世界。如來之身，實不滿於三千大千世界。何以故？以無礙故，直以自在故，滿於三千大千世界，如是自在，名爲大我。三者、能以滿此三千大千世界之身輕舉飛空，過於二十恒河沙等諸佛世界而無障礙。如來之身，實無輕重，以自在故，能爲輕重，如是自在，名爲大我。四者、以自在故而得自在。云何自在？如來一心安住不動，所可示化無量形類，各令有心。如來有時或造一事，而令衆生各各成辦。如來之身常住一土，而令他土一切悉見。如是自在，名爲大我。五者、根自在故。云何名爲根自在耶？如來一根，亦能見色、聞聲、嗅香、别味、覺觸、知法。如來六根，亦不見色、聞聲、嗅香、别味、覺觸、知法。以自在故，令根自在，如是自在，名爲大我。六者、以自在故得一切法，如來之心亦無得想。何以故？無所得故。若是有者，可名爲得，實無所有，云何名得？若使如來計有得想，是則諸佛不得涅槃，以無得故名得涅槃，以自在故得一切法，得諸法故名爲大我。七者、説自在故。如來演説一偈之義，經無量劫，義亦不盡，所謂若戒、若定、若施、若慧，如來爾時都不生念，我説彼聽；亦復不生一偈之想，世間之人以四句爲偈，隨世俗故説名爲偈；一切法性亦無有説，以自在故如來演説，以演説故名爲大我。八者、如來遍滿一切諸處，猶如虚空。虚空之性，不可得見。如來亦爾，實不可見，以自在故令一切見。如是自在，名爲大我。」

〔二〕無分別智：即體會真如的智慧，真如離一切相而不可分别，故能體會真如之智稱無分别智。

雜集論：「問云：若了别色等故名爲識，何故但名眼等識，不名色等識耶？

「答：以依眼等五種解釋，道理成就，非於色等。何以故？眼中之識，故名眼識。依眼處所，識得生故；又由有眼，識得有故。所以者何？若有眼根識定生，不盲瞑者乃至闇中，亦能見故，不由有色眼識定生，以盲瞑者不能見故。又，眼所發識，故名眼識，由眼變異，識亦變異。色雖無變，識有變故。如迦末羅病損壞眼根，於青等色皆見爲黄。又，屬眼之識，故名眼識，由識種子隨逐於眼而得生故。又，助眼之識，故名眼識，作彼損益故。所以者何？由根合識，有所領受，令根損益，非境界故。又，如眼之識，故名眼識，俱有情數之所攝故。色則不尔，不決定故。眼識既然，餘識亦尔。

「問：爲眼見色？爲識等耶？

「答：非眼見色，亦非識等，以一切法無作用故，由有和合，假立爲見。又由六相，眼於見色中最勝，非識等，是故説眼能見諸色。何等爲六？一、由生因，眼能生彼故；二、由依處，見依眼故；三、由無動轉，眼常一類故；四、由自在轉，不待緣合，念念生故；五、由端嚴轉，由此莊嚴所依身故；六、由聖教，如經中說：『眼能見色故。』〔一〕如是所説六種相貌，於識等中皆不可得。識動轉者，當知多種差別生起。』〔二〕

校注

〔一〕見大般涅槃經卷三九，南本見卷三五。

〔二〕見玄奘譯大乘阿毗達磨雜集論卷二。

問：六根所成，各有幾義？

答：古釋云：各有二義，一是異熟，二是長養。且如眼根者，如過去業招今世眼，名異熟眼；於今世時，因飲食等長小令大，養瘦令肥，名長養眼。餘五根亦然〔一〕。

校注

〔一〕玄奘譯阿毗達磨俱舍論卷二：「內五即是眼等五界，有異熟生及所長養。無等流者，離異熟生及所長養，無別性故。異熟因所生，名異熟生，如牛所駕車名曰牛車，略去中言，故作是說。或所造業至得果時，變而能熟，故名異熟。果從彼生，名異熟生。彼所得果，與因別類，而是所熟，故名異熟。或於因土假立果名，如於果上假立因名。如契經説，今六觸處，應知即是昔所造業。飲食、資助、眠睡、等持勝緣所益，名所長養。」圓暉述俱舍論頌疏論本卷二：「眼等五根，唯通二類，有異熟生及所長養。業所感得，名異熟生。於現在世，因飲食等長小令大、養瘦令肥，名所長養。」敦煌遺書伯二〇四九寫卷維摩經疏卷三：「肉、天二眼以色爲性，有其二類：一是異熟，以從異熟因所生故；二是長養，飯食、資助、睡眠、等持勝緣所益故。」

問：若無外境，應無現量能覺之心。若無現量能覺，云何世人作如是覺，我今現證如是境耶？

答：古德云「現覺如夢」〔一〕者，如正起現量五識證色等五境之時，但唯能證所證色等境，不能覺現量能覺之心。所以者何？覺能覺法是意識，正隨起五識時，必無意識，故於此念，必不能覺現量之心。至第二念正起意識，覺前念五識現量時無所覺，現量五識及現量所覺之境，並已謝滅。所以者何？以諸識不並生故，起意識時，現量五識已滅。又，有爲法刹那滅故，現量五識所緣之境，此時亦已謝滅。若言須有實外境方能生心者，且如後念意識緣前念現量五識爲境，豈是實有法耶？由過去無體故，此過去現量五識已滅，今雖無體，猶能爲境，生於意識，何必五識須緣心外實境而生耶？謂若在睡時正起夢心，即不能起覺夢之心，至睡惺後起覺夢心時，其所覺之夢心已滅。其五識現量正起時，未能起覺現量意識心，及至第二念起得覺現量五識之意識心，其所覺現量五識已滅，與覺夢心相似，故舉爲喻。

校注

〔一〕世親造、玄奘譯唯識二十論：「現覺如夢等，已起現覺時，見及境已無，寧許有現量？」

又難：定許有現量耶？謂正起覺現量之能覺意識時，彼所覺五識定有耶？

答：此時所覺已滅，雖無體，猶生能覺之心，何妨外境是無能生識耶？然大乘五境，雖似有而非心外，與凡小不同。

問：於眼等六識中，有幾分別？

答：略有三種：一、自性分別。唯緣現在所緣諸行，自相行分別。所緣行，即五塵也；自相行，如色以青爲行相，眼識緣時，亦任運作青行相，名自行。又，自相行即能緣行，簡共相行，如緣青時，即緣黄不著。二、隨念分別。於昔曾所受諸行，追念行分別，唯緣過去。三、計度分別。於去、來、今不現前，思構行分別，即非有計有，是非量境。然約三世計度，不定一世〔一〕。

又，雜集論於三分別中，復有七種分別：一、謂於所〔一〕緣任運分別，謂五識身如所緣相，無異分別，於自境界任運轉故；二、有相分別，謂自性、隨念二種分別，取過、現境種種相故；三、無相分別，謂希求未來境行分別。四、尋求分別，五、伺察分別，六、染汙分別，七、不染汙分別，此四分別，皆用計度分別以爲自性。所以者何？以思度故，或時尋求，或時伺察，或時染汙，或不染汙，種種分別〔二〕。

校注

〔一〕玄奘譯大乘阿毗達磨雜集論卷二：「問：於六識中，幾有分別？答：唯一意識，由三分別，故有分別。三分別者，謂自性分別、隨念分別、計度分別。自性分別者，謂於現在所受諸行自相行分別。隨念分別者，謂於昔曾所受諸行追念行分別。計度分別者，謂於去、來、今不現見事，思構行分別。」又，玄奘譯阿毗達磨俱舍論卷二：「分別略有三種：一、自性分別，二、計度分別，三、隨念分別。由五識身雖有自性而無餘二，説無分別，如一足馬，名爲無足。自性分別，體唯是尋。（中略）餘二分別，如其次第，意地散慧，諸念爲體。散謂非定。意識相應散慧，名爲計度分別。若定、若散意識相應諸念，名爲隨念分別。」法寶俱舍論疏卷二：「意識相應散慧，是計度分別，定中無計度故。若定、若散念名隨念分別，念於定、散皆能記持故。」

校注

〔一〕「所」，原無，據大乘阿毗達磨雜集論補。

〔二〕詳見玄奘譯大乘阿毗達磨雜集論卷二。

又，攝大乘論有十種根境微細分別。論云：「復次，摠攝一切分別，略有十種：一、根本分別，謂阿賴耶識；二、緣相分別，謂色等識；三、顯相分別，謂眼識等并所依識；四、緣相變異分別，謂老等變異、樂受等變異、貪等變異、逼害時節代謝等變異、捺落迦〔一〕等諸趣變異及欲界等諸界變異；五、顯相變異分別，謂即如前所説變異所有變異；六、他引分別，謂聞非正法類及聞正法類分別；七、不如理分別，謂諸外道聞非正法類分別；八、如理分別，謂正法中聞正法類分別；九、執著分別，謂不如理作意類薩迦邪見〔二〕爲本，六十二見趣〔三〕相應分別；十、散動分別，謂諸菩薩十種分別。」〔四〕

校注

〔一〕捺落迦：「地獄」之音譯。玄應一切經音義卷二四：「捺落迦，奴葛反，受苦處也；或言『那落迦』，受罪人也。此云『不可樂』，亦云『非行』，謂非法行處也，或在山間，或大海邊，非止地下，言地獄者，一義翻也。」

〔二〕薩迦邪見：意譯「身見」等，即認爲身爲五蘊之集合，而五蘊法體實有，故而執著於我及我所爲實有的妄見。慧琳一切經音義卷一：「薩迦邪見，迦音薑佉反，梵語也，此譯爲『身見』，外道不正見也。」從芳百法論顯幽鈔卷七：「薩迦邪見，即是梵語也。下言『見』者，即是漢言。即梵云『薩迦耶達利瑟致』，此翻爲『身見』。即梵云『迦耶』，此云『積聚』，積聚即是身也。」瑜伽師地論卷八：「薩迦耶見者，謂由親近不善丈夫，聞非正法，不如理作意故，及由任運失念故，等隨觀執五種取蘊，若分別、不分別染污慧爲體。」

〔三〕六十二見趣：外道所執六十二種錯誤見解。瑜伽師地論卷八七：「諸外道薩迦耶見以爲根本，有六十二諸惡見趣，謂四常見論、四一分常見論、二無因論、四有邊無邊想論、四不死矯亂論，如是十八諸惡見趣，是計前際説我論者。又有十六有見想論、八無想論、八非有想非無想論、七斷見論、五現法涅槃論，此四十四諸惡見趣，是計後際説我論者。」

〔四〕見玄奘譯攝大乘論本卷中所知相分。又，「諸菩薩十種分別」者，攝大乘論本卷中所知相分：「一、無相散動，二、有相散動，三、增益散動，四、損減散動，五、一性散動，六、異性散動，七、自性散動，八、差別散動，九、如名取義散動，十、如義取名散動。爲對治此十種散動，一切般若波羅蜜多中説無分別智。」

釋曰：「根本分別者，謂阿賴耶識是餘分别根，自性亦是分別故，名根本分別。

「緣相分別者，謂分別色等，有如是緣相。

「顯相分別者，謂眼識等并所依識，顯現似彼所緣相故。

「緣相變異分別者，謂似〔一〕色等影識變異所起分別。『老等變異』者，謂色等識，似老等相，起諸變異。何以故？內外色等，皆有老等轉變相故。『等者』，等取病、死變異。『樂受等變異』者，由樂受故，身相變異。如説樂者，面目端嚴。『等者』，等取苦及不苦、不樂受。『貪等變異』者，謂由貪等身相變異。『等者』，等取嗔、癡、忿等，如説忿等惡形色等〔二〕。『逼害時節代謝等變異』者，謂殺縛等，令身相等生起變異。時節代謝，亦令內外身樹色等形相改變，如説寒等所逼切時，身等變異。『捺落迦等諸趣變異』者，等即等取一切惡趣，彼惡色等變異共了。『及欲界等諸界變異』者，等取色界、無色界中無似色等影像識故，於諸天中及靜慮中，亦有有情及器色等種種變異，如末尼珠威神力故，種種淨妙光色變異。

「顯相變異分別者，謂由眼等所依根故，令似色等影像顯現，眼識等識種種變異，即於此中起諸分別，即知如前説老等變異，隨其所應而起變異。何以故？如説眼等根有利鈍，識明昧故，如無表色〔三〕，所依變異，彼亦變異。由樂受等變異亦尔，如説樂者，心安定故；如説苦者，心散動故。貪等逼害時節代謝亦尔。捺落迦等及欲界等依身變異，識亦變異。如應當知，無色界中，亦有受等所作變異，諸識分別。

「他引分別者，謂善、惡友親近所起及與聽聞正、非正法，爲因分別，即是外道迦比羅〔四〕等及正法中諸騷揭多〔五〕所有分別，名不如理、如理分別。如是二種，隨其所應，能生邪見、正見相應二種分別。薩迦邪見爲因，所起六十二見相應分別，即梵網經中前際、後際分別〔六〕，謂我過去爲曾有耶？如是等分別，名執著分別〔七〕。言見趣者，是品類義。

「散動分別者，散亂擾動，故名散動，此即分別，是故説名散動分別，此即擾亂無分別智。何以故？由此擾亂般若波羅蜜多故，無分別智，即是般若波羅蜜多。

「謂諸菩薩十種分別者，謂諸菩薩能發語言他引而轉，不稱真理十種分別。何以故？證會真理若正現前，不可説故。」〔八〕

校注

〔一〕「似」，原作「以」，據諸校本及攝大乘論釋改。

〔二〕玄奘譯阿毗達磨順正理論卷二一：「如契經説，此摩納婆，宿習能招惡形色業，謂多忿恨。」摩納婆者，意譯儒童、年少净行。

〔三〕無表色：於身中恒轉相續，具有防惡發善或障善發惡功能而又不可見、無障礙之色法。阿毗達磨俱舍論卷一：「無表雖以色業爲性，如有表業，而非表示令他了知，故名無表。」無表者，謂不可顯示之色。

〔四〕迦比羅：外道名。又作「迦毗羅」「劫毗羅」等，意譯「黄頭」「赤色」等，數論派之祖，立二十五諦之義。玄應一切經音義卷二三：「迦比羅，此云『赤色』，謂赤色仙人也。造僧佉論，説二十五諦義者也。」

〔五〕騷揭多：佛十號中善逝的梵語。玄應一切經音義卷二三：「騷揭多，渠謁反，是修伽陁弟子名也。修伽陁者，即佛十號中善逝是也。」

〔六〕阿毗達磨大毗婆沙論卷一九九：「梵網經説六十二諸惡見趣，皆有身見爲本。六十二見趣者，謂前際分別見有十八，後際分別見有四十四。前際分別見有十八者，謂四遍常論、四一分常論、二無因生論、四有邊等論、四不死矯亂論。後際分別見有四十四者，謂十六有想論、八無想論、八非有想非無想論、七斷滅論、五現法涅槃論。此中依過去起分別見，名前際分別見；依未來起分別見，名後際分別見。若依現在起分別見，此則不定，或名前際分別見，或名後際分別見，以現在世是未來前過去後故，或未來因過去果故。」

〔七〕玄奘譯攝大乘論本卷中所知相分第三：「他引分別，謂聞非正法類及聞正法類分別。」「不如理分別，謂諸外道聞非正法類分別。」「如理分別，謂正法中聞正法類分別。」「執著分別，謂不如理作意類，薩迦耶見爲本，六十二見趣相應分別。」

〔八〕見無性造、玄奘譯攝大乘論釋卷四。

問：前三分別，於八識中幾識能具？

答：八識中，唯第六識具三分別。自第七識，唯有自性分別，以緣現在故。或可末那亦有計度，以計度執我故。若論體性，計度分別以慧爲性〔一〕，隨念以念爲性，自性〔二〕分別以慧〔三〕爲性。真法之中，既無虚妄八識，所以無此分別〔四〕。

校注

〔一〕「性」，或當作「體」。參後注。

〔二〕「自性」，原無，據文意補。然敦煌本維摩經疏中已無，參後注。

〔三〕「慧」，或當作「覺」。參後注。

〔四〕敦煌遺書伯二〇四九寫卷維摩經疏卷三：「無分別者，真法之中無有三種分別：一者、自性分別，二者、隨念分別，三者、計度分別。自性分別者，謂於現世所緣諸行，自相行分別。隨念分別，謂於昔曾所受諸行上，追念行分別。（計度分別），謂於去、來、今不現前，强思構行分別。八識中，唯第六意識具上三分別。自餘七識，唯有自性分別，以緣現在故。或可第七末那亦有計度分別，計度執我故。若論體性，依雜心論，計度分別以惠爲體，隨念分別以念爲性，（自性）分別以覺爲性。真法之中，既無虚妄八識，所以無此分別也。」曇曠撰大乘百法明門論開宗義決：「三分別者，如雜集云：一、自性分別，謂於現在所受諸行自相行分別；二、隨念分別，謂於昔曾所受諸行追念行分別；三、計度分別，於去、來、今不現見事思構行分別。若依俱舍，計度分別即以意地散慧爲體，隨念分別乃以意地諸念爲體，自性分別通在六識，如魚躍泉，但任運故。」

又，古師於十種分別，就八識廣辯。

問：八識中各具幾分別？

答：第六識具廣略十種分別。前五識唯自性、任運二種分別，五識於自境界任運轉故。第七識具計度、染汙、有相三種分別。第八識同前五識，得有自性、任運分別。若自性、任運分別，自〔一〕現量。若計度、染汙、無相分別，唯比、非二量。若有相分別，一分緣現在者，通三量；一分緣過去者，唯比、非二量。若隨念分別，無漏即是現量，若有漏，即比、非二量。

問：何故五識無分別執耶？

答：夫言執者，須是分別籌度之意，方能〔二〕堅執。五識雖有慧而但任運，不能分別籌度，故五無執，唯第六也。

校注

〔一〕「自」，清藏本作「唯」。

〔二〕「能」，諸校本無。

音義

熾，昌志反。　澀，色立反。　滑，户八反。　瘦，所祐反。　構，古候反，合也，成也。　伺，相吏反，察也。　捺，奴曷反，手按也。　騷，蘇遭反，愁也。

戊申歲分司大藏都監開板

宗鏡録卷第五十四

慧日永明寺主智覺禪師延壽集

夫意言分別，萬有俱空，則名義無性，一切衆生於見聞中應不成顛倒，以名中無義，義中無名，俱是客故。

答：萬法本空，熏習成有，於本空中，起諸情執顛倒。寳性論云：問：名中無義，義中無名，二俱客者，若人執名異於義、義異於名，此人既無顛倒，則於義中應無僻執，不應聞説好惡生憂喜心，名義不相關故，當知客義是汝顛倒。答：由久時數習顛倒故，有此僻執，不關名義相應。由名言熏習心故，必由此法門，生分別心，起虚妄僻執〔一〕。

校　注

〔一〕按，寳性論，即究竟一乘寳性論，後魏勒那摩提譯，又稱寳性分別一乘增上論，四卷，或三卷、五卷，未見此説。此説當出真諦譯三無性論。三無性論，二卷，或一卷，出無相論。三無性論卷上：「論曰：外曰：若汝謂『由名分别義，實無所分别義，是故名中無義，義中無名，二俱客』者，是義不然。何以故？若人執名異於義、義異於名，此人既無顛倒，則於義中應無僻執，不應聞説好惡生憂喜心，名義不相關故。聞好惡名即生憂喜心故，知名義相應，不得是客，當知客義是汝顛倒。答曰：是義不然。何以故？由久時數習顛倒故，有此僻執，不關名義相應。若人已執名異義異，由名於義，亦未免僻執。何以故？由長時數習名言熏習故，必由此法門，生分别心，起虚妄僻執。」

如密嚴經偈云：「是時金剛藏，復告大衆言：賴耶無始來，爲戲論熏習，諸業所繫縛，輪轉無有窮。亦如於大海，因風起波浪，恒生亦恒滅，不斷亦不常，由不悟自心，隨識境界現。若了於自心，如火焚薪盡，通達於無漏，則名爲聖人。藏識變衆境，弥綸於世間，意執我我所，思量恒流轉。諸識類差别，各各了自境，積集業爲心，徧積集名意，了别名爲識，五識取現境。如瞖見毛輪，隨見而迷惑，於似色心中，非色計於色。譬如摩尼珠，日月光所照，隨其所應現，各雨自類物。阿賴耶亦尔，如來清浄藏，和合於習氣，變現周世間，與無漏相應，雨諸功德法。譬如乳變異，成酪至酪漿，藏識亦如是，變似於衆色。如瞖見毛輪，有情亦復尔，以惡習氣瞖，住藏識眼中，於諸非色處，此所見諸色，猶如於陽燄，遠離於有無，皆賴耶所現。仁者依眼色，而生似色識，如幻住眼中，飄動猶熱燄，色皆是藏識，與色習相應，變似體非有。愚夫妄分别，諸惛醉放逸，坐卧及狂走，頓起諸事業，皆是賴耶識。猶如盛赫日，舒光照於地，蒸氣如水流，渴獸望之走。賴耶亦復尔，體性實非色，而似於色現，惡覺妄生著。如磁石吸鐵，迅速而轉移，雖無於情識，似情識而動。如是賴耶識，爲生死所攝，往來於諸趣，非我而似我。如海中漂物，無思隨水流，賴耶無分别，依〔一〕身而運動。譬如二象鬭，被傷者永退，賴耶亦如是，斷染無流轉。譬如浄蓮華，離泥而皎潔，人天皆受用，莫不咸珍敬。如是賴耶識，出於習氣泥，轉依得清浄，佛菩薩所重。譬如殊勝寶，野人所輕賤，若用飾冕旒，則爲王頂戴。如是賴耶識，是清浄佛性，凡位恒雜染，佛果常寶持。如美玉在水，苔衣所纏覆，賴耶處生死，習氣縈不現。於此賴耶識，有二取相生，如蛇有二頭，隨樂而同往。賴耶亦如是，與諸色相具，一切諸世間，取之以爲色。惡覺者迷惑，計爲我我所，若有若非有，自在作世間。賴耶雖變現，體性恒甚深，於諸無智人，悉不能覺了。譬如於幻師，幻作種種獸，或行而或走，似有情非實。賴耶亦如是，幻作於世間，一切諸有情，體性無真實。凡愚不能了，妄生於取著，起微塵勝性，有無異分别，及與於梵天，丈夫等諸見。」〔二〕

校　注

〔一〕「依」，原作「後」，據密嚴經改。

〔二〕見大乘密嚴經卷下阿賴耶即密嚴品。

問：眼見色者，爲是眼見？爲是識見？

答：非眼、識、境等各有決定見性，但以三和合故，假名爲見。下五根聞、齅、嘗、觸等例尔。雜集論云：「非眼見色，亦非識等，以一切法無作用故，由有和合，假立爲見。」〔一〕故稱眼能見色。

校注

〔一〕見玄奘譯大乘阿毗達磨雜集論卷二。

又，識之於根，乍出乍入，如鹿在網，猶鳥處籠，啄一捨一，周而復始，無暫休息。識在根籠，亦復如是，或在於耳，或在於眼，來去無定，不可執常，雖復無定，相續不斷〔一〕。何爲不斷？以妙用無間故。若凡夫爲色塵所縛，不得自在，若見一法，則被一法礙，不能圓通法界。是以金剛經云：「若菩薩心住於法而行布施，如人入闇，則無所見。」〔二〕

校注

〔一〕智顗説、灌頂録金光明經文句卷四：「識之於根，乍出乍入，如鳥在網，出入間關，啄一捨一，周而復始，無暫休息。識在根網，亦復如是，或在於耳，或在於眼，去還無定。雖復無定，而得論常在。」知禮述金光明經文句記卷四上：「得論常在者，以塵對即覺故。」

〔三〕見鳩摩羅什譯金剛般若波羅蜜經。

首楞嚴經云：「由塵發知，因根有相，相見無性，猶若交蘆。」〔一〕「由塵發知」者，即見分；「因根有相」者，即相分。「相見無性」者，心境互生，各無自體，心不自立，由塵發知；境不自生，因根有相。二虚相倚，猶若交蘆。知見立知，即無明本；知見無見，斯即涅槃。但了了見，無可見，無可見〔二〕即通法界見，即是涅槃；若了了聞，無可聞，無可聞即通法界聞，即是涅槃。一切諸法，本來涅槃，以分別心妄見所隔，不知自識，翻作無明。

校注

〔一〕見大佛頂如來密因修證了義諸菩薩萬行首楞嚴經卷五。

〔二〕「無可見」，原無，據冥樞會要卷中補。

又，首楞嚴經云：「緣見因明，暗成無見，不明自發。」〔一〕若不假明暗等見，見色之時，則見餘根。若離念，偏法界見，鐵圍山一切相，皆不能蔽。若六根伏，則不得六根相。如十人患瞖，共見空華，一人眼可則不見，餘九人還見。各各自除妄見，則不得一切相，物物皆真。又，十箇空華，一人能見，十人眼可，餘華揔亡。但一妄除，皆不見諸相。一相則一切相，爲一切相皆我心起。是知一瞖在目，千華競飛；一妄動心，諸塵併起。若能離念，則當處坐道場，轉大法輪，俱成佛道。

校注

〔一〕見大佛頂如來密因修證了義諸菩薩萬行首楞嚴經卷四。

問：耳聞説法聲時，揔具幾識？

答：具三識。第八先託佛無漏聲、名、句、文爲本質了，耳識緣聲，意識同時緣名、句、文等方得名聞。

古德問云：且如緣佛聲、名、句、文時，爲自耳識、意識緣得名、句、文名聞？爲先要自第八託佛本質聲變起相分了，耳識、意識託第八相分爲質變相分緣，方得聞耶？

答：設尔何失？

難：二俱有過。若第八不先變佛聲，耳、意二識便緣名、句、文者，即因中前六劣，不能直緣，須先假第八變，若第八不先變，即心外取法，唯識不成。若託自第八相分爲質緣者，第六識所變相分即無名、句、文，既無名、句、文，即意不能生解。爲第八識但變得佛本質徑直聲，本質徑直聲上，且無名、句、文，爲第八不緣故。

此答云：理實第六識緣自第八相分爲境，謂佛本質聲及自第八變影像聲合爲一聲。世尊本質聲既有名、句、文等，第六識於自耳根緣第八相分聲，名、句、文三不無，爲佛本質聲上有名、句、文。例如世間人，共看一紙文書，若不識書人，但見其紙墨黑白色，即不能知其義理差別；若識書人，見紙墨黑白，及能知其間義理差別。今耳識及第八如不識書人，第六如識書人，第六既緣實聲，亦能緣得名、句、文故。又，聲是所依，名、句、文是能依，名、句、文依實聲上有。既有實聲，其名、句、文自連帶聲上有故，意識爲能分別故，自然緣得。又，聞即比量，聽聞名、句、文三等時，向心所上比度生解，唯第六識具比量，若緣名義，便在意中。

問：夫聞法者，既託諸佛悲願爲本質，作增上緣，衆生但自心識心上所變，得影像相分文義。此即實無心外法，爲執見未信者，於世法中事，如何引證，印成後信，入一乘門？

答：世法即佛法，佛法即世法，云何更舉事立況？然爲未決定信者，寧無方便？若論比知，觸目咸是，且舉一二，略類此宗。

如西國婆羅門求聰明，常供養天神等，後於夢中，見有天人授與呪、論等法。然夢中實無天人爲説聰明法論、呪等，託天人爲增上緣，自識心上變作論、呪解〔一〕。今衆生見聞亦尔，然於比況中，夢喻最親，以自夢中實無外境，皆是夢心變起，可爲現證。

校注

〔一〕無性造、玄奘譯攝大乘論釋卷一總標剛要分：「譬如天等增上力故，令於夢中得論、呪等。」窺基妙法蓮華經玄贊卷一末：「譬如天等增上力故，令於夢中得論、呪等，故經亦言：始從成道，終至涅槃，於其中間，不説一字。如母齒指，子生喚解。」栖復録法華經玄贊要集卷七：「言『譬如天』等者，如人從天乞聰明求論、呪等，夜夢見天神授與論、呪。夢中又耳識不行，不合開聲，天又不言，但是天神爲增上緣，自家識心上有論、呪等相現。故知此人夢心意不能分别本質，論、呪緣無耳識爲問引故。然所見論、呪，自心顯見也。」法華經玄贊釋：「如云『彼增上緣力，令於夢中得論、呪等』者，此是喻合。西方有婆羅門，一生已來，祠祀天神，欲求聰明道術，令於一切義理皆悉解了，或於三年五年，相連不斷。天神愧之，即於夢中教其誦論及呪，便得聰明，世間呪術，無不解了。今説經者，亦復如是。天神已慚愧故，令於夢中得論、呪等，曾不對面親教誦呪。諸佛大悲本願力故，令彼識上文義相生，非佛親説。何以故？增上力故也。即如此方高王觀世音經，元無世人説，夢中授也。但是自心成熟，無人對面爲説法故。」按，法華經玄贊釋，卍新續藏第三四册收，並云：「此書久埋敦煌沙中，迨清朝末發堀之，恨失冠頭，今姑安首題待後來，是正玄贊卷一中第二明經宗旨。」

又，此土周暢耕田，母欲得子歸，其母遂齧指。周暢在田下心痛，念云：「是母喚我。」及歸，果如其言〔二〕。母雖有喚子之心而不發言，如來但有説法之心而不説法，自是衆生心上變起故。若正解者，即諸佛悲願爲應，機熟宜聞爲感，感應道交，非一非異，唯心方顯，不落斷常，不可各取一邊，違於中道。

校注

〔一〕棲復録法華經玄贊要集卷七：「言『如母齒』等者，汝南先賢傳云：周暢者，安城人也，慈孝，母身有疾，子在野，母要見子，嚙指便至。母亦不喚，子亦不聞，其子於母而生喚解也。」搜神記卷一一：「周暢，性仁慈，少至孝，獨與母居，每出入，母欲呼之，常自嚙其手，暢即覺手痛而至。治中從事未之信，候暢在田，使母嚙手，而暢即歸。」後漢書卷八一獨行傳：「暢，字伯持，性仁慈，爲河南尹。」

問：根、塵〔一〕所對，現證分明，如何圓通，得入空理？

答：眼對色塵，無而有見，異熟業果，不可思議，唯智所知，非情所測。諸法實性，親證方明，有見有聞，世俗心量。若約真諦，根、境俱空。且如世俗門中，見無自性，如眼勝義根〔二〕如火，既能發識，又能照境。識如人能了別，境如物。故知無根不能發識，無識不能了境，無境不能起見，三法和合，方成見性。則見性無從，和合非有。

校注

〔一〕根、塵：根即色之所依而能取境者；塵，又稱境，即根之所取者。

〔三〕勝義根：指與扶塵根（肉體器官）相應的功能，是所謂不可以肉眼見但實際起取境生識作用的正根。謂眼等根有增上勝力，能照境發識，以成根用，故名勝義。如眼能見色、耳能聞聲、鼻能嗅香、舌能嘗味、身能覺觸、意能知法等是。參本書卷五三「清浄五色根」注。

如思益經偈云：「悉見十方國，一切衆生類，而於眼色中，終不生二相。諸佛所説法，一切能聽受，而於耳聲中，亦不生二相。能於一心中，知衆生諸心，自心及彼心，此二不分别。」〔一〕

校注

〔一〕見思益梵天所問經卷三志大乘品。

廣百門論破根境品云：「眼等根塵，若執實有，理必不然。所以者何？違比量故。謂眼非見，如耳等根；耳亦非聞，如眼等根〔二〕；鼻不能齅，如舌等根；舌不能嘗，如鼻等根〔三〕；身不能覺，如上諸根。一切皆由造色性故，或大種故，或業果故。又，眼等根皆有質礙，故可分析，悉令歸空，或無窮過，是故不應執爲實有，但是自心隨因緣力，虚假變現，如幻事等，俗有真無。」〔三〕

又，破情品云：「眼爲到色見耶？不到色見耶？若眼去到色乃見者，遠色應遲見，近色應速見。何以故？去法尔故。而今近瓶遠月一時見，是故知眼不去。若不去，則無和合。復次，若眼力不到色而見者，何故見近不見遠？遠近應一時見。」〔四〕故知見性無從，諸根例尔。

校注

〔一〕「眼等根」，大乘廣百論釋論作「眼根等」。

〔二〕「鼻等根」，諸校本作「身等根」，大乘廣百論釋論作「鼻根等」。

〔三〕見玄奘譯大乘廣百論釋論卷七破根境品。

〔四〕見鳩摩羅什譯百論卷下破情品。

如還原集〔一〕自他觀門云：兩身爲自、他，彼身爲他，己身爲自；一身復爲自、他，色身爲他，心即爲自；心復爲自、他，心即爲他，智即爲自；智復有自、他，有所得智爲他，無所得智爲自；無所得智復有自、他，浄智爲他，是浄亦浄爲自。觀身實相，觀佛亦然。稽首如空無所依，心浄已度諸禪定。無住則無本，覺此名爲佛。假名名爲佛，亦無佛可成。無成可成，無出可出，是名佛出。無所見，了了見；了了見，無所見。但有名字，名字性空無所有。鏡像如虚空，虚空如鏡像。色心如虚空，虚空如色心。色心如鏡像，鏡像身無二，亦復非是一。若能如是解，諸佛從中出。諸佛唯有名，如空應響聲。無心究竟道，法法自然平，平處亦無平，無平作平説。此中言語斷，心行處亦滅。眼空保色空，色空保眼空，兩空自相保，則無眼識賊。耳空保聲空，聲空保耳空，兩空自相保，則無耳識賊。鼻空保香空，香空保鼻空，兩空自相保，則無鼻識賊。舌空保味空，味空保舌空，兩空自相保，則無舌識賊。身空保觸空，觸空保身空，兩空自相保，則無身識賊。心空保法空，法空保心空。還是一空，能保二空，亦能保一空，是故号空空，假名説見諦。若知六根浄，即無六塵賊；若無六塵賊，心王自清浄。方便持化凡，題名寄〔二〕佛性。

校注

〔一〕還原集：三卷，日僧惠運惠運禪師將來教法目録、圓珍福州温州台州求得經律論疏記外書等目録等有著録。又，圓珍智證大師請來目録注云佛窟撰。佛窟，即釋遺則，或作惟則，牛頭慧忠法嗣，傳見宋高僧傳卷一〇唐天台山佛窟巖遺則傳。詳見本書卷四注。

〔二〕「寄」，冥樞會要卷中作「號」。

釋曰：是以若眼空色不空，色空眼不空，則不可相保，以根境異故，必爲侵害。若同一性，即無疑矣。如世間作保之人，若是忠良人，即可忠良人作保。若惡行人，則不可保，以情性異故。六種根塵，和同既尔，一切萬法，順旨亦然。故首楞嚴經云：「佛告阿難：『根、塵同原，縛、脱無二，識性虚妄，猶如空華。阿難，由塵發知，因根有相，相見無性，同於交蘆。是故汝今知見立知，即無明本。知見無見，斯即涅槃無漏真浄，云何是中更容他物？』」〔一〕

校　注

〔一〕見大佛頂如來密因修證了義諸菩薩萬行首楞嚴經卷五。

問：色塵質礙，可分析歸空。聲性虚通，應是實有？

答：聲塵生滅，動静皆空。聲不至於耳根，根不往於聲所，既無一物中間往來，則心境俱虚，聲不可得。

如首楞嚴經云：「復次，阿難，云何十二處〔一〕本如來藏妙真如性？阿難，汝且觀此祇陁樹林及諸泉池。於意云何？此等爲是色生眼見？眼生色相？阿難，若復眼根生色相者，見空非色，色性應消，消則顯發一切都無，色相既無，誰明空質？空亦如是。若復色塵生眼見者，觀空非色，見即消亡，亡則都無，誰明空色？是故當知：見與色空，俱無處所，即色與

見，二處虚妄，本非因緣、非自然性。」〔二〕

校注

〔一〕十二處：謂六根（眼根、耳根、鼻根、舌根、身根、意根）、六塵（又稱六境，即色塵、聲塵、香塵、味塵、觸塵、法塵）。宋可度箋楞嚴經箋卷三上：「六根是識所依，六塵是所緣。處者，依緣義，生長義。此六根六塵，是識之生長處所。」

〔二〕見大佛頂如來密因修證了義諸菩薩萬行首楞嚴經卷三。

又，推聲處文云：「阿難，汝更聽此祇陁園中，食辦擊鼓，衆集撞鐘，鐘鼓音聲，前後相續。於意云何？此等爲是聲來耳邊？耳往聲處？阿難，若復此聲來於耳邊，如我乞食室羅筏城，在祇陁林則無有我。此聲必來阿難耳處，目連、迦葉應不俱聞，何況其中一千二百五十沙門，一聞鐘聲，同來食處。若復汝耳往彼聲邊，如我歸住祇陁林中，在室羅城則無有我。汝聞鼓聲，其耳已往擊鼓之處，鐘聲齊出，應不俱聞，何況其中象、馬、牛、羊種種音響。若無來往，亦復無聞。是故當知：聽與音聲，俱無處所，即聽與聲，二處虚妄，本非因緣、非自然性。」〔一〕

校注

〔一〕見大佛頂如來密因修證了義諸菩薩萬行首楞嚴經卷三。

又，推香處文云：「阿難，汝又齅此鑪中栴檀，此香若復燃於一銖，室羅筏城四十里内同時聞氣。於意云何？此香爲復生栴檀木？生於汝鼻？爲生於空？阿難，若復此香生於汝鼻，稱鼻所生，當從鼻出，鼻非栴檀，云何鼻中有栴檀氣？稱汝聞香，當於鼻入，鼻中出香，説聞非義。若生於空，空性常恒，香應常在，何藉鑪中爇此枯木？若生於木，則此香質因爇成煙。若鼻得聞，合蒙煙氣，其煙騰空未及遥遠，四十里内云何已聞？是故當知：香鼻與聞，俱無處所，即齅與香，二處虚妄，本非因緣、非自然性。」〔一〕

校注

〔一〕見大佛頂如來密因修證了義諸菩薩萬行首楞嚴經卷三。

推味處文云：「阿難，汝常二時衆中持鉢，其間或遇酥酪醍醐，名爲上味。於意云何？此味爲復生於空中？生於舌中？爲生食中？阿難，若復此味生於汝舌，在汝口中只有一舌，其舌尔時已成酥味，遇黑石蜜〔二〕應不推移，若不變移，不名知味；若變移者，舌非多體。云何多味一舌之知？若生於食，食非有識，云何自知？又，食自知，即同他食，何預於汝，名味之知？若生於空，汝噉虚空，當作何味？必其虚空若作鹹味，既鹹汝舌，亦鹹汝面，則此界人同於海魚，既常受鹹，了不知淡。若不識淡，亦不覺鹹，必無所知，云何名味？是故當知：味舌與嘗，俱無處所，即嘗與味，二俱虚妄，本非因緣、非自然性。」〔二〕

校注

〔一〕善見律毗婆沙卷一七：「黑石蜜者，是甘蔗糖，堅强如石，是名石蜜。」

〔二〕見大佛頂如來密因修證了義諸菩薩萬行首楞嚴經卷三。

推觸處文云：「阿難，汝常晨朝以手摩頭，於意云何？此摩所知，誰爲能觸？能爲在手？爲復在頭？若在於手，頭則無知，云何成觸？若在於頭，手則無用，云何名觸？若各各有，則汝阿難應有二身；若頭與手一觸所生，則手與頭當爲一體。若一體者，觸則無成；若二體者，觸誰爲在？在能非所，在所非能，不應虚空與汝成觸。是故當知：覺觸與身，俱無處所，即身與觸，二俱虚妄，本非因緣、非自然性。」〔一〕

校注

〔一〕見大佛頂如來密因修證了義諸菩薩萬行首楞嚴經卷三。

今推十二根塵處所既無，則前六根門無處而入，後十八界〔一〕無界而分，可驗衆生界中，即今現行心境俱空；世俗諦中，假施設法悉皆無有。

校注

〔一〕十八界：六根（眼根、耳根、鼻根、舌根、身根、意根）、六塵（色塵、聲塵、香塵、味塵、觸塵、法塵）、六識（眼識、耳識、鼻識、舌識、身識、意識）。

夫宗鏡所録，皆是現證法門，一入全真，更無前後。如或不信，但静思看，若見一念無生，自然與經冥合。如菩薩念佛三昧經偈云：「此身常無知，如草木瓦礫，菩提無形色，寂滅恒不生，身不觸菩提，菩提不觸身，心不觸菩提，菩提不觸心，而能有相觸，實爲不思議。」〔一〕

釋曰：故知色不至眼、耳不到聲，而有見、聞，是不可思議，以自性離中而有顯現。故知六根無對，皆是無諍法門；諸境含虚，盡冥不二之道。即今衆生境界，真不可思議矣，曷用遠求諸聖作用而自鄙劣者哉！

校注

〔一〕見菩薩念佛三昧經卷四正觀品。

此宗鏡是照衆生之癡闇，同諸佛之光明，使法界含生，一時圓證。如法集經云：須菩提白佛言：世尊，眼、色二法無所諍競，以不和合故，以此二法不相到故。夫不合、不到法，皆無違諍。世尊，法無有二，是故不諍〔一〕。

校注

〔一〕法集經卷五：「慧命須菩提白佛言：世尊，夫言法者，名爲不諍。若能不諍，是人有法。世尊，眼之與色無有諍競。耳、聲，鼻、香，舌、味，身、觸，意、法亦無所諍，是名爲法。又，云何眼、色二法無所諍競？以不和合故，以此二法不相到故。耳、聲，鼻、香，舌、味，身、觸，意、法，亦不和合、不相到故。夫不到、不合法皆無違諍。世尊，法無有二，是故法不諍。」

廣百門論破根境品云：「復次，若耳根境合知者，不應遠近一時俱聞。聲從質來，既有遠近，不應一念同至耳根。耳無光明，不應趣境。又，聲離質來入耳聞，亦不應理，鐘鼓等聲現不離質，遠可聞故。若耳與聲無間而取，應〔二〕如香等不辯方維。若耳與聲不合而取，應無遠近一切皆聞，不合體無，相無別故；或應一切皆不能聞。是故耳根聲合不合，實取自境，二俱不成。」〔三〕

又云：「心若趣塵，體則不偏，心常往境，我應無心。然微細心，身中恒有，睡眠悶等，諸位常行，有息等故，夢可得故，勞倦增故，引覺心故，任持身故，觸身覺故。又，若内身恒無心者，如死屍等，害應無愆，供應無福，則與空見外道應同，有執心體不偏不行，但用有行，亦同此過，心用、心體不相離故。又，若心體往趣前塵，有觸内身應無覺受，應勤〔三〕思慮，不損内心。如是諸宗，執實根境，皆不應理，應信非真。」

又：「一切世間有情、無情，諸法義相，如依陽燄有水想生，誑惑自心，亦爲他説。由此妄想，建立根塵及餘世間諸事差别，如顯此想，依多法成，是假非真，故説想蘊。乃至〔四〕如諸幻事，體實雖無，而能發生種種妄識。眼等亦尔，體相皆虚，如矯誑人，生他妄識，想隨此發，境豈爲真？根境皆虚，猶如幻事。」

校注

〔一〕「應」，原無，據大乘廣百論釋論補。

〔二〕見玄奘譯大乘廣百論釋論卷七破根境品。下兩處引文同。

〔三〕「勤」，原作「動」，據諸校本及大乘廣百論釋論改。

〔四〕乃至：表示引文中間有删略。

大集經偈云：「至心念法思惟法，是故不見色與聲，若得入於深法界，尔時則無色聲

等。」〔一〕

校注

〔一〕見大方等大集經卷一二。

般若燈論偈云：「眼不見色塵，意不知諸法，此名最上實，世人不能度。」〔二〕

校注

〔二〕見波羅頗蜜多羅譯般若燈論釋卷四觀六根品。

是以根境唯心，名相俱寂，故知世諦、真諦，同趣佛乘；有情、無情，咸歸智地。以真無中，絶名絶相，心智路斷，是不可思議；以俗有中，如幻如化，無中顯現，是不可思議。不可以情識知，不可以有無測。所以廣百門論明世間法有五種難測。頌云：「世間諸所有，無不皆難測，根境理同然，智者何驚異？」

「論曰：如一思業，能感當來、内外無邊果相差别，極善工匠所不能爲，是名世間第一難測；又如外種，生長芽莖，無量枝條、華葉、根果形色間雜，嚴麗宛然，是名世間第二難測；又如華樹，名曰無憂，婬女觸之，衆華競發，枝條垂拂，如有愛心，是名世間第三難測；

又如華樹，名如樂音，聞作樂聲，舉身摇動，枝條裊娜，如舞躍人，是名世間第四難測；又如華樹，名好鳥吟，聞鳥吟聲，即便摇動，枝條裊娜，如喜抃人，是名世間第五難測。如是難測，世事無邊，根境有無，方之甚易。世俗故有，勝義故空，諸有智人，不應驚異。」〔一〕

校注

〔一〕見玄奘譯大乘廣百論釋論卷七破根境品。

如中觀論偈云：「以法知有人，以人知有法。離法何有人？離人何有法？

「法者，眼、耳、苦、樂等。人者，是本住。汝謂以有法故知有人，以有人故知有法，今離眼、耳等法何有人？離人何有眼、耳等法？復次，

「一切眼等根，實無有本住，眼、耳等諸根，異相而分別。

「眼、耳等諸根，苦、樂等諸法，實無有本住，因眼緣色生眼識，以和合因緣知有眼等諸根，不以本住故。如〔二〕是故偈中說：一切眼〔三〕等根，實無有本住，眼、耳等諸根，各自能分別。

「問曰：若眼等諸根無有本住者，眼等一一根，云何能知塵？若一切眼、耳等諸根，苦、樂等諸法無本住者，今一一根云何能知塵？眼、耳等諸根無思惟，不應有知而實知塵，當知

離眼、耳等諸根，更有能知塵者。「答曰：若尔者，爲一一根中各有知者？爲一知者在諸根中？二俱有過。」〔三〕

校注

〔一〕「如」，中論作「知」。

〔二〕「眼」下，原本有「耳」字，據大正藏本中論删。

〔三〕見龍樹造、鳩摩羅什譯中論卷一觀本住品。

何者？若諸根各有知者，即成多人；若一知在諸根中者，或眼正緣色時，知已屬眼，聲塵起時，耳應不聞。如無言説經偈云：「内外地界無二義，如來智慧能覺了，彼無二相及不二，一相無相如是知。」〔一〕

校注

〔一〕見波羅頗蜜多羅譯般若燈論釋卷四觀六根品引。無言説經，諸經録未見著録，當無漢譯。

金光女經云：「文殊師利語彼童女：『應觀諸界。』童女答言：『文殊師利，譬如劫燒時，三界等亦尔。』」〔二〕

校注

〔一〕見波羅頗蜜多羅譯般若燈論釋卷四觀六根品引。按，金光女經，或即勝金色光明德女經的異譯，亦即大莊嚴法門經。據開元釋教録等，此經凡三譯，第一譯爲竺法護譯大浄法門經一卷，存本；第二譯爲支施崙譯上金光首經一卷，闕本；第三譯爲那連提耶舍譯大莊嚴法門經二卷，存本。此處爲般若燈論釋所引，波羅頗蜜多羅譯。

般若波羅蜜經云：「彼一切法，無知者、無見者。彼説法師亦不可得，不可以心分別，不可以意能知。」〔一〕

校注

〔一〕見波羅頗蜜多羅譯般若燈論釋卷四觀六根品引。摩訶般若波羅蜜經卷一四問相品：「一切法實無知者、無見者。云何無知者、無見者？一切法空、虚誑，不堅固，是故一切法無知者、無見者。」

佛母經云：「阿姊，眼不見色，乃至意不知法，如是菩提離故眼色離，乃至菩提離故意法離等。」〔一〕

校注

〔一〕見波羅頗蜜多羅譯般若燈論釋卷四觀六根品引。按，大正藏第八五册據敦煌遺書斯二〇八四寫卷收佛母經一卷，尾缺，未見此説。又，日僧成尋著參天台五臺山記卷七：「西天譯經三藏朝奉大夫試光禄卿傳法大師賜紫施護譯了義般若波羅蜜多經一卷、聖佛母般若波羅蜜多經一卷，拜見畢。佛母經者，心經同本異譯也。」則佛母經者，聖佛母般若波羅蜜多經之略，心經異譯。施護譯本中，亦無與此説相類者。

入楞伽經偈云：「如水流枯竭，波浪則不起，如是意識滅，種種識不生。」〔一〕又偈云：「此中無心識，如虚空陽燄，如是知諸法，而不知一法。」〔二〕

校注

〔一〕見入楞伽經卷四。

〔二〕見入楞伽經卷九。

究竟一乘寶性論偈云：「如一切世間，依虚空生滅，依於無漏界，有諸根生滅。火不燒虚空，若燒無是處，如是老病死，不能燒佛性。地依於水住，水復依於風，風依於虚空，空不依地等。如是陰界根，住煩惱業中，諸煩惱業等，住不善思惟。不善思惟行，住清淨心中，自性清淨心，不住彼諸法。陰入界如地，煩惱業如水，不正念如風，淨心界如空。依性起邪念，念起煩惱業，依因煩惱業〔一〕，能起陰界入，依止於五陰，界入等諸法。有諸根生滅，如

世界成壞，淨心如虚空，無因復無緣，及無和合義，亦無生住滅。如虚空淨心，常明無轉變，爲虚妄分别，客塵煩惱染。」〔二〕

校　注

〔一〕「依因煩惱業」，原無，據寶性論補。
〔二〕見究竟一乘寶性論卷三一切衆生有如來藏品。

又，五現識不動，唯意識分别。如首楞嚴經云：「佛告阿難：識性無源，因於六種根塵妄出。汝今徧觀此會聖衆，用目循歷，其目周視，但如鏡中，無别分析。汝識於中次第標指，此是文殊、此富樓那、此目犍連、此須菩提、此舍利弗等。」〔一〕如五現量周圓而視，如鏡中鑒像而無分别。若第六意根，即次第分别，非如五現量頓見。又，經云「識動見澄」者，見澄即五現量識，分别爲動。又，經云「本無所從」〔二〕者，此識心本來湛然，不從修得，本來澄寂。五現量識，亦復如是。

校　注

〔一〕見大佛頂如來密因修證了義諸菩薩萬行首楞嚴經卷三。下兩處引文同。
〔二〕大佛頂如來密因修證了義諸菩薩萬行首楞嚴經卷三：「汝更細詳、微細詳審，見託汝睛，相推前境，可狀成有，不相成無，如是識緣，因何所出？識動見澄，非和非合。聞聽覺知，亦復如是，不應識緣，無從自出。若此識心本無所從，當知了別見聞覺知，圓滿湛然，性非從所，兼彼虛空、地、水、火、風，均名七大，性真圓融，皆如來藏，本無生滅。」

問：意識緣境多少？三境、三量[一]，如何分別？

答：古德云：第六意識，即比量意識，能緣三世法、三性法、三界法、一百法等，法尔皆是第六意識緣也。有二：一、明了，二、獨頭。

且明了者，唯於五根門中，取五塵境，是初念與五同緣時，率尔心中，唯是現量，緣其實五塵境。若後念已去，不妨通比量、非量。作行解緣其長等假色，即比量；或於五塵上起執時，便是非量。即明了意識，前後許通三量。三境中，若緣五塵實法時，是性境；若後念行解心緣長等假色時，即真獨影，似帶質。

二、獨頭意識，有三：

一、夢中獨頭，亦緣十八界法，唯是獨影境，非實。此夢中境，唯是法處收，亦無本質。

二、覺寤獨頭，而緣一切法，有漏、無漏，有爲、無爲，世、出世間，有體、無體，空華、兔角，三世一切法，皆悉緣得。

校注

〔一〕三境：即性境、獨影境和帶質境。性境，即由實種子所生起的一切真實之境。性者，實體之義。獨影境，謂依能緣之心妄分別而變起之境，其相虚妄非實，如龜毛、兔角。此假相既無能生之種子，亦無所託之本質，唯獨起影像，故云獨影境。帶質境，謂能緣之心所緣之境，其相分有所依之本質，而不得境之自相。以見分緣見分，兩頭帶出有質的相分境，名真帶質。若以心緣色，帶彼外塵本質，擬議其長短方圓，名似帶質。

三量：謂現量、比量、非量。德清八識規矩通説：「能緣之心，具有三量。量者，量度，揀非真智。今妄識對境，便有量度，故心有三量，謂現量、比量、非量。以第一念現前明了，不起分別，不帶名言，無籌度心，如鏡現像，名爲現量。若同時率爾意識隨見隨即分別，名爲比量。比度不著，名爲非量。此三量，乃能緣之心也。而所緣之境，亦有三，謂性境、帶質境、獨影境。現量緣性境，性者，實也。謂根塵實法，本是真如妙性，無美無惡。以心無分別，故境無美惡，是爲性境。帶質境者，比量所緣。若比度不著，則爲非量。其帶質境，有真有似。以六、七二識，各有所緣故。若六識外緣五塵，比度長短、方圓、美惡等相，屬第二念意識分別，故爲比量。此長短等相，是帶彼外境本質而起，名似帶質，以是假故。其意識緣五塵過去落謝影子，亦名有質獨影，乃意識所變，故云以心緣色似帶質，中間相分一頭生，謂單從能緣見分起故。若緣空華、兔角等事，名無質獨影。若散心所緣，又有夢中境界及病中狂亂所見，皆是非量。并定中觀魚米肉山等事，皆現量。明了意識雖通三量，現多，比、非少也。若七識緣八識見分爲我，中間相分兩頭生，以能、所同一見分所變，故名真帶質境。此心、境之辨也。」

問：此覺寤意識一念緣十八界時，有幾相分？幾本質？幾見分？

答：本質、相分各有十八箇，見分唯一。

問：如何有十八相分？

答：十八相分，從十八本質起，即有十八相分。如一面鏡中，觀無量人影，外邊有十八實人，鏡即是一，於鏡上現有十八人影像。見分亦尔，一見分能緣得十八相分，若質影有十八，以是所緣境則無過。若一念有十八見分，便有多心過。

三、定中獨頭，亦緣十八界、一百法、過未境及真如等，若假若實，皆能緣故。

三量分别者，若是明了意識，前後念通三量，夢中獨頭唯非量，以不稱境故。覺寤通三量，若緣有體法時，緣五境界等，通現量故；若緣五根界、七心界〔一〕等，是比量；若緣空華、過未境等，通比量、非量。若定中，唯是現量，雖緣假法，以不妄執、無計度故，唯現量。又，獨頭意識，即獨生散意，緣影像門。影像者，諸有極微，是極迥、極略二色，皆是假影色也。但於觀心，析麁色至色邊際，假立極微，唯觀心影像，都無實體。

校　注

〔一〕七心界：六識界及意識界。

音義

僻，芳辟反，邪僻也。　瞖，於計反，目瞖。　烝，煮仍反，冬祭。　冕，亡辯反，冠冕。　旒，力求反，旓旒也。　啄，竹角反，鳥啄。　暢，丑亮反，通也。　齧，五結反，咬也。　撞，直降反〔一〕。　銖，市朱反，分銖也。　爇，如劣反，放火也。　酥，素姑反。　酥，乳酪也。　噉，徒敢反，食噉也。　鄙，芳美反。　矯，居夭反，詐。　褭，奴鳥反。　娜，奴可反。　抃，皮變反，擊手也。

戊申歲分司大藏都監開板

校注

〔一〕「反」，原無，據文意補。

宗鏡録卷第五十五

慧日永明寺主智覺禪師延壽集

夫論法處之色，都有幾種？

答：有五種：一、極略色，二、極迥色，三、受所引色，四、徧計色，五、定果色〔一〕。

一、極略色者，以極微爲體，但是析彼五根、五塵、四大、定果色至極微位，即此極微便是極略色體。

二、極迥色者，即空間六般光、影、明、暗等麁色，今〔二〕析此六般麁色至極微位，取此細色爲極迥色體。又，若上下空界所見青、黄、赤、白、光、影、明、暗，即揔名空一顯色。及門牕孔隙中所現者，即揔名迥色〔三〕。

三、受所引色者，受者，是領納義；所引色者，即思種現上有防發功能，名所引色。意云，由於師教處領受，爲能引發起思種現上防發功能，名所引色。即此防發功能不能表示他故，亦名無表色〔四〕，即以無表色爲體。

四、徧計色者，即妄心徧計。

五、定果色者，定中現境。

校注

〔一〕玄奘譯大乘阿毗達磨雜集論卷一：「法處所攝色者，略有五種，謂極略色、極迥色、受所引色、遍計所起色、自在所生色。極略色者，謂極微色；極迥色者，謂即此離餘礙觸色；受所引色者，謂無表色；遍計所起色者，謂影像色；自在所生色者，謂解脱静慮所行境色。」明昱百法明門論贅言：「意識所緣法塵境界，名爲法處。極迥色者，色最遠故。極略色者，色最細故。定果色者，定中現故。受所引者，受戒引生善、惡色故。言律、不律儀者，善、惡兩門法範也。律儀戒品雖是色法，依思種立，無所顯示，名無表色。徧計執色無實用者，從分别起，不從因緣，故無實用。」

〔二〕「今」，嘉興藏本作「令」。

〔三〕普光述俱舍論記卷一：「謂妙高山四邊空中，各一顯色，名空一顯色。故正理三十四云：『空一顯色，謂見空中蘇迷廬山所現純色。』問：空一顯色，以何爲體？解云：以空界色爲體。故正理論第一云：『有説色有二十一種，空一顯色第二十一，是即空界色差别。』問：若以空界色爲體者，何故識身論第十一云『空一顯色此即如彼青、黄、赤、白』？准彼論文，即以青、黄、赤、白爲體。解云：彼論言『如彼青、黄、赤、白』者，謂妙高山四邊空中，各現一色，名空界色。如之言似，此空一顯色，似彼青、黄、赤、白，非即是也。」遁倫集撰瑜伽論記卷一：「空一顯色之與迥色，約體是同，故是合説。對法中，空一顯色與迥色不同。所以然者，體雖是一，而約處别，是故别説。謂在上空現者，名空一顯色。若近下迴處現者，名爲迴色。」阿毗達磨大毗婆沙論卷一三：「色處有二十種，謂青、黄、赤、白、長、短、方、圓、高、下、正、不正、雲、烟、塵、霧、影、光、明、闇。有説色處有二十一，謂前二十及空一顯色。如是諸色，或有顯故，可知非形故，謂青、黄、赤、白、影、光、明、闇及空一顯色；或有形故，可知非顯故，謂身表業；或有顯形故可知，謂餘十二種色，若非顯形故可知者無也。」玄奘譯大乘阿毗達磨雜集論卷一：「色者，四大種所造眼根所行義，謂青、黄、赤、白、長、短、方、圓、麁、細、高、下、若正、不正、光、影、明、闇、雲、煙、塵、霧、迴色、表色、空一顯色。此復三種，謂妙、不妙、俱相違色。此青等二十五色建立，由六種因，謂相故、安立故、損益故、作所依故、作相故、莊嚴故。（中略）迴色者，謂離餘礙觸方所可得。空一顯色者，謂上所見青等顯色。」

〔四〕無表色：謂於衆生身中相續恒轉，有防惡發善或障善發惡功能的無見、無對之色法。入阿毗達磨論卷上：「無表色者，謂能自表諸心、心所轉變差别，故名爲表。與彼同類而不能表，故名無表。此於相似立遮止言，如於刹帝利等説非婆羅門等。無表相者，謂由表心大種差别，於睡眠、覺、亂、不亂心及無心位，有善、不善色相續轉，不可積集，是能建立苾芻等因。」明昱成唯識論俗詮卷一：「無表色者，他處云受所引色，以是受戒引生色故。思受戒法，願樂護善遮惡，故有善惡分限色現，但無表示，名曰無表。」大明三藏法數卷一三：「法處所攝一分色，正是無表色也。無表色者，謂意識緣於過去所見之境雖分别明了，而無表對，故云無表。雖無所表，於所緣境執著不忘，故云色也。」

已上法處五般色，都分爲三門：一、影像門，二、無表門，三、定果門。

第一影像門者，影者流類義，像者相似義。即所變相分，是本質之流類，又與本質相似，故名影像。諸有極微者，即是極略、極迥二色，此但是觀心，析麁成細，假立極微，唯有觀心影像，都無實體。獨生散意者，即簡定中及明了意識，今唯取散位獨頭闇意識故，此散意識構獲〔一〕緣五根、五塵、水月、鏡像時，當情變起徧計影像相分。此是假非實故，與極略等同立一影像門。

校　注

〔一〕構獲：即構畫。廣韻：「獲，胡麥切，音畫。」新集藏經音義隨函録卷一八：「構畫，音獲。」「獲」「畫」音同，「獲」爲「畫」之借字。達摩流支譯寶雨經卷九：「盡有情界所有衆生各各構畫、別別思惟，作種種業。」其中「畫」字，據大正藏校勘記，宋、元、明、宫諸本皆作「獲」。又遁倫集撰瑜伽論記卷一八：「若餘所行名非現量所行者，意識構畫設緣五塵，不名現量行。」

問：且如水中月、鏡中像，眼識亦緣，如何言假唯意識緣？

答：水月、鏡像，唯是法境，但以水鏡爲緣，其意識便妄計有月有像，並非眼識之境，亦是徧計色收。又，徧計是妄心，極略等是觀心，同是假影像故，所以揔立。

第二無表門，一、律儀有表色者，即師前受戒時是。由此表色故，方熏得善思種子，有防發功能，立其無表色。二、不律儀有表色者，即正下刀殺生造業時是。由此有表色，方熏得不善思種子，有防發功能，立其無表色。若處中有表色者，即正禮佛行道及毆擊罵詈時是。由此有無表色，方熏得善惡思種，亦有防發功能，立其無表色。

問：若水月鏡像是第六意識作解心緣，唯是其假，長短方圓色收者，即是明了意識緣於色塵故，如何是獨頭意識緣徧計色收耶？

答：若是智者，了此見相形假，即於色塵處收。若迷者不了，妄執爲實，變起影像，此假相分，但徧計色收，法處所攝。

問：所云影像是二所緣者何？

答：一、親者，影像；二〔一〕、疎者，是質也。

先辯影像者。親所緣緣者，謂諸相分與能緣見分體不相離，即見分所仗託境，是所籌量處也，即所託名爲緣，所慮名所緣。緣此二義，名所緣緣也。即此影像有四名，一、影像，二、相分，三、内所慮託，四、親所緣緣。

次辯本質者。若與能緣體相離，即疎所緣緣，以隔相分故。即本質上能緣見分相離，故名離〔二〕。

校注

〔一〕「二」，原無，據文意補。

〔二〕玄奘譯成唯識論卷七：「所緣緣，謂若有法是帶己相，心或相應所慮所託。此體有二：一、親，二、疏。若與能緣體不相離，是見分等内所慮託，應知彼是親所緣緣；若與能緣體雖相離，爲質能起内所慮託，應知彼是疏所緣緣。親所緣緣能緣皆有，離内所慮託必不生故；疏所緣緣能緣或有，離外所慮託亦得生故。」

問：既相離，如何名所緣緣？

答：爲質能起相分生故，以起約相分，令見分有所慮故，即本質起所緣故，亦名所緣緣也。以親所緣緣爲增上緣故，亦得名所緣緣。即起所緣故，亦有三名：一名本質，二名外所慮託，三名疎所緣緣。即爲本質能起相分，相分起見分，見分起自證分，自證分能起證自證分，即爲質能起。約自所慮託相分，故説本質亦名所緣緣。

且如法識能了一切法者，即第六意識〔一〕，都有五般，皆緣法境：一、定中獨頭意識，緣於定境。定境之中，有理有事。事中有極略、極迥及定自在所生法處諸色。二、散位獨頭，緣受所引及偏計所起諸法處色，如緣空華、兔角、鏡像、水月構畫所生者，並法處攝。三、夢中獨頭，緣夢中境偏計所執法處色。四、明了意識，依五根門，與前五識同緣五塵，明了取境，名明了意識。五、亂意識，是散意識，於五根中狂亂而起，然不與五識同緣，如患熱病，見青爲黃，非是眼識，是此緣故，緣徧計所執色。

校注

〔一〕玄奘譯成唯識論卷五：「色等五識唯了色等，法識通能了一切法。或能了別法，獨得法識名。」成唯識論述記卷五：「前之五識唯了色等，境界狹故，不名法識。第六法識，能了一切法，了境寬故，不名色等識。」「謂十二處中別名法者，謂第六外處，別名爲法，不與餘境共同名故。此之別法，第六能了，從獨所了，以得彼名，故唯第六識若法識也。亦從不共，得法識名。」

又，若明了意識，於五根門與五同緣五塵境故，應以五識爲俱有依〔一〕，除獨頭起。獨頭起者，揔有四種：一、謂定中獨頭，緣於定境，不與五識同緣；二、夢中獨頭，緣法塵境，夢中諸相，亦徧計所起；三、散位獨頭，構劃境相，緣徧計所起色；四、亂意識，亦名獨頭，可知。

校注

〔一〕俱有依：同時有依之義。玄奘譯成唯識論卷四：「五識俱有所依定有四種，謂五色根、六、七、八識。隨闕一種，必不轉故，同境、分別、染净、根本所依別故。聖教唯説依五根者，以不共故，又必同境，近、相順故。第六意識俱有所依唯有二種，謂七、八識，隨闕一種，必不轉故。雖五識俱，取境明了，而不定有故非所依。」

問：六識與幾心所相應？

答：論頌云：「此心所徧行，别境、善、煩惱，隨煩惱〔一〕、不定，皆三受相應。「此六轉識，揔與六位心所相應，謂徧行等〔二〕。恒依心起，與心相應，繫屬於心，故名心所，如屬我物立我所名，心於所緣唯取揔相，心所於彼亦取别相，助成心事，得心所名。如畫師、資作模填彩。瑜伽説：『識能了别事之揔相。』〔三〕作意了此所未了相，即諸心所所取别相。觸能了此可意等相，受能了此攝受等相，想能了此言説因相，思能了此正因等相。故作意等，名心所法。此表心所亦緣揔相。餘處復説欲亦能了可樂事相〔四〕，勝解亦了決定事相，念亦能了慣習事相，定、慧亦了得失等相。由此於境起善、染等，諸心所法，皆於所緣兼取别相。六位差别者〔五〕，謂徧行有五，别境亦五，善有十一，煩惱有六，隨煩惱有二十，不定有四，如是六位，合五十一。一切心中定可得故，緣〔六〕别别境而得生故，唯善心中可得生故，性是根本煩惱攝故，唯是煩惱等染性故，於善、染等皆不定故。乃至〔七〕此六轉識，易脱不定故，皆容與三受相應，皆領順、違、非二相故。領順境相，適悦身心，説名樂

受；領違境相，逼迫身心，説名苦受；領中容境相，於身、於心非逼、非悦，名不苦樂受。」〔八〕

校　注

〔一〕隨煩惱：隨根本煩惱而起的煩惱。參後文及注。

〔二〕六位心所：偏行有五、别境有五、善有十一、煩惱有六、隨煩惱有二十、不定有四，謂之六位，共五十一心所。偏行五者，作意、觸、受、想、思；别境五者，欲、勝解、念、三摩地（定）、慧；善十一者，信、慚、愧、無貪、無瞋、無癡、精進、輕安、不放逸、行捨、不害；煩惱六者，貪、嗔、癡、慢、疑、不正見；隨煩惱有二十者，忿、恨、惱、覆、誑、諂、憍、害、嫉、慳、無慚、無愧、不信、懈怠、放逸、昏沈、掉舉、失念、不正知、心亂；不定四者，睡眠、惡作、尋、伺。

〔三〕見玄奘譯瑜伽師地論卷三。

〔四〕韓廷傑成唯識論校釋注曰：「見辯中邊論卷一的頌：『唯了境名心，亦别名心所。』世親解釋説：『唯能了境總相名心，亦了差别名爲受等諸心所法。』」

〔五〕「六位差别者」，成唯識論作「雖諸心所名義無異，而有六位種類差别」。

〔六〕「緣」，原作「餘」，據成唯識論改。

〔七〕乃至：表示引文中間有删略。

〔八〕見玄奘譯成唯識論卷五。

釋云：上三句頌，列六位心所揔名。下一句，正解受俱[一]。心所行相者，心取境之揔相，但揔取而已，不别分别，如言緣青，但揔取青，不更分别。心所於彼取揔、别相，故説「亦」言。「如畫師、資作模填彩」者，師謂博士，資謂弟子。如師作模畫形既已，弟子填彩，彩於模填，不離模故，如取揔相；著彩色時，令媚好出，如亦取别相。心、心所法取境亦尔。識能了别事之揔相，不言取别相，以是主故。若取别相，即心所故。作意一法，獨能了别衆多别相，由作意能令心、心所取境功力勝故，有此揔取多法别相。瑜伽論[二]以作意爲初，此論以觸爲初，和合勝故，各據一義。觸能取三，謂可意、不可意、俱相違相。受中攝受，損害、俱相違等[三]。「想能了言説因相」者，能取境分劑相故，謂此是青、非青等，便起言説，故想之相，言説因也。思了正因、邪因、俱相違等，即是境上正、邪等相，業之因也。「一切心中定可得」者，即徧行，不問何心，但起必有故。「緣[四]别别境而得生」者，五别境也。「唯善心中可得生故」者，善十一法，唯善心有。體是根本，能生諸惑，即貪等六。「於善、染心皆不定」者，即不定四，謂於善、染、無記三性心皆不定故。「此六轉識，易脱不定故」者，然此六識，非如七、八，體皆易脱，恒不定故。易脱，是間斷轉變義。不定，是欣、慼捨行互起故，皆通三受[五]。

校注

〔一〕「俱」，原作「位」，據清藏本及成唯識論述記改。

〔二〕「論」下，原有「云」字，據成唯識論述記删。

〔三〕按，「受中攝受，損害、俱相違等」，清藏本作「受中攝受，損、益、俱相違等」，成唯識論述記作「受中攝受等者，等損害、俱相違」。如理集成唯識論疏義演卷六：「『等損害、俱相違』者，意説受能攝受損害等相也。」損害等相者，順益、損害及俱相違相。

〔四〕「緣」，原作「餘」，據成唯識論述記改。參前注。

〔五〕「釋云」至此，詳見窺基撰成唯識論述記卷五。

問：如何是六識現起分位？

答：唯識頌云：「依止根本識〔一〕，五識隨緣現。或俱或不俱，如濤波依水。意識常現起，除生無想天。及無心二定，睡眠與悶絶。」

根本識者，阿陁那識，染、净諸識生根本故〔二〕。依止者，謂前六轉識以根本識爲共、親依〔三〕。五識者，謂前五轉識，種類相似，故揔説之。隨緣現言顯非常起，緣謂作意、根、境等緣，謂五識身内依本識，外隨作意、五根、境等衆緣和合方得現前。由此或俱或不俱起，外緣合者有頓、漸故。如水濤波，隨緣多少。五轉識行相麁動，所藉衆緣時多不具，故起時少，不起時多。第六意識雖亦麁動，而所藉緣無時不具，由違緣故，有時不起。第七、八識行相微細，所藉衆緣一切時有，故無緣礙令揔不行。又，五識身不能思慮，唯外門轉，起藉多緣，故斷時多，現行時少。第六意識自能思慮，内外門轉，不藉多緣，唯除五位常能現起，故斷時少，現起時多，由斯不説此隨緣現。」〔四〕

校注

〔一〕窺基撰成唯識論述記卷七：「『依止根本識』者，此句通下第六識，二俱依止第八識故，顯其共依。然依止有二：一、依種子第八識，即是因緣親依，達磨經中『無始時來界』也。二、依現行第八，即是增上緣依，即達磨經中『一切法等依』也。言六轉識皆依本識種子，現行而得現起。」

〔二〕窺基撰成唯識論述記卷七：「根本識者，阿陀那識，以與染、浄識爲依故。浄即無漏，至二乘菩薩等位通故。言阿賴耶者，位便局故。言根本者，生之由始，義同大衆部根本識也。」

〔三〕「親」，原無，據清藏本及成唯識論補。共依指爲二識以上共通之所依者。共、親依，即共依、親依。此句謂前六識以根本識爲共同的、直接的所依。

〔四〕見玄奘譯成唯識論卷七。

釋云：「依止者，謂前六轉識以根本識爲共、親〔一〕依」者，此前六識以根本識爲共依，即現行本識也，識皆共故。親依者，即種子識，各別種故。「前五轉識，種類相似」者，有五：一、謂俱依色根，二、同緣色境，三、俱但緣現在，四、俱現量得，五、俱有間斷，種類相似，故摠合説。「如水波濤，隨緣多少」者，解深密經云：「如大瀑流水，若有一浪生緣現前，唯一浪轉。乃至〔二〕多浪生緣現前，有多浪轉。」〔三〕諸識亦尔，如瀑流水，依阿陁那故，乃至諸識得轉等〔四〕。此以五識喻於濤波，本識喻瀑水。「五識身不能思慮」，無尋、伺故，不能自起，藉他引故。「第六意識自能思慮，内外門轉」，唯除無想天、無想定、滅盡定、睡眠、悶絶等五位，常能現起故〔五〕。

校注

〔一〕「親」，原無，據清藏本補。參前注。

〔二〕乃至：表示引文中間有删略。按，此處省略「若二若」三字。

〔三〕見解深密經卷一心意識相品。

〔四〕解深密經卷一心意識相品：「由似瀑流阿陀那識爲依止、爲建立故，若於爾時有一眼識生緣現前，即於此時一眼識轉。若於爾時乃至有五識身生緣現前，即於此時五識身轉。」

〔五〕「釋云」至此，詳見窺基撰成唯識論述記卷七。

又，古釋云：一者、如多波浪，以一大海爲依起多浪。二者、鏡像，以一大鏡爲依起多像。海、鏡二法，喻本心識；浪、像，喻於轉識〔一〕。一念之中有四業：一、了别器業，二、了别依業，三、了别我業，四、了别境業。此諸了别，刹那刹那俱轉可得。是故一識於一刹那，有如是等業用差别〔二〕。

校注

〔一〕玄奘譯成唯識論卷七：「又如浪、像，依一起多，故依一心，多識俱轉。」窺基撰成唯識論述記卷七：「以外喻識，如多波浪、鏡像，以一大海、一鏡爲依，起多浪、多像故，依一本識心，多識俱起。」

〔二〕玄奘譯瑜伽師地論卷五一：「若無諸識俱轉，業用差别，不應道理。謂若略説，有四種業：一、了别器業，二、了别依業，三、了别我業，四、了别境業。此諸了别，刹那刹那俱轉可得。是故一識於一刹那，有如是等業用差别，不應道理。」

如密嚴經偈云：「如奔電浮雲，皆僞而非實，如匠作瓶等，由分别所成。仁主應諦聽，世間諸有情，習氣常覆心，生種種戲論。末那與意識，并諸識相續，五法及三性，二種之無我，恒共而相應，如風擊〔一〕瀑水，轉起諸識浪，浪生流不停。賴耶亦如是，無始諸習氣，猶如彼瀑流，爲境風所動，而起諸識浪，恒無斷絶時。八種流注心，雖無若干體，或隨緣頓起，或時而漸生，取境亦復然，漸頓而差别。心轉於舍宅，日月與星宿，樹枝葉華果，山林及軍衆，於如是等處，皆能漸頓生，多令〔二〕能頓現，或漸起差别。若時於夢中，見昔所更境，及想念初生，乃至於老死，筭數與衆物，尋思於句義，觀於異文彩，受諸好飲食。於如是境界，漸次能了知，或有時頓生，而能取之者。心性本清浄，不可得思議，是如來妙藏，如金處於礦，意生從藏識，餘六亦復然。識六種或多，差别於三界，賴耶與能熏，及餘心法等，染浄諸種子，雖同住無染。佛種性亦然，定非定常浄，如海水常住，波濤而轉移。賴耶亦復然，隨諸地差别，修有下中上，捨染而明顯。」〔三〕

校注

〔一〕「擊」，諸校本作「激」。按，大乘密嚴經中作「擊」。

〔二〕「令」，大乘密嚴經作「分」。

〔三〕見大乘密嚴經卷上入密嚴微妙身生品。

如上廣明意根緣境分别最强諸識，所以一切善惡，意爲先導，意起速疾，意在言前，意善即法正，意惡即境邪。如一氣，噏之即温，吹之即冷；似一水，寒之即結，暖之即融；況一心，縱之即凡，弘之即聖。轉變雖異，真性無虧。

如鴦崛魔羅經云：「意法前行，意勝意〔一〕生，意法浄信。若説若作，快樂自追，如影隨形。

「我爲聲聞乘説此偈意者，謂如來藏義若自性清净意，是如來藏勝一切法，一切法是如來藏所作及净信意法，斷一切煩惱故，見我界故。若自净信有如來藏，然後若説若作，得成佛時，若説若作，度一切世間，如人見影。見如來藏，亦復如是，是故説如影隨形〔二〕。「意法前行，意勝意生，意法爲惡。若説若作，衆苦自追，如輪隨跡〔三〕。「此偈説煩惱義。意法惡者，爲無量煩惱所覆，造作諸惡，故名爲惡。不知〔四〕自性净心如來藏，入無量煩惱義，如是躁濁不息故，若説若作，一切衆苦常隨不絶。『如輪隨跡』者，諸惡積聚，生死輪迴，轉一切衆生於三惡趣中，如輪隨跡。是故説於福遲緩者，心樂於惡法。」〔五〕

校注

〔一〕「意」，大正藏本央崛魔羅經作「法」。據大正藏校勘記，宋、元、明本央崛魔羅經作「音」。

〔二〕「形」，原作「順」，據央崛魔羅經改。

〔三〕央崛魔羅經「如輪隨跡」子注曰：「謂一轅兩輪，二牛牽之，故輪隨跡。」

〔四〕「不知」，原無，據大正藏本央崛魔羅經補（據大正藏校勘記，餘諸大藏經中無「知」字）。

〔五〕見央崛魔羅經卷四。

釋曰：一念心浄，見如來藏性，能自度度他，受寂滅樂，如影順身。若一念心惡，入塵勞網，墮諸趣中，受生死苦，如輪隨跡。以影順喻者，即常不離故；以輪跡喻者，即速疾轉故。所以善惡隨心，未曾間斷。若善見者，當處解脱。所以大乘理趣經云：是故菩薩觀察五蓋〔一〕，「何因而起？云何遠離？菩薩應當先觀色欲猶如水月，水動月動，心生法生。貪欲之心，亦復如是，念念不住，速起速滅」〔二〕。

校注

〔一〕五蓋：貪欲蓋、瞋恚蓋、睡眠蓋、掉悔蓋、疑蓋。蓋者，煩惱之異名。

〔二〕見大乘理趣六波羅蜜多經卷八。

大乘本生心地觀經云：「以清浄心爲善業根，以不善心爲惡業根。心清浄故，世界清浄；心雜穢故，世界雜穢。我佛法中，以心爲主，一切諸法，無不由心。」〔一〕所以如樹提生於猛火之中，火不能害。佛言：「是兒業報，非我所作。」〔二〕

校注

〔一〕見大乘本生心地觀經卷四。

〔二〕詳見大般涅槃經卷三〇，南本見卷二八。又，大般涅槃經卷三〇：「是兒生於猛火之中，火名樹提，應名樹提。」

故知自心所造，他力不移，則昇沉之路匪遥，黑白〔一〕之報斯在，善惡果報雖殊，皆從妄想心鏡所現。如入楞伽經偈云：「譬如鏡中像，雖見而非有。熏習鏡心見，凡夫言有二。不知唯心見，是故分别二。如實但知心，分别則不生。」〔二〕

故知若實識心，如鏡中自見面像，終不更於外塵妄生執取，既解相縛，業海全枯。如賢劫定意經云：「消滅一切諸所有業，覩見一切衆生根原，是曰智慧。」〔三〕

校注

〔一〕黑白：即黑、白二業，惡業、善業的異名。玄奘譯阿毗達磨俱舍論卷一六：「諸不善業一向名黑，染污性故。異熟亦黑，不可意故。色界善業一向名白，不雜惡故。異熟亦白，是可意故。」

〔二〕見入楞伽經卷六涅槃品。

〔三〕見賢劫經卷五十種力品。

問：意識於五位不起〔一〕者，如何是五位行相，能令意識不起？

答：識論云：「無想天者，謂修彼定，厭麁想力，生彼天中，違不恒行心及心所，想滅爲

首，名無想天。」〔一〕

「及無心二定者，謂無想定、滅盡定，俱無六識，故名無心。無想定者，謂有異生，伏徧净貪，未伏上染，由出離想，作意爲先，令不恒行心、心所滅，想滅爲首，立無想名。令身安和，故亦名定。」

「滅盡定者，謂有無學，或有學聖，已伏惑離無所有貪，上貪不定。由止息想作意爲先，令不恒行恒行染汙心、心所滅，立滅盡名。令心安和，故亦名定。」

「無心睡眠與悶絶者，謂有極重睡眠、悶絶，令前六識皆不現行」至「此五位中異生有四，除在滅定，聖唯後三，於中如來、自在菩薩唯得有一，無睡、悶故」〔三〕。

校注

〔一〕意識於五位不起：謂在生於無想天、修無想定、修滅盡定、睡眠、悶絶等五種情況下，没有第六意識。

〔二〕見玄奘譯成唯識論卷七。下三處引文同。又，窺基撰成唯識論述記卷七：「『違不恒行心及心所』者，顯六轉識滅全不行，非如七、八無不行故。若六識皆滅，何獨名無想？『想滅爲首』，於加行位唯偏厭之，故言爲首。首是頭首、先首義，故名無想天。」

〔三〕窺基撰成唯識論述記卷七：「異生四具，如文可知。聖唯有後三，除無想定及天，唯異生得故。此則總説。其聖三中，佛及第八地以去菩薩唯得有一定，無睡眠、悶絶二，以惡法故，麁淺法故，現似有睡，實無有故。」異生有四者，五位中無滅盡定。聖唯有後三者，即滅盡定、睡眠、悶絶。

釋云：無想天「厭麁想力」者，謂諸外道以想爲生死之因，即偏厭之，唯前六識想，非第七、八，故言「麁想」，細想在故。滅於六識，七、八微細，彼不能知，故不滅也。無想定「伏偏浄貪」者，謂第三禪天〔一〕，第四禪已上貪猶未伏。顯離欲也。「出離想」者，顯想即作涅槃想也。「不恒行等滅」者，顯所滅識多少也〔二〕。「作意伏染而入定」者，觀想如病、如癰、如箭，於所生起種種想中，厭背而住，唯謂無想寂静微妙，於無想中持心而住，如是漸次離諸所緣，心便寂滅。「滅盡定者，謂有、無學」等者，「有學聖」者，除初二果，唯身證不還第三果人〔三〕，有學中除異生故。「離無所有貪，上貪不障定」者〔四〕，以滅定唯依非想定起故，此依初修二乘者言離，菩薩伏不離貪，即此亦名滅受想定。「此五位中，異生有四」等者，除滅盡定，聖唯有後三，佛及八地已去菩薩唯得有一滅定，無睡眠、悶絶二，以惡法故，現似有睡，實無有故。即二乘無學，亦有悶絶也〔五〕。

校注

〔一〕「天」，原作「無」，據成唯識論述記補。

〔二〕窺基撰成唯識論述記卷七：「『異生』者，一、顯得人，聖厭之故。『遍浄』者，謂第三禪天，第四禪以上貪猶未伏。二、顯離欲也。『出離想』者，三、顯行相，即作涅槃想也。『不恒行等滅』者，四、顯所滅識多少也。『想滅爲首』等者，五、釋定名也。謂有心定令身、心俱平等名安，怡悦名和。今無心定由定前心力，令身平等、和悦，如有心定，亦名爲定，義與彼等。」

〔三〕如理成唯識論疏義演卷八：「唯身證不還一人者，意云有學中得滅定者，唯身證不還者得。然不還，有四句分別：一、身證慧非證，二、慧身非證，三、身慧俱證，四、身慧俱非證。於四句中，唯第三句得滅定。問：何故名身證耶？答：身證者，從喻爲名。譬如諸根取境時，身根得境最極明利，如摩縛等親受得塵，能領受苦、樂事。今此身證不還，亦復如是，由斷定障親證之故，名身證不還。」

〔四〕如理成唯識論疏義演卷八：「『已伏或離無所有貪，上貪不定』者，云若欲證滅定，必須伏，即無所有貪猶離也，然後方得此定。其上非想一地，貪斷不斷皆得定。何以故？以彼地中想極闇劣，行相微細，無勝作用能爲障，所以斷與不斷皆得滅定。不同下地，惑以麤動，障定强故。又當地惑不障當地法，故不斷也。」

〔五〕「釋云」至此，詳見窺基撰成唯識論述記卷七。

問：滅盡定與無想定俱稱無心，二定何別？

答：有四義不同。古釋云：一、約得人異。滅盡定是聖人得，無想是凡夫得。二、祈願異。入滅盡定者，作止〔一〕息想，求功德入；無想定作解脱入。三、感果不感果異。無想定是有漏，能感無想天別報果；滅定是無漏，不感三界果。四、滅識多少異。滅盡定滅識多，兼滅第七染分末那；無想定滅識少，止〔三〕滅前六識。

校注

〔二〕「止」，原作「正」，據清藏本改。

〔三〕「止」，原作「空」，據清藏本改。

問：且如滅盡無心等位，既是無心，云何不出三界？

答：無心者，但伏前六識麁心，亦稱無心。七、八識心猶在，非全無心。如成業論云：「心有二種：一、集起心，無量種子集起處故；二、種種心，所緣、行相差別轉故。滅定等位，闕第二心，名無心。如一足馬，闕一足故，亦名無足。」〔一〕

校注

〔一〕見世親造、玄奘譯大乘成業論。按，「如一足馬，闕一足故」，成業論作「如一足床，闕餘足故」。此處引文，或據成唯識論掌中樞要卷下引。

問：五根四大種〔一〕而成内外一切諸法，何法具大？何法具種？

答：古釋四句料簡：一〔二〕、是大而非種，即虚空，周徧故是大，非生故非種；二、是種非大，即五根等，能生故名種，不徧故非大；三、亦種亦大，即地、水等，體寬廣故名大，與所造色爲依故名種；四、非大非種，即趣寂聲聞〔三〕。

校注

〔一〕四大種：即地、水、火、風。此四者能造諸色故，謂之四大種。參後注。

〔二〕「一」，原本空缺，據諸校本補。

〔三〕窺基撰大乘法苑義林章卷三大種造色章：「瑜伽第三説：『由此大種其性大故，爲種生故』，名爲大種。大有四義：一、爲所依故，與諸造色爲所依處；二、體性廣故，體性寬廣於造色故；三、形相大故，大地、大水、大火、大風相狀大故；四、起大用故，成壞世界作用大故。種者因義，或是類義。此四能爲生等五因起衆色故，種類别故。虚空雖大，不能爲因；内種子等雖能爲因，體相非大；所餘諸法，非大非種。由此地等亦大亦種，故名大種。」

問：六根分見、聞、覺、知，都具幾量？

答：准瑜伽，有三量：一、證量，二、比量，三、至教量〔一〕。論云：三量建立六根。依證量中眼根心、心數法，名見；依餘耳等五根心、心數法，名知；依比量心、心數法，名覺；依至教量心、心數法，名聞。又云：「若見、若知言説，是依現量；若覺言説，是依比量；若

聞言説，依至教量。」〔三〕

釋云：證量者，即境現在前，分明證了，名證量。眼心、心數，名見。耳等五根心、心數法，於證量中了自境時，摠名知。意根心、心數法，於比量中了别境界，名覺，如隔牆見角，比知是牛，比度推求，唯在意根。依至教量心、心數法，名聞，即至聖之言教，名爲至教量，亦云聖言教量。西土簡法，須具此三量。

校　注

〔一〕玄奘譯瑜伽師地論卷三〇：「由證成道理，尋思三量：一、至教量，二、比度量，三、現證量，謂正尋思如是如是義：爲有至教不？爲現證可得不？爲應比度不？」至教量，又稱聖教量等，於因明論式中，隨順聖賢所説言教而量知其義。玄奘譯大乘阿毗達磨雜集論卷一六：「聖教量者，謂不違二量之教。此云何？謂所有教，現量、比量皆不相違，決無移轉，定可信受，故名聖教量。」

〔二〕見玄奘譯瑜伽師地論卷九三。

問：四大、六根中，以何爲主？

答：以心爲主。四大等無自體故，互無力用，因心而有，故稱爲主。遺教經云：「此五根者，心爲其主。」〔一〕此明託胎之始，心在諸根之初，名之爲主〔二〕。然雖一期爲主，亦不定故。台教明其心不能控制諸根，心爲受揔門，「若身病時，心亦隨病，寧得是主耶？或時更互論主，如地具四微則鈍，爲水所制；水有三微，爲火所制；火但二微，爲風所制；風有一微，爲心所制；心無有微，故得爲主。復爲四大所惱，主義不成，故無正主」。

校注

〔一〕見佛垂般涅槃略説教誡經。

〔二〕「遺教經云」至此，見智顗説、灌頂録金光明經文句卷四。下一處引文同。

又，若四大各守其性者，地守堅性不應動，水守濕性不應波，火守熱性不應燄，風守動性不應持。失本性故，則是不實，不實故空。請觀音經云：地無堅性，水性不住，火從緣生，風性無礙，一一皆入如實之際〔一〕。

校注

〔一〕「若四大各守其性者」至此，參見智顗説、灌頂録金光明經文句卷四。

又，心亦不定，善惡互奪，强熟業牽。識論云：心、意、識，一法異名，對數名心，能生名意，分別名識。又，前起爲心，次起爲意，後了爲識。或此世心雖行善，先世惡業熟，既與時合，即受惡報，故爲熟業所牽；或一生心雖行惡，臨終時善心猛盛，即隨善上昇，故爲强業所牽〔一〕。

校注

〔一〕「心亦不定」至此，參見智顗說、灌頂録金光明經文句卷四。又，「識論云」者，金光明經文句作「釋論云」。

以知世間無一法定有自體，但隨緣轉，念念不可得故，不可定執一門而生取捨。既一一法無體用不自在，念念不可得，則悉入如實之際。於實際中，名義俱息。如四眼入佛眼，十智入實智，皆失名字。如物投蜜，似川會海，一一異味，無不甘鹹〔一〕。如萬法歸宗鏡之中，同遵一道。

校注

〔一〕智顗說、灌頂録金光明經文句卷三：「佛海者，四眼入佛眼，十智入如實智，皆失本名字，但名佛眼、佛智。如物投石蜜，如流會海，無不甘鹹者，法性三佛攝一切法，故名佛海也。」吉藏法華義疏卷四：「因中名四眼，果地名佛眼。謂人有肉眼，天有天眼，聲聞慧眼，菩薩法眼，佛有佛眼，故四眼入佛眼中，悉名佛眼。」佛十智者，一、法智，二、比智，三、他智，四、世智，五、苦智，六、集智，七、滅智，八、道智，九、盡智，十、無生智。實智者，與權智（方便智）相對，是達於佛菩薩實理之智。隋慧遠撰大乘義章卷一九二智義：「知於一乘真實之法，名爲實智。了知三乘權化之法，名方便智。」

問：隨境各立六識之名，此依五色根未自在説。於自在位，如何分別？

答：若自在位中，則諸根互用。如法華明鼻根即能見色、觀心等。論云：「若得自在，諸根互用，一根發識緣一切境，但可隨根，無相濫失。乃至〔一〕佛地經説，成所作智決擇有情心行差别〔二〕，起三業化〔三〕，作四記〔四〕等。若不偏緣，無此能故。」〔五〕

校注

〔一〕乃至：表示引文中間有删略。

〔二〕韓廷傑成唯識論校釋卷五：「『成所作智』，唯識宗認爲，通過修行可使有漏八識轉爲無漏智。轉眼、耳、鼻、舌、身五識而成成所作智，亦稱作事智或成事智。佛以此智於十方以身、口、意三業爲衆生行善。『決擇有情心行』，即八萬四千法門。能詮之教稱爲法藏，所詮之教稱爲法門。皆有八萬四千之數。」

〔三〕三業化：身化、語化（口化）和意化。

〔四〕四記：根據問題的性質，有四種不同的回答方式。一向記，直接以肯定方式回答；分别記，具體分析後始作回答；反問記，反問對方，於反問中令其悟解，或以反問明確問意後再予以回答；默置記，對於非理之問，默而不答。玄奘譯佛地經論卷六：「言四記者：一、一向記；二、分别記；三、反問記；四、默置記。一向記者，如有問言：『一切生者決定滅耶？佛法僧寶良福田耶？』如是等問應一向記，此義決定。分別記者，如有問言：『一切滅者定更生耶？佛法僧寶唯有一耶？』如是等問應分別記，此義不定。反問記者，如有問言：『菩薩十地爲上爲下？佛法僧寶爲勝爲劣？』如是等問應反問記，汝望何問？默置記者，如有問言：『實有性我爲善爲惡，石女兒色爲黑爲白？』如是等問，應默置記，不應記故，長戲論故。」

〔五〕見玄奘譯成唯識論卷五。按，佛地經一卷，玄奘譯。有佛地經論七卷，對其詳細解釋。

釋云：三業化合有十種：佛地經説，身化有三：一、現神通化，二、現受生化，三、現業果化。語化亦有三：一、慶慰語化，二、方便語化，三、辯物語化。意化有四：一、決擇意化，二、造作意化，三、發起意化，四、領受意化。領受化中四記者，一謂一向記，二、分別記，三、反問記，四、默置記〔一〕。

校注

〔一〕「釋云」至此，詳見窺基撰成唯識論述記卷五。「佛地經説」者，詳見玄奘譯佛地經卷六。又，澄觀述大方廣佛華嚴經隨疏演義鈔卷二四：「十化者，即佛地經説佛身有十化。初依身輪，起三種化：一、受生化，謂受最後身；二、神通化，謂現諸變等；三、業果化，謂受金鏘等。又依語輪，起三種化：一、辯揚化，謂轉法輪，斷疑答難；二、讚勵化，謂讚勝勸學；三、慶慰化，謂有進修，或能斷證，隨喜慶慰。意化有四：一、領受意化，謂領問受取等；二、決擇意化，謂觀有情心行差別，揀擇諸法，性相不同；三、發起意化，謂能發起宿世善根及令二乘發大行等；四、造作意化，謂能建立諸法事義。」

已上六識之相，揔成三業之門，未轉依〔一〕中，隨流徇境，發雜染之種，結生死之根，唯起蓋纏，但縈苦集，背清浄之覺性，合界處之妄塵，立三有之垣牆，作四流之波浪。至轉依位，冥真返流，隨智慧行，成無漏善，道諦所攝，正理相應，現妙觀察心，決四生之疑網；爲成所作智，起三輪之化原。若也究之於心，塵勞爲菩提之妙用；失之於旨，常樂作生滅之苦輪。故知染浄非他，得喪在我，似手反覆，如人醉醒。何者？反亦是手，覆亦是手，要且反時非覆時，覆時非反時，然俱不離手；醉亦是人，醒亦是人，要且醉時非醒時，醒時非醉時，然不離醉有醒，亦不即醉是醒。如迷亦是心，悟亦是心，要且迷時非悟時，悟時非迷時，然迷悟非別，即時節有異，唯在般若，轉變臨時，一體匪移，千差自別。迷之枉遭沉没，念念成凡；悟之本自圓明，心心證聖。

校注

〔一〕轉依：斷除煩惱障、所知障，證得涅槃與菩提之果。無著造、玄奘譯攝大乘論釋卷下果斷分：「轉依，謂即依他起性對治起時，轉捨雜染分，轉得清浄分。」無性造、玄奘譯攝大乘論釋卷九果斷分：「何者轉依？謂即於此依他起性對治起時者，無分別智起時。轉捨雜染分者，轉滅一切所取、能取諸迷亂分。轉得清浄分者，捨彼所取、能取性故。轉得遠離所取、能取自内所證，絶諸戲論最清浄分。」窺基成唯識論述記卷五：「未起對治斷其我執，名未轉依。」又，參見本書卷八七。

問：一切諸法，皆藉緣生，八識之中，各具幾緣成立？

答：眼具九緣：一、空緣，謂空疎無物障礙於前境故，謂無障礙引發生起能緣識故，又離中知故；二、明緣，明謂光明，離暗相故，分明顯了，開闢引導能緣識故；三、根緣，謂自眼根爲所依故；四、境緣，與能緣識爲所緣故，牽生引發能緣識故；五、作意緣，發作心意能生起故，於心種位警令生現，於現行位引心至境；六、根本緣，謂第八識與其眼等識而爲根株作元本故，與前七識爲所依故；七、染浄緣，謂第七識與前六皆爲染浄所依故；八、分別緣，謂第六識分明了别於前境故；九、種子緣，謂眼識種子能生現故。亦名親辦自果緣，親實建辦，自識現行，名爲自果。

若耳識緣徑直之聲，唯具前八緣，除前明緣，設於暗中亦能聞故。

若鼻、舌、身三識緣香、味、觸時，唯具七緣，除前空、明二緣。此三是合中知故，不假空緣。

若第六意識緣一切境時，唯具五緣：一、根本，二、根緣，三、作意，四、種子，五、境緣，除空、明、分別、染浄四緣。又，第六意識四種中，若定、夢、獨散，此三即具五緣。若明了意，隨前五識，或七、八、九等，具緣多少故。

若第七識有漏位中緣第八見分爲我之時，唯具三緣：一、根本緣，即第八識；二、作意；三、種子。

若第八識緣種子、根身、器世間時，唯具四緣：一、境緣，即前三境；二、根緣，即第七識；三、種子；四、作意。若加等無間緣，於前八識上，更各添一緣，眼即具十緣等。

問：八識於三界中揔具不？

答：不具。古釋云：八識於三界九地其〔一〕有無者，欲界一地，具有八種識；色界初禪一地，只有六識，無鼻、舌二識；從二禪已上，乃至無色界已來，唯有後三識，無前五識。欲界人、天、鬼、畜四趣，皆具八識。就地獄趣中，無間獄無前五識，唯有後三識，或兼無第六，已居極重悶位故。

校　注

〔一〕「其」，諸校本作「具」。

問：如何是諸識偏計有無？

答：古德云：五、八識無執，以因緣變故，唯現量。夫爲執者，必須强思計度，等有執也。唯第六、第七有偏計分别故，即六、七二識有執也〔一〕。

又，四句：一、偏而非計，即第六獨頭意識偏緣一切，不計執故；二、計而非偏，即第七識唯緣賴耶起計度故；三、亦偏亦計，第六識因中有周偏計度；四、非計非偏，即五識唯緣五塵，無計度故，前五識任運證境，不帶名言，唯現量故。第八亦然〔二〕。

校注

〔一〕窺基撰成唯識論别抄卷一：「問：釋論中依護法宗，六、七二識有執及鄣，五、八非執，何故論云『我法分别熏習力故，諸識生時變似我法』？唯應二識似我法生。解有二釋：一云：由六、七識是能遍緣諸識相見二分執爲我法，熏成種故，六、七生時，緣彼諸識相見二分變似我法，非謂五、八自執我法，彼無慧故。二云：且依大乘解有漏義與漏俱故名爲有漏，由彼五、八與執俱故，名爲有執，非謂五、八自體有執心。雖有二解，後釋爲正。或言二識非一名，諸識是假境，所依事故。」栖復集法華經玄贊要集卷三：「安慧云：前五、第八，唯有法執而無我執。末那唯我執，謂執賴耶爲我。第六意識具有二執，雖具二執，有間斷故，謂此意識五位無心所依之識，既不有能依之我，亦有間斷也。護法云：此理不然。意言執者，執著分别，方名爲執。前五任運緣境，賴耶亦任運緣三種境。只有任運分别、隨念分别，云何言有執也？護法正義云：一、我執八識有無，二、法執八識有無。且我執有二，一者、俱生，二者、分别。俱生我執，無始時來，虛妄熏習，由内緣力，常與身俱，不待邪教及邪分別，任運而轉，故名俱生。此復有二：一者、常相續，在第七識；二者、間斷，在第六識。此二我執，細故難斷，後修道中，數數修習勝生空觀，乃至金剛心，方能除滅。分別我執者，亦由現在外緣力故，非與身俱，要待邪教及邪分別，然後方起，故名分別。唯有第六意識中有，有二：一、緣邪教所説蘊相，二、緣邪教所説我相。二、法執者，略有二種：一者、俱生，二者、分別，名義與我執同也。此法執細故難斷，後修道中，數數修習勝法空觀，即能斷滅。護法云：六、七二識，具有二執。若常相續，在第七。若間斷時，在第六識。五、八識中，二執俱無，謂是自浄無記。若第八識，含諸種子即得。若令起現行而有執者，無有是處也。若安慧師，八識總有執。五、八唯有法執執，第七唯我執，第六通二執也。」「執障寬狹者，執即狹，障即寬。謂執唯在六、七識有，唯除第八執障俱無。護法云：六、七二識，有執有障。五識有障無執，且如前五識，有貪、嗔、癡三而無其執。若是不正義，即言執寬障狹。緣執通三性，障唯不善性故狹。正義，即約八識論寬狹。不正義，即約三性以論寬狹也。」

〔二〕窺基撰成唯識論述記卷九：「『遍計』二字，周義釋『遍』，度義釋『計』，唯第六識能周遍計度，第七識等是此類故，亦名遍計，但可名計而非遍故。今依正義，由此應作四句分別：有遍而非計，謂無漏諸識、有漏善識等能遍廣緣而不計執者；有計而非遍，謂第七有漏識；有亦遍亦計，謂有漏染污我、法執第六識等；有非遍非計，謂有漏五識及第八識等。」棲復集法華經玄贊要集卷二一：「『遍計』者，『遍』謂周遍，『計』謂計度。遍緣一切，起計度分別，三性之中，遍計性也。一、遍而非計，即第八識；二、計而非遍，第七識唯緣賴耶起計度故；三、亦遍亦計，第六識遍緣一切起計度；四、非遍非計，即五識唯緣五塵，無計度故。如來根本智中，證達遍計性。後得智中，了依他如幻事。」

音義

隙，綺逆反。　毆，烏后反，擊也。　罵，莫駕反。　詈，力智反。　媚，眉秘反。　慼，倉歷反，憂也。　噏，許及反。　躁，則到反，動也。　祈，渠之反。　控，苦貢反。　癰，於容反。

戊申歲分司大藏都監開板

宗鏡録卷第五十六

慧日永明寺主智覺禪師延壽集

夫三能變中，已論八識，今依經論，更有多門，舒則無邊，卷唯一道。經中又明有九種識，以兼識、性故，或以第八染、淨別開，故言九識，非是依他體有九，亦非體類別有九識。九識者，以第八染、淨別開爲二，以有漏爲染、無漏爲淨。前七識不分染、淨，以俱是轉識攝故。第八既非轉識，獨開爲二，謂染與淨，合前七種，故成九識〔一〕。

校注

〔一〕按，第九識即無垢識，音譯「阿末羅識」「阿摩羅識」，舊譯認爲是第九識，新譯認爲是第八識的淨分。成唯識論述記卷三：「唯無漏依，體性無垢，先名阿末羅識，或名阿摩羅識，古師立爲第九識者，非也。」

問：以何經論，證有九識？

答：楞伽經説頌云：「由虚妄分別，是則有識生，八九識種種，如海泉波浪。」〔一〕

校注

〔一〕見大乘入楞伽經卷六偈頌品。

又，金剛三昧經云：「尔時，無住菩薩而白佛言：『尊者，以何利轉而轉衆生一切情識入唵〔一〕摩羅？』佛言：『諸佛如來常以一覺而轉諸識入唵摩羅。何以故？一切衆生本覺，常以一覺覺諸衆生，令彼衆生皆得本覺，覺諸情識空寂無生。何以故？決定本性本無有動。』」〔二〕

論釋云：「一切情識，則是八識；奄〔三〕摩羅者，是第九識。」〔四〕

校注

〔一〕「唵」，嘉興藏本作「菴」，記音字，皆可。唵摩羅，即「阿末羅」「阿摩羅」。

〔二〕見金剛三昧經本覺利品。元曉述金剛三昧經論卷中本覺利品：「『諸佛如來常以一覺』者，是標能化之本。『而轉諸識入唵摩羅』者，是標所化之轉。釋中有二：正釋、轉釋。正釋中，言『一切衆生本覺』者，釋前能化之本一覺。一切衆生，同一本覺，故言『一覺』。諸佛體此，乃能普化，故言『常以』。以此本覺令他覺故，故言『常以一覺覺諸衆生』。『令彼衆生皆得本覺』者，是釋所化轉入之句，本覺正是唵摩羅識。『得本覺』者，是釋入義。入本覺時，覺諸八識本來寂滅，覺究竟故，諸識不生，故言『諸識寂滅無生』。是句正釋『轉諸識』句。此文具顯本、始二覺。謂『一切衆生本覺』等者，是本覺義；『覺諸情識寂滅無生』者，是始覺義。是顯始覺即同本覺也。『何以故』下，第二轉釋，釋前始覺所覺寂滅，雖諸八識隨緣動轉，而求定性皆無所得，故言『決定本性本無有動』。本無動故，本寂滅也。」圓澄注金剛三昧經注解卷二：「唵摩羅，此云『白浄識』，即是第九識。前五、六、七識，是世間相，故是情識；八識則具含世、出世間；九識惟是出世間。所謂轉彼世間情識，入出世間之浄性。」

〔三〕「菴」，磧砂藏本作「唵」，嘉興藏本作「菴」，記音字，皆可。

〔四〕見元曉述金剛三昧經論卷中本覺利品。

古德云：一切唯心造者，「然其佛果契心，則佛亦心造，謂四智菩提，是浄八識之所造故。若取根本，即浄第八。若依真諦三藏，此佛浄識稱爲第九，名阿摩羅識。唐三藏云：此翻『無垢』，是第八異熟，謂成佛時轉第八成，無别第九。若依密嚴，文具説之。經云：『心有八識，或復有九。』〔一〕又云：『如來清浄藏，亦名無垢智。』〔二〕即同真諦所立第九，以出障故，不同異熟爲九有。又，真諦所翻決定藏論九識品〔三〕云第九阿摩羅識，三藏釋云：阿摩羅識有二種：一者、所緣，即是真如；二者、本覺，即真如智。能緣即不空藏，所緣即空如來藏。若據通論，此二並以真如爲體」〔四〕。

校注

〔一〕見地婆訶羅譯大乘密嚴經卷中顯示自作品。「識」，大乘密嚴經作「種」。

〔二〕見地婆訶羅譯大乘密嚴經卷下阿賴耶微密品。

〔三〕按，真諦譯決定藏論，三卷，爲心地品之一、之二、之三，無九識品。據大覺四分律鈔批卷九，「決定藏論，即是瑜伽論中攝決擇分，唐三藏云：真諦妄安九識品也。」

〔四〕見澄觀述大方廣佛華嚴經隨疏演義鈔卷四二。大覺四分律鈔批卷九：「然論識義，真諦三藏説有九識，前六可知，第七名阿陀那識，唐三藏譯『阿陀那』者，是執持識，即第八識之異名，不同真諦也。第八阿梨耶識，唐三藏名『阿賴耶識』，翻爲『藏識』，亦是第八異名也。第九阿摩羅識，唐三藏云：阿摩羅者，此云『無垢識』，與大圓鏡智相應。真諦所翻決定藏論有九識品，第九名阿摩羅識。真諦譯云：此有二種：一者所緣，即是真如。二名本覺，即能緣智。意識、此識通能、所緣，合爲此識體也。唐三藏釋云：轉第八識，得無垢識，無別第九也。廣如唯識、攝大乘等，不能繁叙。（原注：決定藏論，即是瑜伽論中攝決擇分，唐三藏云：真諦妄安九識品也。）第八名阿賴耶，亦名『含藏識』，謂含藏善惡種子也。亦名『藏識』，亦名『宅識』。第九名白浄識，屬於佛也。」圓測解深密經疏卷三：「諸聲聞藏，但説六識，而無七、八，具如諸教。今依大乘，自有兩釋：一、龍猛等但説六識。是故清辨菩薩所造中觀心論入真甘露品云：『離六識外，無別阿賴耶識，眼等六識所不攝故，猶如空華。』故知彼宗唯立六識。二、彌勒宗，依金光明等，具立八識。然依此宗，西方諸師有其三説：一、菩提留支唯識論云：立二種心：一、法性心，真如爲體。此即真如心之性故，名之爲心，而非能緣。二、相應心，與信、貪等心所相應。解云：唯釋意之性故、識之性故，亦名意識，於理無違。二、真諦三藏依決定藏論，立九識義，如九識品説。言九識者，眼等六識，大同識論。第七阿陀那，此云『執持』，執持第八爲我、我所，唯煩惱障，而無法執，定不成佛。第八阿梨耶識，自有三種：一、解性梨耶，有成佛義。二、果報梨耶，緣十八界。故中邊分別偈云：『根塵我及識，本識生似彼。』依彼論等說，第八識緣十八界。三、染汙阿梨耶，緣真如境，起四種謗，即是法執而非人執。依安慧宗，作如是說。第九阿摩羅識，此云『無垢識』，真如爲體。於一真如，有其二義：一、所緣境，名爲真如及實際等；二、能緣義，名無垢識，亦名本覺。具如九識章引決定藏論九識品中說。三、大唐三藏依楞伽等及護法宗，唯立八識，不說第九。破清辨云：所立量中，便有自教相違之失。楞伽等經，皆說第八阿賴耶故。問：若爾，如何大品經等，唯說六識？護法會釋，如成唯識第五卷說。然有經中說六識者，應知彼是隨轉理門，或隨所依六根說六，而識類別實有八種。問：豈不龍猛唯立六耶？解云：據實龍猛等，信有七八，位在極喜大菩薩故。而彼論中說六識者，述大品經等意，故不相違。真諦師說九種識中，後之三識，皆有多失。且如第七，有二種失：一、阿陀那者，第八異名，而非第七，故此經等說第八識名阿陀那。二、義相違，所謂唯煩惱障，便違此經八地已上有染末那；或不成佛，違莊嚴論等轉八識成四智義也。第八賴耶能起法執，或云緣十八界，皆不應理。心所法中，無明無明數如何得與法執俱起？又新翻辨中邊論云：『頌曰：識生變似義，有情、我及了，此境實非有，境無故識無。』長行釋云：『論云：變似義者，謂似色等諸境性現；變似有情者，謂似自他身五根性現；變似我者，謂染末那與我癡等恒相應故；變似了者，謂餘六識了相麤故。』具說如彼。故知第八不緣心等。若廣分別，如成唯識也。又真諦云：『阿摩羅識反照自體，無教可憑。』復違如來功德莊嚴經。彼云：『如來無垢識，是淨無漏界，解脱一切障，圓鏡智相應。』准經可知，無垢識者，即是淨分第八識也。又決定藏論，即是瑜伽，彼論本無九識品也。」又，仁岳述楞嚴經熏聞記卷三：「問：今七種名，同在果位，體必無殊，何故攝論以菴摩羅爲第九、地論以大圓鏡爲第八耶？答：第八有染、浄二分，總含一切有漏無漏、有爲無爲等法，是故攝論開浄分爲第九。地論不開，即指浄分名爲鏡智。問：開與不開，何者爲善？答：兩論被物，各隨所宜，不可定計互相排斥。然據諸論所説，第八識若至我見永不起位，即捨梨耶之名，别受清浄之稱，是則果位名菴摩羅。天台所依攝大乘義，取第九識者，非無深致。」

華嚴論明解深密經「説九識爲純浄無染識，如瀑流水，生多波浪，諸波浪等以水爲依，五、六、七、八等皆以阿陁那識爲依故」〔一〕。

「又云：『如是菩薩雖由法住智爲依止、爲建立故。』〔二〕此經意令於識處，便明識體本唯真智〔三〕故，如彼瀑流，不離水體而生波浪。又如明鏡，依彼浄體無所分別，含多影像，不礙有而常無故。如是自心所現識相，不離本體無作浄智，所現影相都無自他、内外等執，任用隨智，無所分別。」〔四〕

又經云「『阿陁那識甚深細』〔五〕者，引彼凡流，就識成智，不同二乘及漸始菩薩破相成空，不同凡夫繫而實有，不同彼故，不空不有。何法不空？爲智能隨緣照機利物故；何法不有？爲智正隨緣時無性相故，無生住滅故。華嚴經則不然，但彰本身本法界一真之根本智佛體用故，混真性相法報之海，直爲上上根人頓示佛果德一真法界本智，以爲開示悟入之門，不論隨妄而生識等。如法華經以佛智慧示悟衆生，使得清浄出現於世〔六〕。故不爲餘乘，若二若三」〔七〕。

校　注

〔一〕見李通玄撰新華嚴經論卷一。「解深密經」者，參見解深密經卷一心意識相品。

〔二〕見解深密經卷一心意識相品。

〔三〕「真智」，新華嚴經論作「不離真智」。

〔四〕見李通玄撰新華嚴經論卷一。

〔五〕「深細」，原作「深細深細」，據解深密經、新華嚴經論删。「阿陁那識甚深細」者，詳見解深密經卷一心意識相品。

〔六〕妙法蓮華經卷一方便品：「諸佛世尊，欲令衆生開佛知見，使得清浄故，出現於世。」

〔七〕見李通玄撰新華嚴經論卷一。

今宗鏡大意，亦同此説，但先標諸識次第權門，然後會同真智，然不即識，亦不離識，但見唯識實性之時，方鑒斯旨，似寶鏡普臨衆像，若海印頓現森羅，萬法同時，更無前後。

又，釋摩訶衍論云：「凡集一代聖説中異説契經，揔有十種識：

「一者、立一種識揔攝諸識。此中有四，一者、立一切一心識，揔攝諸識，所謂以一心識偏於二種自在〔一〕，無所不安立故。一心法契經〔二〕中作如是説：尒時，文殊師利承佛威神之力，即白佛言：『世尊，説幾種識？體相云何？當願爲我分别開示。』尒時，世尊告文殊言：『善哉，善哉！文殊師利，爲諸大衆當問此事，諦聽！諦聽！善思念之！我當爲汝分别解説。』於是文殊白佛言：『善哉，世尊！願欲樂聞。』佛告文殊言：『我唯建立一種識，所餘之識，非建立焉。所以者何？一種識者，多一一識。此識有種種力，能作一切種種名字而唯一識，終無餘法〔三〕。是故我説建立一種識，所餘之識，非建立焉。』二者、立阿賴耶識，摠攝諸識，所謂以阿賴耶識具足障礙義、無障礙義，無所不攝故。阿賴耶識契經〔四〕中作如是説：尒時，觀自在菩薩即白佛言：『世尊，云何名爲通達摠相識？以何義故名爲摠相？』佛告觀自在菩薩言：『通達摠相識者，即是阿賴耶識。此識有礙事及非礙事，具一切法，備一切法。譬如大海，爲水波等，作摠相名。以此義故，名爲摠相故。』三者、立末那識，摠攝諸識，所謂以末那識具足十一種義，無所不攝故。顯了契經〔五〕中作如是説：種種心識雖有無量，唯末那轉，無有餘法。所以者何？是末那識具足十一義〔六〕，無所不作故。四者、立一意識，摠攝諸識〔七〕，所謂以意識有七種轉變自在，隨能作其事故。七化契經中作如是説：譬如幻師，唯是一人，以幻術力，變化七人，愚人見之，謂有七人。而智者見，唯有一人，無餘七人。意識幻師，亦復如是，唯是一識，能作七事，凡夫謂之有七事，而覺者見唯有意識，無餘七事故。是名建立同一種識，四種契經中作如是説。

「二者、立二種識揔攝諸識：一者、阿賴耶識，二者、意識。阿賴耶識者，揔舉業、轉、現三識故；意識者，揔舉七種轉識故。楞伽經中作如是説：大慧，廣説有八種識，略説有二種：一者、了别識，二者、分别事識，乃至廣説故(八)。

「三者、立三種識揔攝諸識：一者、阿賴耶識，二者、末那識，三者、意識。阿賴耶識者，揔舉三相識故；末那識者，直意根故；意識者，揔舉六種轉識故。慈雲契經(九)中作如是説：復次，敬首，廣説有十種識，揔説有三種識：一者、細相性識，二者、根相性識，三者、分離識，乃至廣説。

「四者、立四種識揔攝諸識，謂前三中加一心識故。無相契經(一〇)中作如是説：識法雖無量，不出四種識：一者、所依本一識，二者、能依持藏識，三者、意持識，四者、徧分别識，乃至廣説故。

「五者、立五種識揔攝諸識，謂前四中加隨順徧轉識故。大無量契經(一一)中作如是説：復次，有識非彼彼識攝，徧於彼彼識，所謂隨順徧(一二)轉識故。

「六者、立六種識揔攝諸識，所謂(一三)眼等五種别識及第六意識故。四聖諦契經(一四)中，作如是説：佛告樹王：我爲小根諸衆生故，以密意趣，作如是説，但有六識，無有餘識。而實本意爲欲令知六種識中具一切識，於大衆中作如是唱故。

「七者、立七種識摠攝諸識，謂前六識加末那識故。法門契經[一五]中作如是説：復次，文殊師利，識法有七種，所謂六識身及末那識。如是七識，或一時轉，或前後轉。復次，第七識有殊勝力故，或時造作持藏之用，或時造作分别之依故。

「八者、立八種識摠攝諸識，謂前七中加阿賴耶識故。道智契經[一六]中作如是説：心王有八：一者、眼識心王。乃至八者、異熟報[一七]識心王。種種識法，不出此數故。

「九者、立九種識摠攝諸識，謂前八中加唵摩羅識故。金剛三昧契經中作如是説：尔時，無住菩薩而白佛言：『世尊，以何利轉而轉衆生一切情識入唵摩羅？』佛言：『諸佛如來常以一覺而轉諸識入唵摩羅故。』

「十者、立十種識摠攝諸識，謂前九中加一切一心識故。法門契經中作如是説：心量雖無量，而不出十識。」[一八]

校　注

〔一〕二種自在：有爲自在、無爲自在。筏提摩多譯釋摩訶衍論卷二：「一法界心有二種自在。云何爲二？一者、有爲自在，能爲有爲法而作依止故；二者、無爲自在，能爲無爲法而作依止故。」

〔二〕筏提摩多譯釋摩訶衍論卷一：「摩訶衍論别所依經，總有一百。（中略）十四者，一心法經。」

〔三〕宋普觀述釋摩訶衍論記卷二：「多一一識者，謂由此識能作諸法，隨彼彼法，立種種名，名義雖多，體唯一故。」明弘演楞嚴妙指引釋摩訶衍論：「多一一識，『多一』即二門，故云『能作一切種種名字』；『一識』即一心，故云『終無餘法』。」

〔四〕筏提摩多譯釋摩訶衍論卷一：「摩訶衍論別所依經，總有一百。（中略）十者，阿梨耶識經。」

〔五〕筏提摩多譯釋摩訶衍論卷一：「摩訶衍論別所依經，總有一百。（中略）八十五者，法門顯了經。」

〔六〕筏提摩多譯釋摩訶衍論卷四：「彼契經中，十一義名略不別說，是故論者具舉十一種之別名，分明顯示。云何名爲十一種名？一者、根本無明，二者、業相，三者、轉相，四者、現相，五者、智相，六者、相續相，七者、業識，八者、轉識，九者、現識，十者、智識，十一者、相續識，是名十一。」

〔七〕「立一意識，揔攝諸識」，原作「立四種識，一者立一意識揔攝諸識」，據釋摩訶衍論改。

〔八〕詳見入楞伽經卷二。

〔九〕筏提摩多譯釋摩訶衍論卷一：「摩訶衍論別所依經，總有一百。（中略）二十五者，慈雲經。」

〔一〇〕筏提摩多譯釋摩訶衍論卷一：「摩訶衍論別所依經，總有一百。（中略）四十九者，無相經。」

〔一一〕筏提摩多譯釋摩訶衍論卷一：「摩訶衍論別所依經，總有一百。（中略）八十者，大無量經。」

〔一二〕「徧」，原無，據釋摩訶衍論補。

〔一三〕「謂」，原作「爲」，據釋摩訶衍論改。

〔一四〕按，四聖諦契經，即四諦經，現存有安世高譯本，出中阿含經第七卷，與分別聖諦經同本異譯。

〔一五〕筏提摩多譯釋摩訶衍論卷一：「摩訶衍論別所依經，總有一百。（中略）七十二者，法門經。」

〔一六〕筏提摩多譯釋摩訶衍論卷一：「摩訶衍論別所依經，總有一百。（中略）七十八者，道智經。」

〔一七〕「報」，原作「執」，據釋摩訶衍論改。

〔一八〕見筏提摩多譯釋摩訶衍論卷二。

又，攝大乘論明十一種識，由本識能變異作十一識，本識即是十一識種子，分別是識性。識性何所分別？分別無爲有，故言虚妄。分別爲因，虚妄爲果，以此分別性，攝一切種子盡。諸識差別有十一，身識、身者識、受者識、應受識、正受識、世識、數識、處識、言説識、自他差別識、善惡兩道生死識。身識至言説等九識，因言説熏習種子生；自他差別識，因我見熏習種子生；善惡兩道生死識，因有支熏習種子生。身識，謂眼等五界；身者識，謂染汙識；受者識，謂意界；應受識，謂色等六外界；正受識，謂六識界；世識，謂生死相續不斷識；數識，謂從一至阿僧祇；處識，謂器世間；言説識，謂見聞覺知。又，欲顯虚妄分別，但以依他性爲體相。虚妄分別，即是亂識變異，略有四種識：一、似塵識，二、似根識，三、似我識，四、似識識。若不定明一切法唯有識，真實性不得顯現〔一〕。

校注

〔一〕「攝大乘論明十一種識」至此，詳見世親釋、真諦譯攝大乘論釋卷五相章第一。又，大正藏第八五册收敦煌遺書斯二四三五寫卷攝大乘論章卷第一：「一名似根識，謂眼等五根；二名似塵識，謂色等六塵；三名似我識，所謂我塵；四名似識識，謂六、七二心。此四識義，四識章中當廣分別。似我識者，是其本識。識者，是六、七二識。言似根、似塵者，有其二義：一、攝根從識，以塵從識，是六識所收；二、以末從本，本識所攝。似我識者本識，意識所攝。似識識者，就相是其六、七所收。」又，隋慧遠大乘義章卷三八識義十門分別：「（本識）又更分四：一、似我識，於阿陀那及六識中所取之我，非有似有，故曰似我，如夢中身。本識變爲體，是本識名似我識。二、似根識，眼等六根，非有似有，名爲似根。本識變爲體，是本識名似根識。三、似塵識，色等六塵，非有似有，名爲似塵。本識變爲體，是本識名似塵識。四、似識識，彼阿陀那及六識心，非有似有，謂似凡夫所計之有，名爲似識。本識變爲體，是本識名似識識。麁分如是，細分十一，如論中説：一者、身識，謂五根身。本識變爲體，是本識。二、身者識，謂阿陀那執我之心。本識變爲體，是本識。三、受者識，論言：謂意，是意根界遍司諸塵，領納稱受。本識變爲體，是本識。四、應受識，謂六塵境應爲心受，故曰應受。本識變爲體，是本識。五、正受識，謂六識心，正納六塵，領納名受。本識變爲體，是本識。六者、世識，謂三世時，本識變爲體，是本識。七者、數識，謂百千等，識義如前。八者、處識，謂國土處，識義如上。九、言説識，一切言説，識如前解。此九是前言説熏起。十、自他識，自他身別，本識變爲體，是本識。名自他識，此一是前我見熏起。十一、名爲善道惡道生死之識。六道生死，本識變爲體，是本識。此一是前有分熏起。細分無量，差別如是。」

又，大乘起信論説三細識、六麁相。三細相者，論云：「復次，依於覺故，而有不覺，生三種相，不相捨離：一、無明業相，以依不覺，心動爲業，覺則不動，動則有苦，果不離因故；二、能見相，以依心動，能見境界，不動則無見；三、境界相，以依能見，妄境相現，離見則無境。

「以有虚妄境界緣故，復生六種相：一、智相，謂緣境界，生愛非愛心；二、相續相，謂依於智，苦樂覺念相應不斷；三、執著相，謂依苦樂覺念，相續而生執著；四、執名等相，謂依執著，分別名等諸安立相；五、起業相，謂依執名等，起於種種諸差別業；六、業繫苦相，謂依業受苦，不得自在。是故當知一切染法，悉無有相，皆因無明而生起故。」〔一〕

校　注

〔一〕見實叉難陀譯大乘起信論卷上。

古釋云：初、無明爲因，生三細識；後、境界爲緣，生六麁相。以依無明成妄心，依妄心起無明。

三細相者，初、業相依不覺心動，心動名業。業有二種：一、動作故是業義，故云「依不覺故，心動名業，覺則不動」。得始覺時，則無動念，是知今動只由不覺也；二、爲因義是業義，故云〔二〕「動則有苦」，如得寂静無念之時，是涅槃妙樂，故知今動則有生死苦〔三〕患。此動念極微細，是精動〔三〕隱流之義。緣起一相，能、所不分，當阿賴耶識自體分也。如無相論問：此識何〔四〕相何境界？答：相及境界不可分別，一體無異〔五〕。當知此約賴耶業相義説也。心王、念法〔六〕，不分能、所故。

次、約本識見、相二分爲二也。能見相，即是轉相，依前業相轉成能見，故言「以依動故能見」。若依性静門，即無能見，故云「不動即無見」，反顯能見心必依動義。如是轉相，雖有能緣，以境界微細故，猶未辯之。如攝論云：此識「緣境不可知故」〔七〕。既所緣不可知，則約能緣以明本識轉相義也。

三、境界相，則是現識〔八〕，依前轉相能顯境界，故云「依見故境界妄現」。楞伽經云：「譬如明鏡，持諸色像，現識處現，亦復如是。」〔九〕此之現相，當在本識。

此三細相，並由根本無明動本静心，成此三細。後以境界爲緣，生六種麄相，則分别事識也。如楞伽偈云：境界風所動，起種種識浪〔一〇〕。

問：三細屬賴耶，六麄屬意識，何故不説末那？

答：有二義：一、前既説賴耶，末那必執相應，故不别説。瑜伽云：賴耶識起，必第二識相應故〔一一〕。又由意識緣外境時，必内依末那爲染汙根，方得生起，是故隨説六麄必自依末那故，亦不别説；二、以義不便故，略不説之。不便相者，以無明住地動本静心，令心起和合成賴耶。末那既無此義，故前三細中略不說。又由外境牽起事識，末那無此緣外境義，故六麁中亦略不說。亦可計内爲我屬前三細，計外爲我所屬後六麁，故略不論也。楞伽亦同此說。彼經云：「大慧，略有三義，廣說八相。何等爲三？謂真識、現識、分別事識。」〔一二〕分別事識〔一三〕，即是六麁〔一四〕。

校注

〔一〕「二、爲因義是業義，故云」，原無，據大乘起信論義記補。

〔二〕「苦」，原作「若」，據諸校本及大乘起信論義記改。

〔三〕「動」，諸校本作「勤」。按，作「動」是。志福撰釋摩訶衍論通玄鈔卷二：「精細起動，微隱流注，故云『精動隱流』。」延壽心賦注卷四：「微動之相，未能外緣，即不覺故，爲精動隱流之義。精者，細也。隱者，密也。即是細動密流難覺故。」

〔四〕「何」，原無，據大乘起信論義記補。參後注。

〔五〕真諦譯轉識論（從無相論出）：「問：此識何相何境？答：相及境不可分別，一體無異。」

〔六〕念法：即心法。

〔七〕見無著造、真諦譯攝大乘論卷上引證品。

〔八〕「識」，大乘起信論義記作「相」。

〔九〕見楞伽阿跋多羅寶經卷一。

〔一〇〕楞伽阿跋多羅寶經卷一：「藏識海常住，境界風所動，種種諸識浪，騰躍而轉生。」

〔一一〕玄奘譯瑜伽師地論卷五一：「若決定有阿賴耶識，應有二識俱時生起。」

〔一二〕楞伽阿跋多羅寶經卷一：「大慧，略説有三種識，廣説有八相。何等爲三？謂真識、現識及分別事識。大慧，譬如明鏡，持諸色像。現識處現，亦復如是。大慧，現識及分別事識，此二壞不壞，相展轉因。大慧，不思議薰及不思議變，是現識因。大慧，取種種塵及無始妄想薰，是分別事識因。」宗泐、如玘楞伽阿跋多羅寶經注解卷一：「諸識略説有三種者，真識即如來藏識；現識即如來藏所轉，亦名識藏，名轉而體不轉；分別事識即意根意識及五識身。此開藏識爲二，合事識爲一也。廣説有八相者，據後經文，即合上真識、現識爲一藏識，開上分別事識爲七識，謂意根、意識、眼識、耳識、鼻識、舌識、身識也。」

〔一三〕「分別事識」，原無，據大乘起信論義記補。按，大乘起信論義記卷中末云：「經中現識，即是三細中現相也。分別事識，即是下六麁也。所以知者，彼經下釋分別事識中，乃云攀緣外境界起於事識等，故知事識非是末那。此論下文並亦同此，宜可記之。」

〔一四〕「古釋云」至此，詳見法藏撰大乘起信論義記卷中末。其中所引大乘起信論，據真諦譯本。

又，顯識論但説二種識。彼論云：一切三界，但唯有識，識有二種：一、顯識，即是本識，此本識轉作五塵、四大等；二、分別識，即是意識，於顯識中分別作人天、長短、大小、男女、諸物等，分別一切法〔一〕。譬如依鏡，影色得起，如是緣顯識，分別識〔二〕得起〔三〕。

校注

〔一〕按，此後顯識論有云：「此識聚分別法塵，名分別識。」

〔二〕「識」，原作「色」，據顯識論改。

〔三〕詳見真諦譯顯識論。

又，轉識能迴轉造作無量識法，或轉作根、或轉作塵、轉作我、轉作識，如此種種不同，唯識所作。或於自、於他互相隨逐，於自則轉爲五陰，於他則轉爲怨親中人。一一識中，皆具能、所，能分別是識，所分別是境。能即依他性，所即分別性。由如此義，離識之外無別境，但唯有識〔一〕。

校注

〔一〕「轉識能迴轉造作無量識法」至此，詳見真諦譯轉識論。

又，轉識論明所緣：「識轉有二種〔二〕：一、轉爲衆生，二、轉爲法。一切所緣，不出此二。此二實無，但是識轉作二相貌也。次明能緣識有三種：一、果報識，即是阿賴耶識；二、執識，即是阿陁那識；三、塵識，即是六識。果報識者，爲煩惱業所引，故名果報。亦名

本識，一切有爲法種子所依止；亦名宅識，一切種子之所栖處；亦名藏識，一切種子隱伏之處。」〔二〕

校　注

〔一〕「種」，原作「轉」，據磧砂藏、嘉興藏本和轉識論改。

〔二〕見真諦譯轉識論。

又，此阿賴耶識，「與五種心所法相應：一、觸，二、作意，三、受，四、思惟，五、想。以根、塵、識三事和合生觸；心恒動行，名爲作意；受但是捨受；思惟籌量可行不可行，令心成邪、成正，名爲思惟。作意如馬行，思惟如騎者，馬但直行，不能避就是非，由騎者故，令其離非就是。思惟亦尔，能令作意離漫行也。此識及心法，但是自性無記〔一〕，念念恒流，如水流浪。本識如流，五法如浪，乃至羅漢果，此流浪法亦猶未滅，是名第一本識。依緣此識，有第二執識。此識以執著爲體，即末那，與四惑相應，此識名有覆無記〔二〕，亦有五種觸等心所法相應，前細此麄。此識及相應法，至羅漢位究竟滅盡，及入無心定，亦皆滅盡，是名第二識。第三塵識者，識轉似塵，更成六種。體通三性，與十種徧行別境心所法〔三〕相應，及十善惡〔四〕并大小或〔五〕具三種受」〔六〕。

校注

〔一〕無記：謂不善不惡之性。自性無記者，謂諸色根是長養者、外諸色處、非異熟等之所攝者，如山河大地之色、香、味、觸。

〔二〕有覆無記：謂其性染污而非善惡。覆謂染法，覆障爲義，障聖道故，又能蔽心令不浄故。

〔三〕「偏行別境心所法」，轉識論作「心法」。真諦譯轉識論：「十種心法者，觸等五種如前，但此爲最麁也。後五者，一、欲，二、了，三、念，四、定，五、慧。此中言了者，即舊所明解脱數也。」「觸等五種如前」者，即前云觸、作意、受、思惟、想。

〔四〕真諦譯轉識論：「十善者，一信，二羞，三慚，四無貪，五無瞋，六精進，七猗，八無放逸，九無逼惱，十捨。此十遍一切三界心及無流心數名大地。此是自性善，翻此十爲自性惡。」

〔五〕「或」，清藏本作「隨」，轉識論作「惑」。「或」，通「惑」。隨即隨煩惱，又稱隨惑。真諦譯轉識論：「大惑有十種者，一欲，二瞋，三癡，四慢，五五見，十疑。小惑者有二十四種，一忿恨，二結怨，三覆藏，四不捨惡，五嫉妬，六慳惜，七欺誑，八諂曲，九極醉，十逼惱，十一無羞，十二無慚，十三不猗，十四掉戲，十五不信，十六懈怠，十七放逸，十八妄念，十九散亂，二十不了，二十一憂悔，二十二睡眠，二十三覺，二十四觀。此小惑中有二種，一、作意遍行，二、不遍行。」

〔六〕見真諦譯轉識論。

「五識於第六意識及本識、執識，於此三識中，隨因緣或時俱起，或次第起，以作意爲因，外塵爲緣，故識得起。若先作意欲取色、聲二塵，後則眼、耳二識一時俱起，而得二塵。若作意欲至某處著色、聽聲、取香，後亦一時三識俱起，得三塵。乃至一時具五識俱起，亦尓。或前後次第而起，唯起一識，但得一塵，皆隨因緣，是故不同也。如是七識，於阿賴耶識中盡相應起，如衆影像俱現鏡中，亦如衆浪同集一水。乃至〔一〕如此識轉，不離二義：一、能分別，二、所分別。所分別既無，能分別亦無，無境可取，識不得生。以是義故，唯識義得成。何者？立唯識義，意本爲遣境遣心，今境界既無，唯識又泯，即是説唯識義成也。」〔二〕

已上能緣三種識，亦是三能變。

校注

〔一〕乃至：表示引文中間有删略。

〔二〕見真諦譯轉識論。

又，楞伽經云：「有三種識，謂真識、現識及分别事識。譬如明鏡，持諸色像，現識處現，亦復如是，不思議熏、不思議變，是現識因。取種種塵及無始妄想熏，是分别事識因。」〔一〕又：「諸識有三種相，謂轉相、業相、真相〔二〕。乃至〔三〕譬如泥團微塵，非異非不異。金莊嚴具，亦復如是。大慧，若泥團、微塵異者，非彼所成，而實彼成，是故不異；若不異者，則泥團、微塵應無分別。如是，大慧，轉識、藏識真相若異者〔四〕，藏識非因；若不異者，轉識滅，藏識亦應滅，而自真相實不滅。是故，大慧，非自真相識滅，但業相滅。若自真相滅者，藏識則滅。大慧，藏識滅者，不異外道斷見論議。大慧，彼諸外道，作如是論，謂攝受境果滅，識流注亦滅。若識流注滅者，無始流注應斷。」〔五〕

校注

〔一〕見楞伽阿跋多羅寶經卷一。宗泐、如玘楞伽阿跋多羅寶經注解卷一：「諸識略説有三種者，真識即如來藏識；現識即如來藏所轉，亦名識藏，名轉而體不轉；分別事識即意根、意識及五識身。此開藏識爲二，合事識爲一也。廣説有八相者，據後經文，即合上真識、現識爲一藏識，開上分別事識爲七識，謂意根、意識、眼識、耳識、鼻識、舌識、身識也。然此諸識，廣略開合不同者，良以如來藏是善不善因，隨染净緣熏變不同，衆生無始惡習所熏，唯逐染緣故，如來藏轉名識藏，次第轉生諸識。此全真成妄，全理成事也。若能隨於净緣，了達諸識，皆即真智，如來藏無復轉名，則即事而理，反妄歸真矣。鏡喻現識者，以現識是能生諸法之本，造因招果，如鏡之照物，妍醜不差也。」

〔二〕澄觀述大方廣佛華嚴經隨疏演義鈔卷三一：「此三種相，通於八識。謂起心名轉，八俱起故，皆有生滅，故名轉相。動則是業，如三細中初業相故，八識皆動，盡名業相。八之真性，盡名真相。是故經云『諸識有三種相』，則知三相通八識矣。」

〔三〕乃至：表述引文中間有删略。

〔四〕轉識：即七轉識，是八識中本識（第八阿賴耶識）之外其餘七識。藏識：八識中第八阿賴耶識。「阿賴耶」，意譯「藏」，含藏一切種子之識。法藏撰大乘起信論義記卷中本：「此中真相是如來藏，轉識是七識，藏識是梨耶。」澄觀述大方廣佛華嚴經隨疏演義鈔卷三一：「轉識即轉相之名，意是分別事識故，唯識中名七轉識。藏識即是現識，此則可知真相即是真識。」

〔五〕見楞伽阿跋多羅寶經卷一。

釋云：入楞伽經：「直明自真相，本覺之心不藉妄緣，性自神解，名自真相，是依異義門説；又隨無明風作生滅時，神解之性與本不異故，亦得名爲自真相，是依不異義門説。」〔一〕又，識有二種生，謂流注生及相生〔二〕。

所言真識，是根本無明所熏本覺真心；現識，是阿賴耶識；分别事識，是意識。經云：妙嚴菩薩白佛言：世尊，麁相意識，細相意識，以何爲因？以何爲緣？佛言：如是麁、細意識，以現鏡識而爲其因，以六塵境爲緣，相續而轉故〔三〕。又，三細中麁是現識，七識中强是意識。第六意識分别六塵，必依末那爲所依根。意識是能依，末那是所依。略三細識，麁有八相。又，麁分意識，細分末那〔四〕。

校注

〔一〕見元曉起信論疏卷上。

〔二〕楞伽阿跋多羅寶經卷一：「諸識有二種生、住、滅，非思量所知。諸識有二種生，謂流注生及相生；有二種住，謂流注住及相住；有二種滅，謂流注滅及相滅。」參本書卷五七引「古釋」。流注，謂前後相續不斷，如水流通貫注。流注生，即相續生；相，謂識情所思一切境界。

〔三〕「經云」者，筏提摩多譯釋摩訶衍論卷四引云「大本楞伽契經云」。今所見諸楞伽經譯本，可謂「大本楞伽契經」的節略本。

〔四〕「所言真識」至此，詳見筏提摩多譯釋摩訶衍論卷四。

楞伽經偈云：「譬如巨海浪，斯由猛風起，洪波鼓溟壑，無有斷絶時。藏識海常住，境界風所動，種種諸識浪，騰躍而轉生。青赤種種色，珂乳及石蜜，淡味衆華果，日月與光明，非異非不異，海水起波浪，七識亦如是，心俱和合生。譬如海水變，種種波浪轉，七識亦如是，心俱和合生，謂〔一〕彼藏識處，種種諸識轉，謂以彼意識，思惟諸相義，不壞相有八，無相亦無相。」〔二〕

校注

〔一〕「謂」，原作「爲」，據楞伽阿跋多羅寶經、冥樞會要改。

〔二〕見楞伽阿跋多羅寶經卷一。宗泐、如玘楞伽阿跋多羅寶經注解卷一：「『不壞相有八』者，謂八識無壞相也。『無相亦無相』者，謂八識本無相可見，諸識同依藏識，亦無相可見。如海浪雖異，同一濕性則無差別。」

釋論云：「依此經文作解釋故，起六相文。今此經文，爲明何義？謂欲顯示現識之海，性自常住，爲彼六塵境界之風所飄動故。此七種識，現識之體以爲内因，六塵境界以爲外緣，興盛六種麁重相故。如經：『譬如巨海浪，斯由猛風起，洪波鼓溟壑，無有斷絶時。藏識海常住，境界風所動，種種諸識浪，騰躍而轉生。』

「云何名爲境界之風？其風形狀，當如何耶？謂青、黄等種種顯色，能起眼識；寶、珂等珠，出現種種勝妙音聲，能起耳識；檀、乳等香，熏布種種芬芬香氣，能起鼻識；木羅、石蜜等諸安觸著，和種種善美樂具，能起身識；甘、淡等味，隨其所應出種種味，能起舌識；現在之華、未來之果、種種法塵，隨爲彼識所緣境界，能起意識。今此文中，舉塵取識，應審觀察，彼末那識，即是意〔一〕微細分位，無別體耳。如是六塵，能動心體，令使散亂，譬如猛風，故名爲風。如經：『青赤種種色，珂乳及石蜜，淡味衆華果。』

「如是七識及與藏識，同耶？異耶？非同非異，離二邊故。譬如日與光明、水與波浪，非同非異。七識、藏識非同非異義，亦復如是。如經：『日月與光明，非異非不異，海水起波浪，七識亦如是，心俱和合生。』

「如是七識，從何處所，來入藏識，作七種數，流轉起動，無斷絶時？如是七轉識，不從内來，不從外來，不從中間來，唯藏識體變作七識，譬如海水變作波浪。如經：『譬如海水變，種種波浪轉，七識亦如是，心俱和合生，謂彼藏識處，種種諸識轉，謂以彼意識，思惟諸相義。』

「如是現識及七轉識，八種心識，唯有生滅無常相耶？亦有實相常住相耶？如是八識，從無始來，三際不動，四相不遷，真實常住，自性清浄不壞之相，具足圓滿，無所闕失。而如是等一切功德，同法界故，無有二相。無二相故，唯是一相。唯一相故，亦是無相。皆以無相故，無相亦無相。如經：『不壞相有八，無相亦無相。』

「此楞伽經凡明幾識？即有二門：一者、略説門，二者、廣説門。如是二門中，三本各異説：謂一本分流楞伽中，作如是説：『大慧，略説有三種識，廣説有八相。何等爲三？謂真識、現識、分別事識。』〔二〕又一本分流楞伽中，作如是説：『大慧，廣説有八種，略説有二種。何等爲二？一者、了別識，二者、分別事識。』〔三〕又一本分流楞伽中，作如是説：『大慧，略説有四種，廣説有七種識。云何爲四？業識、轉識、現識、分別事識。』〔四〕如是三經，直是真説，當應歸依。

「初契經中，第一真識直是根本無明所熏本覺真心，第二現識直是現相阿賴耶識，第三分別事識直是意識，麁分意識，細分即末那故；中契經中作如是説，第一了別識直是現相阿賴耶識，第二分別事識直是意識，義如前説，同説末那；後契經中，四種識法，文相明故，且略不説。言七識者，末那、意識揔爲一故。麁細雖别，唯一識故。法界法輪契經〔五〕中作如是説：第六意識分别六塵境界時，中必依末那爲所依根，方得生起。是故意識當是能依，彼末那識當是所依也。」〔六〕

校注

〔一〕「意」，釋摩訶衍論作「意識」。

〔二〕見楞伽阿跋多羅寶經卷一。

〔三〕見入楞伽經卷二。

〔四〕按，此「一本分流楞伽」，或無漢譯。據開元釋教録，楞伽經凡四譯，初出爲曇無讖譯楞伽經四卷，闕本。求那跋陀羅譯本（楞伽阿跋多羅寶經），四卷，爲第二譯。菩提流支譯本（入楞伽經）十卷，爲第三譯。實叉難陀譯本（大乘入楞伽經）七卷，爲第四譯，後三本存，未見此説。

〔五〕筏提摩多譯釋摩訶衍論卷一：「摩訶衍論别所依經，總有一百。（中略）六十二者，法界法輪經。」

〔六〕見筏提摩多譯釋摩訶衍論卷四。

又，華嚴論云：「世尊於南海中楞伽山説法。其山高峻，下瞰大海，傍無門户。得神通者，堪能昇往，乃表心地法門，無心無證者方能昇也。下瞰大海，表其心海本自清浄，因境風所轉，識浪波動。欲明達境心空，海亦自寂，心境俱寂，事無不照，猶如大海無風，日月森羅，焕然明白。此經意直爲根熟[一]頓説種子業識爲如來藏，異彼二乘滅識趣寂者故，亦爲異彼般若修空菩薩空增勝者故，直明識體本性全真，便明識體即成智用。如彼大海無風，即境像便明。心海法門，亦復如是，了真即識成智，此經異彼深密經意，别立九識，接引初根，漸令留惑長大菩提故，不令其心植種於空，亦不令心猶如敗種。解深密經乃是入惑之初門，楞伽、維摩直示惑之本實。楞伽即明八識爲如來藏，浄名即觀身實相，觀佛亦然。浄名與楞伽同，深密經文與此二部少别。」[二]

校　注

[一]「根熟」，新華嚴經論作「根熟菩薩」。

[二] 見李通玄撰新華嚴經論卷一。

當知入胎出胎、少年老年，乃至資生住處，若色若空、若性若相，皆是自識，唯佛能知。如顯識論云：「四有者，從識支至六歲，是生有；從七歲已上能分别生熟起貪，至未捨命，是業有。死有者，唯一念；中有，即中陰。就業有中，六識起三種業：善、不善、不動等三業〔一〕有爲，有爲〔二〕有分識〔三〕所攝持。六識自謝滅，由有分識攝持力用在。問曰：何故立有分識？一期生中，常緣一境，若生人天，此識見樓觀等事報，若起六識用奄覆障，則不覺此識用；若生惡道，此識但緣火車等，若報起六識用强，則不覺此識緣也。若欲界六識緣欲界，凡夫不能覺，乃至無色亦然。若無色諸識滅，此有分識用則顯，如賴耶及意識也。」〔四〕是以諸教同詮，圓證非一。

校注

〔一〕不動業：招感色界、無色界善果之業。玄奘譯大乘阿毗達磨雜集論卷七：「福業者，謂欲界繫善業。非福業者，謂不善業。不動業者，謂色、無色界繫善業。問：何故色、無色繫善業名不動耶？答：如欲界中餘趣圓滿善不善業，遇緣轉得餘趣異熟，非色無色繫業，有如是事，所受異熟界地決定故。是故約與異熟不可移轉，名爲不動。又定地攝故，説爲不動。」

〔二〕「有爲」，原無，據顯識論補。

〔三〕有分識：成爲三有（即三界）之因的識。有即三有，分爲原因。唯識家以之爲阿賴耶識的異名。玄奘譯成唯識論卷三：「上坐部經、分别論者，俱密意説此名有分識。有謂三有，分是因義，唯此恒遍，爲三有因。」窺基譯成唯識論述記卷四：「分别論者，舊名分别説部，今説假部。説有分識體恒不斷，周遍三界，爲三有因。其餘六識，時間斷故，有不遍故，故非有分。」

〔四〕見真諦譯顯識論。

又如入楞伽經云：「大慧，復有餘外道，見色有因，妄想執著形相長短，見虚空無形相分劑，見諸色相異於虚空，有其分劑。大慧，虚空即是色，以色大入虚空故。大慧，色即是虚空，依此法有彼法，依彼法有此法故；以依色分别虚空，依虚空分别色故。大慧，四大種性，自相各别，不住虚空，而四大中非無虚空。大慧，兔角亦如是，因牛角有，言兔角無。大慧，又彼牛角析爲微塵，分别微塵相不可得見，彼何等何等法有？何等何等法無？而言有耶？無耶？若如是觀，餘法亦然。大慧，汝當應離兔角牛角、虚空色異妄想見等。大慧，汝亦應爲諸菩薩説離兔角等相。大慧，汝應當知自心所見虚妄分别之相。大慧，汝當於諸佛國土中，爲諸佛子説汝自心現見一切虚妄境界。尔時，世尊重説偈言：色於心中無，心依境見有，内識衆生見，身資生住處。心意與意識，自性及五法，二種無我〔一〕淨，如來如是説。長短有無等，展轉互相生，以無故成有，以有故成無。分别微塵體，不起色妄想，但心安住處，惡見不能淨。非妄智境界，聲聞亦不知，如來之所説，自覺之境界。」〔二〕

校　注

〔一〕二種無我：人無我、法無我。隋慧遠撰大乘義章卷二二無我義四門分别：「人無我者，經中亦名衆生無我，亦名生空，亦名人無我，亦名人空，亦名我空。衆法成生，故曰衆生，生但假有，無其自性，是故名爲衆生無我。衆生性相，一切皆無，説之爲空，寄用名人。」「法無我者，亦名法空。自體名法，法無性實，名法無我。諸法性相，一切皆無，名爲法空。此即二種，俱名爲空，齊號無我。」

〔二〕見入楞伽經卷二。

攝大乘論云：「又此識皆唯有識，都無義故。此中以何爲喻顯示？應知夢等爲喻顯示，謂如夢中都無其義，獨唯有識。雖種種色、聲、香、味、觸，舍、林、地、山似義影現，而於此中都無有義。由此喻顯，應隨了知一切時處，皆唯有識。」〔一〕

校注

〔一〕見無著造、玄奘譯攝大乘論本卷中所知相分。

夫從心現境，結業受生，不出三細、六麄九相之法。如石壁〔二〕釋云：唯一夢心喻，如有一人，忽然睡著作夢，見種種事，起心分別，念念無間，於其違順深生取著，爲善、爲惡？是親、是疎？於善於親，則種種惠利；於惡於疎，則種種陵損。或有報恩受樂、或有報怨受苦，忽然覺來，上事都遣〔三〕。

「如有一人」者，即真如一心也；「忽然睡著」者，即不覺無明忽起也；「作夢」者，最初三細業識相也；「見」者，第二轉識相也；「種種事」者，第三現識相也；「起心分別」者，最初六麁境智相也；「念念無間」者，第二相續相也；「於其違順深生取著」者，第三執取相也；「爲善爲惡，是親是疎」者，第四計名字相也；「於善於惡得損益」者，第五起業相也；「受苦樂報」者，業繫苦相也；「忽然覺來，上事都遣」者，即覺唯心，得入宗鏡。故云：佛者，覺也〔三〕。如睡夢覺，如蓮華開〔四〕。

校　注

〔一〕石壁：即唐末石壁寺沙門傳奥。詳見本書卷六注。

〔二〕「石壁釋云」至此，見子璿録起信論疏筆削記卷九，故此説當出於傳奥大乘起信論隨疏記。參見本書卷六注。

〔三〕大般涅槃經卷一八：「云何爲佛？佛者名覺，既自覺悟，復能覺他。善男子，譬如有人，覺知有賊，賊無能爲。菩薩摩訶薩能覺一切無量煩惱，既覺了已，令諸煩惱無所能爲，是故名佛。」

〔四〕玄奘譯佛地經論卷一：「佛地經者，具一切智、一切種智，離煩惱障及所知障，於一切法、一切種相能自開覺，亦能開覺一切有情，如睡夢覺，如蓮花開，故名爲佛地。」

音義

唵，烏敢反。漫，莫半反。溟，莫經反。壑，呼各反，谷也，虛也。珂，苦何反。芬，撫文反。峻，私閏反，高也。瞰，苦濫反，視也。奂，呼貫反。

戊申歲分司大藏都監開板

宗鏡録卷第五十七

慧日永明寺主智覺禪師延壽集

夫楞伽經所明三種識，謂真識、現識及分别事識。此中三識，於八識中如何分别？

答：「真」謂本覺，「現」謂第八，餘七俱名「分别事識」。雖第七識不緣外塵，緣第八故，名「分别事」〔一〕。「真謂本覺」者，即八識之性。經中有明九識，於八識外立九識名，即是真識。若約性收，亦不離八識，以性徧一切處故。

校　注

〔一〕良賁述仁王護國般若波羅蜜多經疏卷中二：「楞伽經云：『大慧，略説有三種識，廣説有八相。三謂真識、現識及分别事識。』海東解云：『「真」謂本覺，「現」謂第八，餘七俱名「分别事識」。雖第七識不緣外塵，緣第八故，名「分别事」。』海東者，即元曉。元曉撰楞伽經疏七卷，已佚。

問：但説賴耶等八識，俗諦已顯，云何説十一種識？又，究竟指歸唯一真實性，復云何説廣略等諸識？

答：因相顯性，非無所以；攝末歸本，自有端由。攝大乘論云：「若不定明一切法唯有識，真實性則不得顯現。若不具説十一識，説俗諦不盡。若止説前五識，唯得俗諦根本，不得俗諦差別義。若説俗諦不徧，真識則不明了。真不明了，則遺俗不盡。是故具説十一識，通攝俗諦。」〔一〕是以了俗無性，即達真空，真空雖空，而不壞相；俗有雖有，恒常體虚。是知隨緣非有之真諦，恒不異事而顯現；寂滅非無之俗諦，恒不異真而成立。

上來所引二識、三識、八識、九識、十一識等，不出一心宗。所以楞伽經云：「一切諸度門，佛心爲第一〔二〕。」又云：「佛語心爲宗，無門爲法門〔三〕。」所言宗者，謂心實處。約其真心之性，隨其義開體、用二門，即同起信立心真如門、心生滅門，真如是體，生滅是用〔三〕。然諸識不出體、用二心：一、體心，是寂滅心，即九識體；二、用心，是生滅心，即前八識用。體、用隱顯，説爲二心。以用即體故，生滅即不生滅；以體即用故，不生滅即生滅。以生滅無性，用而不多；以寂滅隨緣，體而非一。非多非一，體、用常冥；而一而多，體、用恒現。識性是體，識相是用，體、用互成，皆歸宗鏡。

校注

〔一〕見世親釋、真諦譯攝大乘論釋卷五相章第一。

校注

〔一〕楞伽阿跋多羅寶經卷一：「大乘諸度門，諸佛心第一。」

〔二〕按，現存三種漢譯楞伽經中，未見此説。「一切佛語心」是求那跋陀羅譯楞伽阿跋多羅寶經之品名。詳見本書卷一注。

〔三〕真諦譯大乘起信論：「依一心法，有二種門。云何爲二？一者、心真如門，二者、心生滅門。是二種門，皆各總攝一切法。此義云何？以是二門不相離故。心真如者，即是一法界大總相法門體。所謂心性不生不滅，一切諸法唯依妄念而有差别，若離妄念，則無一切境界之相。是故一切法從本已來，離言説相，離名字相，離心緣相，畢竟平等，無有變異，不可破壞，唯是一心，故名真如。以一切言説，假名無實，但隨妄念，不可得故。言真如者，亦無有相。謂言説之極，因言遣言。此真如體無有可遣，以一切法悉皆真故；亦無可立，以一切法皆同如故。當知一切法不可説，不可念，故名爲真如。」

唯識疏鈔〔一〕云「識性、識相，無不歸心。心王、心所，皆名唯識」〔二〕者，謂圓成實性是識性，依他起性是識相，皆不離心也。或可諸無爲法，名識性；得等分位，色等所變，是識相：皆不離心也。識之相應名心所，識之自性名心王。心王最勝，稱之爲主。攝所從心，名歸心。攝得等分位，兼色等所變，歸於見分等，名泯相。性、相不相離，揔名唯識也。

校注

〔一〕按，此唯識疏鈔或即圓測所撰者，已佚。宋高僧傳卷四唐京師西明寺圓測傳：「三藏奘師爲慈恩基師講新翻唯識論，測賂守門者隱聽，歸則緝綴義章。將欲罷講，測於西明寺鳴鐘召衆，稱講唯識。基慊其有奪人之心，遂讓測講訓。（中略）（測）所著唯識疏鈔，詳解經論，天下分行焉。」

〔二〕窺基撰成唯識論述記卷一：「識性、識相，皆不離心。心所、心王，以識爲主。歸心泯相，總言唯識。唯遮境有，執有者喪其真；識簡心空，滯空者乖其實。」

問：境不離識，識不離境者，何秖云唯識，不名唯境？

答：雖互相生，境從識變。然古釋境由心分別方生，由心生故名唯識。識不由境分別生，不由境故，不可名唯境。

問：心是境家增上緣，境假心生，名唯識。境是心家所緣緣，心假境生，應名唯境？

答：離心執境是虛妄，爲遮妄心名唯識。悟心無我出沉淪，不約二緣名唯境。又，有境、無境，皆是自心，其心悉生：一、若緣有境生心者，即是自識相分。一切實境，不離能緣之心，於自識外實無其境；二、若緣無境生心者，如獨生散意，緣過去未來、空華兔角一切無法時，心亦起故。如百法鈔〔一〕云：舊云「緣無不生慮」，不正。

校注

〔一〕百法鈔：不詳。參見本書卷四六注。

問：何以不正？

答：如緣空華兔角一切無法時，心亦起故，何以言「緣無不生慮」耶？故知有獨影境内心相分，此相分望見分，亦成所緣緣義。若無内心相分，其心即不生。唐三藏云：「境非真慮起，證知唯有識。」〔一〕雖徧計所執相，雖即非真，而不無内心相分能牽生心故。由此四句分別：一、無影有質，其心不生；二、有影無質，其心得生；三、影質俱有，心生可知；四、影質俱無，心亦得起。即根本智，證真如是。唯識論云：有境牽生心〔二〕。若真理爲境，能牽生智心；若俗諦爲境，能牽生識心，則「未有無心境，曾無無境心」〔三〕。

校注

〔一〕詳見窺基撰成唯識論述記卷七。

〔二〕出處俟考。唐圓暉述俱舍論頌疏論本卷七：「所緣緣者，謂所緣境爲緣，能牽生心、心所法。」曇曠撰大乘起信論廣釋卷四（敦煌遺書斯二七二一寫卷，大正藏第八五册收）：「如轉現識起諸境界，即由現境成轉現識，有境牽生心相於識現故。故法我執現法我境，由法我境成法我執，能取、所取相待立故。」

〔三〕見梁朝傅大士頌金剛經離相寂滅分第十四。按，梁朝傅大士頌金剛經，出敦煌遺書。敦煌遺書中，此類文獻較多，詳見方廣錩先生主編藏外佛教文獻第九輯金剛經讚集梁朝傅大士頌金剛經。

問：八識之中，約因位初地已去，幾識成無漏？

答：古德釋云：唯六、七二識成無漏。六即第六識，初地門中二十二心所〔一〕成妙觀察智；七即第七識，二十二心所成平等性智〔二〕。此二智品相應，俱離障染，故名無漏。若五、八等識，定是有漏。

校注

〔一〕二十二心所：謂十大地法、十大善地法及不定二。十大地法者，謂受、想、思、觸、作意、欲、勝解、念、定、慧；十大善地法者，謂信、勤、慚、愧、無貪、無瞋、輕安、捨、不放逸、不害；不定二者，謂尋與伺。

〔二〕大乘莊嚴經論卷三：「轉第八識得鏡智，轉第七識得平等智，轉第六識得觀智，轉前五識得作事智。」明古德演義、智願定本彌陀經疏鈔演義卷一：「妙觀察智者，唯識論云：轉八識相應心所，成大圓鏡智；轉七識相應心所，成平等性智；轉前五識相應心所，成成所作智；轉六識相應心所，成妙觀察智。五、七、八三智，能現種種身。唯妙觀察智，能於大衆中雨大法雨。」

問：云何第六得成無漏耶？

答：謂初地入無漏心時，斷分别二障種、現、習氣〔一〕，故無漏。

校注

〔一〕澄觀述大方廣佛華嚴經隨疏演義鈔卷一：「二障有三：一、現行，二、種子，三、習氣。」成唯識論述記卷二末：「言習氣者，是現行氣分薰習所成，故名習氣。」大乘之妄惑，分爲現行、種子及習氣，既伏妄惑之現行，又斷妄惑之種子，尚有妄惑之氣分而現惑相，是名習氣。又大方廣佛華嚴經隨疏演義鈔卷五二：「離二障種、現：一者、分别，謂邪師邪教及邪思惟生入初地時，便能永斷；二者、俱生，生而便有，此於修道，地地斷之。此又二種：一者、現行，二者、種子。若俱生所知種、現，地地斷之。若煩惱現行，亦地地斷。俱生煩惱種子，直至金剛無間道斷。」

問：第六能斷惑，斷惑成無漏。第七不能斷惑，何故亦成無漏？

答：謂第七識是第六所依根，第六是能依識，能依識既成無漏，第七所依亦成無漏。謂第六入生、法二空觀時，第七識中俱生我、法二執現行，伏令不起故，第七成無漏。

問：何故第八是有漏耶？

答：第八是摠報主，持種受熏。若因中便成無漏，即一切有漏雜染種子皆散失故，即便成佛，何用更二劫修行耶？

問：前五既非是摠報主，何故不成無漏？

答：前五根是第八親相分，能變第八既是有漏，所變五根亦有漏。五根是所依，尚有漏，能依五識亦成有漏也。

如上依經論分別諸識，開合不同，皆依體、用。約體則無差而差，以全用之體不礙用故；約用則差而無差，以全體之用不失體故。如舉海成波不失海，舉波成海不礙波。非有非無，方窮識性；不一不異，可究心原。

如古德云：約諸識門，雖一多不定，皆是體用緣起，本末相收。本者九識，末者五識。從本向末，寂而常用；從末向本，用而常寂。寂而常用故，靜而不結；用而常寂故，動而不亂。靜而不結故，真如是緣起；動而不亂故，緣起是真如。真如是緣起故，無涅槃不生死，即八九爲六七；緣起是真如故，無生死不涅槃，即六七爲八九。無生死不涅槃故，法界皆生死；無涅槃不生死故，法界皆涅槃。法界皆涅槃故，生死非雜亂；法界皆生死故，涅槃非寂靜。生死非雜亂，衆生即是佛；涅槃非寂靜，佛即是衆生。是以法界違故，説涅槃是生死，即理隨情用；法界順故，説生死是涅槃，即情隨理用。如此明時，説情非理外，理非情外。情非理外故，所以即實説六七爲八九。實者，體也。理非情外故，所以即假説八九爲六七。假者，用也。以假實無礙，故人法俱空；以體用無礙，故空無可空。人法俱空，故説絶待；空無可空，故言妙用。如斯説者，亦是排情之言。論其至實者，不可以名相得；至極者，不可以二諦辯。不可以名相得故，非言像能詮；不可以二諦辯故，非有無能説。故云至理無言，賢聖默然；言語道斷，心行處滅〔一〕。正可以神會，不可以心求〔二〕。

校注

〔一〕言語道斷：言語之道斷絶，用來讚歎佛教真理深妙不可言説。心行處滅：心行之處滅絶，意謂不能用心思加以計度分别。鳩摩羅什譯華手經卷六求法品：「佛所言説有出世間，出世間法則無言説，言語道斷，心行處滅。」高僧傳卷八義解「論曰」：「夫至理無言，玄致幽寂。幽寂故，心行處斷；無言故，言語路絶。言語路絶，則有言傷其旨；心行處斷，則作意失其真。」

〔二〕肇論物不遷論：「覆尋聖言，微隱難測。若動而静，似去而留，可以神會，難以事求。」宗密撰圓覺經大疏釋義鈔卷九：「可以神會，難以言宣。」

問：覺海澄源，一心湛寂，云何最初起諸識浪？

答：雖云識浪，起處無從，無始無生，能窮識性，只謂不覺，忽尔念生，猶若澄瀾，欻然風起。不出不入，洶涌之洪浪滔天；非内非外，顛倒之狂心徧境。起信論云：以不知真法一故，心不相應，忽然念動，名爲無明〔一〕。此是現根本無明，最極微細，未有能所、王數差别，故云「不相應」，非同心王、心所相應也。唯此無明爲染法之原，最極微細，更無染法能爲此本，故云「忽然念起」也。無明之前，無别有法爲始集之本，故云無始則是「忽然」義，非約時節以説忽然而〔二〕起，無初故也〔三〕。

校注

〔一〕真諦譯大乘起信論：「所謂心性，常無念故，名爲不變。以不達一法界故，心不相應，忽然念起，名爲無明。」

〔二〕「而」，大乘起信論義記作「以」。按，若作「以」，「以起」當屬後。

〔三〕「起信論云」至此，詳見法藏撰大乘起信論義記卷下本。

又，釋摩訶衍論云：「『不如實知真如法一故，不覺心起』〔一〕者，即是顯示根本不覺之起因緣。根本不覺，何因緣故得起而有？因不如故，得起而有。何等法中而不如耶？謂三法中而不如故。言不如者，當有何義？謂違逆義故。云何三法？一者、實知一法，二者、真如一法，三者、一心一法，是名爲三。實知法者，謂一切覺，即能達智；真如法者，謂平等理，即所達境；一心法者，謂一法界，即所依體。於此三法皆違逆故，無明元起，是故説言：『謂不如實知真如法一故，不覺心起。』彼三種法，皆守一中，終不捨〔二〕離，故通名

一。」〔三〕

校注

〔一〕見真諦譯大乘起信論。

〔二〕「捨」，原無，據釋摩訶衍論補。

〔三〕見筏提摩多譯釋摩訶衍論卷四。

又，論云：以無明熏力，不覺心動，最初成其業識。因此業識，復生轉識等〔一〕。論釋云：最初不覺，稱爲第一業相，能見、所見無有差别，心王、念法不可分析，唯有精動隱流之義，故名爲業。如是動流，只由不覺。第二轉相，以業相念爲所依故，轉作能緣，流成了相。第三現相，以了别轉爲所依，戲論境界，具足現前，所緣相分圓滿安布，依此見分，現彼相分〔二〕。

又，動相者，動爲業識，理極微細，謂本覺心因無明風，舉體微動。微動之相，未能外緣，即不覺故，謂從本覺有不覺生，即爲業相，喻如海微波，從静微動，而未從此轉移本處。轉相者，假無明力，資助業相，轉成能緣，有能見用，向外面起，即名轉相。雖有轉相，而未能現五塵所緣境相，喻如海波浪，假於風力，兼資微動，從此擊波，轉移而起。現相者，從轉相而成現相，方有色塵、山河、大地、器世間等。

校注

〔一〕實叉難陀譯大乘起信論卷上：「無明業相以依不覺心動爲業，覺則不動，動則有苦，果不離因故。」「能見相以依心動能見境界，不動則無見。」「依阿賴耶識有無明不覺起，能見、能現、能取境界分别相續，説名爲意。此意復有五種異名：一名業識，謂無明力不覺心動；二名轉識，謂依動心能見境相；三名現識，謂現一切諸境界相，猶如明鏡現衆色像，現識亦爾，如其五境對至即現，無有前後，不由功力；四名智識，謂分别染、浄諸差别法；五名相續識，謂恒作意，相應不斷。」

〔二〕詳見筏提摩多譯釋摩訶衍論卷四。

仁王般若經云：「尒時，世尊告波斯匿王：『汝先問云：復以何相而住觀察？菩薩摩訶薩應如是觀：以幻化身而見幻化，正住平等，無有彼我。如是觀察，化利衆生，然諸有情於久遠劫，初刹那識異於木石，生得染、浄，各自能爲無量無數染、浄識本。從初刹那不可説劫，乃至金剛終一刹那，有不可説不可説識，生諸有情色、心二法，色名色蘊，心名四蘊，皆積聚性，隱覆真實。』」〔一〕

古釋云：「初刹那識異於木石」者，有説初識，隨於何趣？續生位中，最初刹那第八識也。識有緣慮，異於木石，有説初識，如楞伽經云：「諸識有三種相，謂轉相、業相、真相。」〔二〕言真相者，本覺真心，不藉妄緣，名自真相；業相者，根本無明，起静令動，動爲業識，極微細故；轉相者，是能見相，依前業相，轉成能緣，雖有能緣，而未能顯所緣境故。現相者，即境界相，依前轉相，能現境故〔三〕。

校　注

〔一〕見仁王護國般若波羅蜜多經卷上菩薩行品。

〔二〕見楞伽阿跋多羅寶經卷一。

〔三〕「古釋云」至此，詳見唐良賁仁王護國般若波羅蜜多經疏卷中。良賁「真相」「業相」「轉相」之説，據元曉起信論疏卷上：「自真相者，十卷經中，云（校注者按，「十卷經」，指菩提流支譯入楞伽經。「中云」，原作「云中」，據文意改）『真』名『自相』，本覺之心，不藉妄緣，性自神解，名自真相，是約不一義門説也。又，隨無明風作生滅時，神解之性，與本不異故，亦得名爲自真相，是依不異義門説也。」「言無明業相者，依無明動，名爲業相故。起動義是業義，故言心動，説名爲業也。」「能見相者，即是轉相，依前業相，轉成能緣，故言以依動能見。依性静門，則無能見，故言不動則無見也。反顯能見，要依動義，如是轉相，雖有能緣，而未能顯所緣境相。」

又云：「頓分別知自心現身及身安立受用境界」〔一〕，如次即是根身、外器、色等五境，以一切時任運現故。此是三細，即本識故。最初業識，即爲初，依生起門爲次第故。又遠劫來，時無初始，過、未無體，熏習唯心，妄念爲初，違真起故〔二〕。

又，從静起動，名之爲業；從内趣外，名之爲轉。真如之性，不可增減，名爲真相，亦名真識。此真識，即業、轉、現等三性，即神解性，不同虚空，通名識。亦名自相，不藉他成故；亦名智相，覺照性故。所以云：「本覺真心，不藉妄緣。」以真心之體即是本覺，非動、轉相是覺性故。

又釋云：「初刹那識異於木石」者，謂一念識有覺受故，異於木石，即顯前念中有末心〔一〕所見赤、白二穢，即同外器木石種類，此識生時，攬彼爲身，故異木石。

校注

〔一〕楞伽阿跋多羅寶經卷一：「譬如藏識，頓分別知自心現及身安立受用境界。」

〔二〕「又云」至此，詳見唐良賁仁王護國般若波羅蜜多經疏卷中。又，唐遇榮集仁王經疏法衡鈔卷四：「又遠等者，久遠劫來，時無初始之相。何以故？過去、未來無體相故，而於現在熏習唯心。此熏習心，即是妄念，違真起故，最初一念名初刹那識。」

校注

〔一〕中有：亦稱中陰，謂已死之後未生之前，識未託胎之時。　末心：謂最後刹那之心。

問：遠劫無始，何名初識耶？

答：過去、未來無體，刹那熏習，唯屬現在。現在正起妄念之時，妄念違真，名爲初識，非是過去有識創起名爲初識也。故知横該一切處，竪通無量時，皆是即今現在一心，更無别理。所以法華經云：「我觀久遠，猶若今日。」〔一〕則三世情消，契無時之正軌；一真道現，證唯識之圓宗。

校注

〔一〕見妙法蓮華經卷三化城喻品。

問：經明「初刹那識異於木石，生得染、净，各自能爲無量無數染、净識本。從初刹那不可説劫，乃至金剛終〔一〕一刹那，有不可説不可説識，生諸有情色、心二法」者，則有染有净，有生有滅。此識約生滅門中，有幾種生滅？

答：真門順性，妙合無生。世相隨緣，似分起盡。楞伽經云：「大慧菩薩摩訶薩白佛

言：『世尊，諸識有幾種生住滅？』佛告大慧：『識有二種生住滅，非思量所知，謂流注生住滅、相生住滅。』」〔二〕

古釋云：「言流注者，唯目第八，三相微隱，種現不斷，名爲流注。由無明緣，初起業識，故説爲生。相續長劫，故名爲住。到金剛定，等覺一念，斷本無明，名流注滅。相生住滅〔三〕者，謂餘七識，心境麁顯，故名爲相。雖七緣八，望六爲細，具有四惑〔四〕，亦云麁故。依彼現識自種諸境，緣合生七，説爲相生，長劫熏習，名爲相住。從末向本，漸伏及斷，至七地滿，名爲相滅。依前生滅，立迷悟依；依後生滅，立染浄依。後短前長，事分二別。」〔五〕即是流注生住滅、相生住滅。

校注

〔一〕「終」，原作「經」，據諸校本改。

〔二〕見楞伽阿跋多羅寶經卷一。宗泐、如玘楞伽阿跋多羅寶經注解卷一上：「言『流注生住滅』者，謂識蘊於内，念念相續，如水流注，未始暫停也。言『相生住滅』者，謂相顯於外，根境相對，起生住滅也。」

〔三〕「住滅」，原作「滅住」，據嘉興藏本、仁王護國般若波羅蜜多經疏改。

〔四〕四惑：即我癡、我見、我慢、我愛等四根本煩惱。詳見本書卷五二。

〔五〕見唐良賁仁王護國般若波羅蜜多經疏卷中。「事分二別」，仁王護國般若波羅蜜多經疏作「是二別矣」。

又，仁王護國般若波羅蜜多經疏卷中此段引文前，有云「海東解云」，則此説本新羅元曉，故「古釋云」者，當出元曉之楞伽經疏。

是以海水得風，變作波濤之相；心水遇境，密成流注之生。前波引後波，鼓滄溟而不絶；新念續舊念，騰心海以常興。從此汩乱澄源，昏沉覺海。是知因真起妄，不覺無明之動摇；如從水成波，全是外風之鼓擊。内外和合，因緣發萌，遂成能見之心，便現所觀之境。因照而俄生智鑒，因智而分別妍媸。從此取捨情分，愛憎心變，於五塵境執著堅牢，向六情根相續不斷。因兹愛河浪底，沉溺無憂；欲火燄中，焚燒罔懼。甘心受黑城之極苦，不覺不知；没命貪夢宅之浮榮，難惺難悟。若能了最初一念，起滅何從？頓入無生，復本真覺。則塵塵寂滅，六趣之籠檻難羈；念念虚玄，九結之網羅休絆。猶如巨海風息，不起微漣。察動相之本空，見緣生之無體，則窮源濕性，湛尔清泠；萬像森羅，焕然明白。所以賢劫定意經云：「了一切空，是曰一心。」〔一〕

校　注

〔一〕見賢劫經卷三聞持品。按，賢劫經，題云颰陀劫三昧經，晉曰賢劫定意經。竺法護譯，十三卷。

問：宗鏡搜玄，云何説識？

答：只爲識性幽玄，難窮本末，唯佛能了，下位莫知。以無跡無形，爲萬有之本；唯深唯妙，作衆聖之原。

如菩薩處胎經五道尋識品云：「尒時，世尊將欲示現識所趣向，道識、俗識、有爲識、無爲識、有漏識、無漏識、華識、果識、報識、無報識、天識、龍識、鬼神、阿脩羅、迦樓羅、緊那羅、摩睺羅伽、人非人識，上至二十八天識，下至無救地獄識。尒時，世尊即於胎中，現勾鎖骸骨，徧滿三千大千世界。佛告阿祈陀：『能别此骸骨識耶？』對曰：『不别。何以故？未得通徹，行力未至。』佛告弥勒菩薩：『汝此天中未得神通耶？』弥勒白佛言：『有成就者，有不成就者。』佛告弥勒：『汝觀勾鎖骸骨，令一切衆知識所趣，分别決了，令無疑滯。』「尒時，弥勒菩薩即從座起，手執金剛七寶神杖，攬〔一〕勾鎖骸骨，聽彼骨聲，即白佛言：『此人命終，瞋恚結多，識墮龍中。』次復攬〔二〕骨：『此人前身十跡〔三〕行具，得生天上。』次復攬骨：『此人前身破戒犯律，生地獄中。』如是攬骨，有漏、無漏、有爲、無爲，從二十八天下至無救地獄，知識所趣，善惡果報，白黑行報。有一全身舍利，無有缺減。尒時，弥勒以杖攬之，推尋此識，了不知處。如是三攬，前白佛言：『此人神識了不可知，將非如來入涅槃耶？』佛告弥勒：『汝紹佛位，於當來世，當得作佛，成無上道，何以攬〔四〕舍利而不知識處耶？』弥勒白佛言：『佛不思議不可限量，非我等境界所能籌量。今有狐疑，唯願世尊當解説之。五道神識，盡能得知彼善惡所趣，不敢有疑於如來所。今此舍利，無有缺減，願説此識，令我等知。』

「佛告弥勒：『過去、未來、現在諸佛舍利流布，非汝等境界所能分別。何以故？此舍利，即是吾舍利，何能尋究如來神識？今當與汝分別如來上、中、下識，至薩芸然〔五〕，各各不同。初住菩薩未立根德力，雖得神通二住菩薩以天眼觀，知識所趣退不退地，亦復觀見欲界、色界、無色界者，或復觀見生東方無數恒河沙佛刹，供養諸佛，奉律無礙，亦復知彼受記劫數，一劫、二劫乃至百千億劫。或有菩薩，於三住地觀見舍利知識所趣於有餘涅槃、無餘涅槃，然復不見四住所行識所趣向。四住菩薩見一、見二、三住識法，然復不見五住舍利識法所趣。乃至〔六〕唯佛知佛神識所念。』」〔七〕

校注

〔一〕「攬」，清藏本作「敲」，冥樞會要、翻譯名義集引作「攬」。按，大正藏本菩薩處胎經作「敲」，據大正藏校勘記，宮本菩薩處胎經作「撓」。

〔二〕「攬」，清藏本及大正藏本菩薩處胎經作「敲」。按，據大正藏校勘記，宮本菩薩處胎經作「撓」。

〔三〕「跡」，清藏本作「善」。按，經中作「跡」。

〔四〕「攪」，清藏本及大正藏本菩薩處胎經作「敲」。

〔五〕薩芸然：意譯「一切智」，是了知内外一切法相之智。慧琳一切經音義卷九：「薩云若，又言『薩芸然』，或言『薩婆若』，皆訛也，正言『薩伐若』，此譯云『一切智』也。」宗密撰圓覺經大疏釋義鈔卷一之下：「梵云『薩婆若』，此云『一切種智』，即諸佛究竟圓滿果位之智也。種謂種類，即無法不通之義也。謂世、出世間種種品類，無不了知，故云一切種智。」

〔六〕乃至：表示引文中間有删略。

〔七〕見菩薩處胎經卷四五道尋識品。

又偈云：「識神無形法，五大以爲家，分别善惡行，去就别真僞。識示善道處，永到安隱道，識爲第六王，餘大最不如。」〔一〕

校注

〔一〕見菩薩處胎經卷七地神品。

問：心、識二名，有何勝劣？

答：心是如來藏心真如之性，識是心之所生，無有一法不從真心性起。故首楞嚴經云：「諸法所生，唯心所現。」〔二〕心是本，即勝；識是依，即劣。如圓覺疏云：「生法本無，

一切唯識。識如幻夢，但是一心。」〔二〕

校注

〔一〕見大佛頂如來密因修證了義諸菩薩萬行首楞嚴經卷一。

〔二〕見宗密大方廣圓覺修多羅了義經序。

問：設使識無其體，云何得是心乎？

答：以識本是心所成故，故識無體，則是一心，何異境從識生，攝境歸識？若通而論之，則本是一心，心變爲識，識變諸境，由是攝境歸識，攝識歸心也。

問：前已廣明識相，如何是智？

答：分別是識，無分別是智。如大寶積經云：「佛言：所言識者，謂能了別眼所知色、耳所知聲、鼻所知香、舌所知味、身所知觸、意所知法，是名爲識。所言智者，於内寂静，不行於外，唯依於智，不於一法而生分別及種種分別，是名爲智。又，舍利弗，從境界生，是名爲識；從作意生，是名爲識；從分別生，是名爲識。無取無執，無有所緣，無所了別，無有分別，是名爲智。又，舍利弗，所言識者，住有爲法。何以故？無爲法中，識不能行。若能了達無爲之法，是名爲智。」〔一〕

校　注

〔一〕見大寶積經卷三七。

又，月燈三昧經偈云：「不寂者是想，寂滅者是智，若知想自性，便離於諸想。若有想可遣，是則還有想，彼行想戲論，是人不離想。若人作是心：『是想誰所起？是想誰能證？誰能滅是想？』起想之法者，諸佛莫能得，即於此處有，無我離取著。若其心不生，何由得起想？若心得解脱，彼則無由起。若證於解脱，心則不思議，心不思議故，成就不思議。我本作是念：『安住心地已，棄捨一切心，願成不思議。』白浄法果報，覩見於無爲，一念能了知，一切衆生念。衆生即是心，心即是如來，諸佛不思議，顯了於此心。」〔一〕

校　注

〔一〕見月燈三昧經卷七。

問：心王妙義，八識真原，顯正理以圓明，據聖教爲定量，理、事齊舉，已斷纖疑。心所之門，如何開演？

答：此中第二、心所有法。此心所六位，都有五十一法：徧行有五、别境有五、善有十

一、根本煩惱有六、隨煩惱有二十、不定有四。徧行者，徧四一切。四一切者，一、性一切者，即三性：一、善，二、不善，三、無記性等；二、地一切者，即九地：一欲界五趣地、色界四禪四地、無色界四空四地〔一〕；三、時一切者，時即同一刹那時也，此作意等五心所〔二〕皆同時起，故名時一切；四、俱一切者，俱即徧諸心等，與八識俱。意云：此作意等五偏行，與八識心王俱起時，必有同時相應五數。又如八識俱起時，皆有偏行五數，故名俱一切。即四一切是所行所徧，觸等五數是能行能徧。徧者，是圓義；行者，是遊履義。緣境義，但取見分，能緣四一切，不取内二分，内二分但互相緣，即不能外緣一切。又，若别境欲等五數〔三〕有行非徧，行是能緣，徧是所緣，即所樂等四境，以四境不能令能緣欲等所徧緣，故名有行非徧，應以四句分别：一、是行非徧，即别境；二、是徧非行，即真如；三、俱句，即徧行；四、俱非，即色等。

校　注

〔一〕九地：謂欲界五趣雜居一地、色界四禪四地（離生喜樂地、定生喜樂地、離喜妙樂地、捨念清淨地）、無色界四空四地（空無邊處地、識無邊處地、無所有處地、非非想處地）。詳見本書卷四七注。

〔二〕五心所：謂作意、觸、受、想、思。詳見本卷後文。

〔三〕别境欲等五數：别境有五，謂欲、勝解、念、定、慧。詳見本卷後文。

顯揚論云:「心所有法者,謂若法從阿賴耶種子所生,依心所起,與心俱轉相應。彼復云何?謂徧行有五。」〔一〕

校注

〔一〕見玄奘譯顯揚聖教論卷一攝事品。又,此引文後有云:「一、作意,二、觸,三、受,四、想,五、思。别境有五:一、欲,二、勝解,三、念,四、等持,五、慧。善有十一:一、信,二、慚,三、愧,四、無貪,五、無瞋,六、無癡,七、精進,八、輕安,九、不放逸,十、捨,十一、不害。煩惱有六:一、貪,二、瞋,三、慢,四、無明,五、見,六、疑。隨煩惱有二十:一、忿,二、恨,三、覆,四、惱,五、嫉,六、慳,七、誑,八、諂,九、憍,十、害,十一、無慚,十二、無愧,十三、惛沈,十四、掉舉,十五、不信,十六、懈怠,十七、放逸,十八、失念,十九、心亂,二十、不正。知不定有四:一、惡作,二、睡眠,三、尋,四、伺。」

一、作意者,謂能警心爲性,於所緣境引心爲業〔二〕。

問:作意,爲在種位能警心?爲在現行能警心?

答:在種位能警心。以作意自性明利,雖在種位,若有境至,而能警心、心所種,令生起現。舉喻:如多人同一室宿,外邊有賊來時,衆中有一人爲性少睡,便能警覺餘人。此人雖自身未起,而能警覺餘人令起,亦如内心相分,雖與見分同起,法尔有能牽心功能。今作意亦尔，其作意種子既警彼諸心、心所種生現行已，作意現行又能引心現行，令趣前境。即此作意，有二功能：一、心未起時，能警令起；二、若起已，能引令趣境。初是體性，後是業用。

校　注

〔一〕玄奘譯成唯識論卷三：「作意謂能警心爲性，於所緣境引心爲業。謂此警覺應起心種，引令趣境，故名作意。雖此亦能引起心所，心是主故，但説引心。」

二、觸，謂根、境、識三事和合，分别爲體，受依爲業。又，即三和是因，觸是其果，令心、心所觸境爲性，受、想、思等所依爲業。觸若不生時，餘受一心所亦不能生。和合一切心及心所，令同觸前境，是觸自性也。即諸心所緣境時，皆是觸功能自性也。即此觸似彼三和，與受等爲所依，是觸之業用也〔一〕。

校　注

〔一〕玄奘譯成唯識論卷三：「觸謂三和分别變異，令心、心所觸境爲性，受、想、思等所依爲業。謂根、境、識更相隨順，故名三和。觸依彼生，令彼和合，故説爲彼。三和合位皆有順生心所功能，説名變異。觸似彼起，故名分别。根變異力引觸起時勝彼識境，故集論等但説分别根之變異。和合一切心及心所，令同觸境，是觸自性。既似順起心所功能，故以受等所依爲業。」

三、受，領納爲體，愛緣爲業〔一〕。

校注

〔一〕玄奘譯成唯識論卷三：「受謂領納順、違、俱非境相爲性，起愛爲業，能起合、離非二欲故。」

四、想，謂名、句、文身熏習爲緣，取相爲體，發言議爲業。又，想能安立自境分劑，若心起時無此想者，應不能取境分劑相〔二〕。於境取像爲性，施設種種名言爲業〔三〕。種種名言，皆由於想，是想功能。

校注

〔二〕「想能安立自境分劑」至此，出成唯識論卷五。「劑」，成唯識論作「齊」，同。

〔三〕玄奘譯成唯識論卷三：「想謂於境取像爲性，施設種種名言爲業，謂要安立境分齊相，方能隨起種種名言。」

五、思，謂念心造作一切善、惡、揔、別報爲思體，於善品等役心爲業〔一〕。

觸等五法，心起必有，故是徧行，餘非徧行。

校注

〔一〕玄奘譯成唯識論卷三：「思謂令心造作爲性，於善品等役心爲業，謂能取境正因等相，驅役自心，令造善等。」「善品等」者，指善、惡、無記三性。

別境有五，欲等不徧心故，以四境別，名爲別境也〔一〕。

校注

〔一〕窺基成唯識論述記卷六：「所樂、決定、串習、觀察，四境別也。」明廣益纂釋百法名門論纂：「言別境者，以五心所所緣之境，各各不同，非如遍行同緣一境，謂別別緣境而得生故。以四境別，名爲別境也。謂欲，所樂境；解，所決定境；念，曾所習境；定，於所觀境；慧，則於四境揀擇爲性，故不同徧行耳。」

一、欲，謂於所樂境，希望爲體，勤依爲業〔一〕。又，於一切事欲觀察者，有希望故。若不欲觀，隨因境勢任運緣者，即全無欲。由斯理趣，欲非徧行〔二〕。

校注

〔一〕玄奘譯顯揚聖教論卷一：「欲者，謂於所樂境，希望爲體，勤依爲業。」

〔三〕玄奘譯成唯識論卷五：「云何爲欲？於所樂境希望爲性，勤依爲業。有義所樂謂可欣境，於可欣事欲見、聞等有希望故。於可厭事希彼不合，望彼別離，豈非有欲？此但求彼不合離時可欣自體，非可厭事，故於可厭及中容境一向無欲。緣可欣事若不希望，亦無欲起。有義所樂謂所求境，於可欣厭求合離等，有希望故。於中容境一向無欲，緣欣厭事若不希求，亦無欲起。有義所樂謂欲觀境，於一切事欲觀察者，有希望故。若不欲觀，隨因境勢任運緣者，即全無欲。由斯理趣，欲非遍行。」

二、勝解，謂於決定境，如其所應，印解爲體，不可引轉爲業〔一〕。又，謂邪正等教理證力，於所取境審決印持，由此異緣不能引轉，故猶預境勝解全無，非審決心亦無勝解，非徧行攝〔二〕。

校　注

〔一〕玄奘譯顯揚聖教論卷一：「勝解者，謂於決定境，如其所應，印解爲體，不可引轉爲業。」

〔二〕玄奘譯成唯識論卷五：「云何勝解？於決定境印持爲性，不可引轉爲業。謂邪正等教理證力，於所取境審決印持，由此異緣不能引轉。故猶豫境勝解全無，非審決心亦無勝解，由斯勝解非遍行攝。」

三、念，謂於慣習境令心明記不忘爲體，等持所依爲業〔一〕。又，於曾未受體類境中令不起念，設曾所受不能明記，念亦不生，故念必非徧行所攝〔二〕。念與定爲所依、爲業用，能生正定，故言「定依爲業」。

校注

〔一〕玄奘譯顯揚聖教論卷一：「念者，謂於串習境令心明記不忘爲體，等持所依爲業。」

〔二〕玄奘譯成唯識論卷五：「云何爲念？於曾習境令心明記不忘爲性，定依爲業。謂數憶持曾所受境，令不忘失，能引定故。於曾未受體類境中全不起念，設曾所受不能明記，念亦不生，故念必非遍行所攝。」

四、定，亦云等持，謂於所觀境專注一緣爲體，令心不散，智依爲業〔一〕。又，由定令心專注不散，依斯便有決擇智〔二〕生。若不繫心專注境位，便無定起，故非偏行〔三〕。

校注

〔一〕玄奘譯顯揚聖教論卷一：「等持者，謂於所觀境專住一緣爲體，令心不散，智依爲業。」

〔二〕決擇智：即無漏智，以無漏聖智能決斷疑惑、分別簡擇四諦之相故。阿毗達磨俱舍論卷二三：「決謂決斷，擇謂簡擇。決斷簡擇謂諸聖道，以諸聖道能斷疑故，及能分別四諦相故。」

〔三〕玄奘譯成唯識論卷五：「云何爲定？於所觀境令心專注不散爲性，智依爲業。謂觀德、失、俱非境中，由定令心專注不散，依斯便有決擇智生。心專注言顯所欲住即便能住，非唯一境。不爾，見道歷觀諸諦，前後境別，應無等持。若不繫心專注境位，便無定起，故非遍行。」

五、慧，謂於所觀境，簡擇爲體，斷疑爲業〔一〕。又，於非觀境愚昧心中無簡擇故，非徧行攝〔二〕。

此別境五，隨位有無，所緣能緣，非定俱故。

校注

〔一〕玄奘譯顯揚聖教論卷一：「慧者，謂即於所觀境，簡擇爲體，如理不如理、非如理非不如理悟入所知爲業。」

〔二〕玄奘譯成唯識論卷五：「云何爲慧？於所觀境簡擇爲性，斷疑爲業。謂觀德、失、俱非境中，由慧推求得決定故。於非觀境愚昧心中無簡擇故，非遍行攝。」

善有十一：

一、信，謂於有體、有德、有能，心浄爲體，斷不信障，能得菩提資粮圓滿爲業〔一〕。又，識論云：信以心浄爲性。「此性澄清，能浄心等，以心勝故，立心浄名，如水清珠，能清濁水。」〔二〕釋云：唯信是能浄，餘善等皆所浄故，以心王爲主，但言心浄，不言心所。水喻心等，清珠喻信體。以投珠故，濁水便清；以有信故，其心遂浄〔三〕。

二、慚，謂依自增上及法增上，羞耻過惡爲體，斷無慚障爲業。

三、愧，謂依世增上，羞耻過惡爲體，斷無愧障爲業。
四、無貪，謂於有有具，厭離無執，不藏不愛，無著爲體，能斷貪障爲業。
五、無瞋，謂於諸有情，心無損害，慈愍爲體，能斷瞋障爲業。
六、無癡，謂正了真實爲體，能斷癡障爲業。
七、精進，謂心勇無憧，不自輕賤爲體，斷懈怠障爲業。
八、輕安，謂遠離麁重，身心調暢爲體，斷麁重障爲業。
九、不放逸，謂揔攝無貪、瞋、癡，精進爲體，斷放逸障爲業。
十、捨，謂揔攝無貪、瞋、癡爲體，依此捨故，得心平等，得心正直，心無發動，斷發動障爲業。
十一、不害，謂由不惱害諸有情故，悲哀惻愴愍物爲體，能斷害障爲業。

校注

〔一〕按，此釋「信」，出玄奘譯顯揚聖教論卷一。下釋「慙」至「不害」同。
〔二〕見玄奘譯成唯識論卷六。
〔三〕「釋云」至此，詳見窺基撰成唯識論述記卷六。

根本煩惱有六：

一、貪，謂於五取蘊，愛樂覆藏，保著爲體，損害自他、能趣惡道爲業〔一〕。

二、瞋，謂於有情，欲興損害爲體，能障無瞋爲業。

三、慢，謂以他劣己，計我爲勝，令心高舉爲體，能障無慢爲業。

四、無明，謂不正了真實爲體，能障正了爲業。

五、邪見，謂五見爲體：一、薩迦邪見〔二〕，謂於五取蘊，計我、我所，染汙慧爲體，能障無我，無顛倒解爲業。二、邊執見，謂於五取蘊，執計斷常，染汙慧爲體，能障無常，無顛倒解爲業。三、邪見，謂謗因果，染汙慧爲體，唯分別起，能障正見爲業。四、見取，謂於前三見及見所依蘊，計最勝上及與第一染汙慧爲體，唯分別起，能障苦及不淨，無顛倒解爲業。五、戒禁取，謂於前諸見及見所依蘊，計爲清淨、解脱、出離，染汙慧爲體，唯分別起能障如前，無顛倒解爲業〔三〕。釋云：薩迦邪見者，此翻身見也。見取者，論又云：「一切鬭諍所依爲業，此於諸見及所依蘊，執爲最勝，能得涅槃清淨法。」〔四〕是見取。由此各各互執爲勝諸見等故，一切外道鬭諍，因斯而起。戒禁取者，又云：「無利勤苦所依爲業。」〔五〕謂依諸見所受戒，説此戒爲勝及能得涅槃。由此戒故，一切外道，受持拔髮等無利勤苦〔六〕。

六、疑，謂於諸諦猶預不決爲體，唯分別起能障無疑爲業。

校注

〔一〕「損害自他、能趣惡道爲業」，顯揚聖教論卷一作「或是俱生，或分別起，能障無貪爲業，障得菩提資糧圓滿爲業，損害自他爲業，能趣惡道爲業，增長貪欲爲業」。五取蘊，即有漏之五蘊（色、受、想、行、識）。詳見本書卷四七注。

〔二〕薩迦邪見：意譯「有身見」「身見」等，是佛法破斥的妄見。慧琳一切經音義卷一：「薩迦邪見，迦，音薑佉反。梵語也，此譯爲『身見』，外道不正見也。」詳見本書卷五三注。

〔三〕按，以上釋「貪」「瞋」「慢」「無明」「邪見」等，皆出玄奘譯顯揚聖教論卷一。下釋「疑」同。

〔四〕見玄奘譯成唯識論卷六。下一處引文同。

〔五〕無利勤苦：謂苦行外道等所修持的對到達涅槃彼岸毫無益處的辛勤和苦行。

〔六〕拔髮：苦行外道的修行方式之一。玄應一切經音義卷一〇：「尼乾子，應云『泥揵連佗』，此云『不繫』。其外道拔髮露形，無所貯畜，以手乞食，隨得即噉者也。」

問：此十煩惱〔一〕，何識相應？

答：第八藏識全無，第七末那有四，第六意識具十，前五識唯三〔二〕。古釋云：「五識但三，以無分別故無慢等，慢等必由有隨念、計度分別生故，又由慢於稱量門起方〔三〕勝負故，疑猶豫簡擇門起，見推求門起故，五識無此等行相故。」〔四〕七識具我癡等四煩惱，猶具審決故疑無容起，由愛著我，瞋不得生。無一心王中有二慧故，餘見不生。

校注

〔一〕十煩惱：即上六根本煩惱，「見」分爲五，故成十煩惱：貪、瞋（恚）、慢、無明（癡）、薩迦耶見（身見）、邊執見、邪見、見取、戒禁取、疑。

〔二〕玄奘譯成唯識論卷六：「此十煩惱，何識相應？藏識全無，末那有四，意識具十，五識唯三，謂貪、瞋、癡。無分別故，由稱量等起慢等故。」「末那有四」者，第七識與貪、癡、慢、見等四種煩惱相應。

〔三〕「方」，原作「劣」，據成唯識論述記改。

〔四〕見窺基撰成唯識論述記卷六。王肯堂成唯識論證義卷六：「藏識無者，白淨無記無善染故。末那四者，貪、癡、慢、見，我相應故。意識具十者，無簡別故。五識唯三者，彼亦有無分別貪、瞋、癡故。設有問云：五識何無慢等？故此釋云：『由稱量等起慢等故。』『稱量等』，於猶豫、推求。『慢等』，疑及五見。謂慢由稱量門起，疑由猶豫簡擇門起，見由推求門起。五識中無此等行相，故慢與疑及五惡見分別生故，非五識俱。」

隨煩惱有二十。釋論云：「唯是煩惱，分位差別等流性故，名隨煩惱。此二十種，類別有三，謂忿〔一〕等十，各別起故，名小隨煩惱；無慚等二，偏不善故，名中隨煩惱；掉舉等八，偏染心故，名大隨煩惱。」〔二〕

一、忿，謂於現在違緣，令心憤發爲體，能障無瞋爲業。
二、恨，謂於過去違緣，結怨不捨爲體，能障無瞋爲業。
三、覆，謂於過犯，若他諫誨，若不諫誨，秘所作惡爲體，能障發露悔過爲業。
四、惱，謂於過犯，若他諫誨，便發麁言，心暴不忍爲體，能障善友爲業。
五、嫉，謂於他所有功德名譽，心妬不悦爲體，能障仁慈爲業。
六、慳，謂積聚悋著爲體，障無貪爲業。
七、誑，謂惑亂於他，現不實事，心詭爲體，能障愛敬爲業。
八、諂，爲欺彼故，詐現恭順，心曲爲體，能障愛敬爲業。
九、憍，謂恃世間興盛等，心恃高舉，無所忌憚爲體，能障厭離爲業。
十、害，謂逼惱有情，無悲、無愍、無哀、無憐、無惻爲體，能障不害爲業。
十一、無慚，謂不耻過惡爲體，能障慚爲業。
十二、無愧，謂於世增上，不耻過惡爲體，能障愧爲業。
十三、惛沉，謂令心懵重爲體，能障毗鉢舍那〔三〕爲業。
十四、掉舉，謂依不正尋求，心不寂静爲體，能障奢摩他〔四〕爲業。
十五、不信，謂於有體、有德、有能，心不净信爲體，障信爲業。

十六、懈怠，謂心不勉勵爲體，能障發起正勤爲業。
十七、放逸，謂揔貪、瞋、癡、懈怠爲體，障不放逸爲業。
十八、失念，謂染汙不記爲體，障不妄念爲業。
十九、散〔五〕乱，謂於所修善心，不喜樂爲依止故，馳散外緣爲體，能障等持爲業。
二十、不正知，謂於三業，不正了住，染汙慧爲體，能障正知爲業〔六〕。

校注

〔一〕「忿」，原作「分」，據嘉興藏本及成唯識論改。
〔二〕見玄奘譯成唯識論卷六。隨煩惱者，隨根本煩惱而生起的煩惱。
〔三〕毗鉢舍那：意譯「觀」，謂觀察妄惑，達觀真理。慧琳一切經音義卷一：「毗鉢舍那，亦梵語也，此譯爲『觀』，觀法智也。」卷二六：「毗婆舍那，亦云『闍那』，亦云『若那』，此云『惠』也、『觀』也，或云『見』也。」
〔四〕奢摩他：意譯「止」，即禪定。慧琳一切經音義卷二六：「奢摩他，亦云『三摩地』，亦云『三昧』，此云『定』也、『止』也。定有多名，此總稱也。或名『三摩鉢底』也。」
〔五〕「散」，顯揚聖教論作「心」。散亂，即心亂。
〔六〕按，以上釋「忿」「恨」等二十隨煩惱，皆出玄奘譯顯揚聖教論卷一。

音義

洶，許拱反，水洶溶皃。　滔，土刀反。　攬，盧敢反。　創，初亮反。　軌，居洧反。　汩，古忽反，没也。　又，于葦反。　萌，麥耕反。　妍，五堅反。　媸，赤之反。　溺，奴歷反。　檻，胡黯反。　羈，居宜反。　絆，博慢反。　漣，力延反，漣漪也。　祁，渠之反。　骸，户皆反，骸骨也。　攪，古巧反，動也。　警，居影反，寤也。　憤，房吻反。　妬，當故反，妬忌。　悋，良刃反。　詭，過委反。　諂，丑琰反。　勵，力制反。

戊申歲分司大藏都監開板